クマオーの
基礎からわかる
消費税

令和6年度税制改正対応版

税理士 熊王 征秀

清文社

「令和6年度改正対応版」(五訂) にあたって

令和の到来とともに、消費税はついに二桁税率の時代となりました。令和元年10月からの10%への増税とともに軽減税率制度が導入されたことに加え、令和5年10月からは適格請求書等保存方式（日本型インボイス制度）が実施されています。

国税庁では、インボイスQ&Aの改訂に代え、「お問合せの多いご質問」なるものを毎月更新すると共に「インボイス記載事項チェックシート」や「マンガでわかるインボイス記載事項」、インボイス関係の動画を掲載するなどして五月雨式に情報発信をし、制度の定着を図ろうとしています。

令和6年度改正では、プラットフォーム課税の導入にあわせ、国外事業者により行われる事業者免税点制度や簡易課税制度を利用した租税回避を防止するため、必要な制度の見直しが行われました。ただし、本書は「基礎」の解説に重点を置いた書籍であることから、五訂版ではプラットフォーム課税の概要を説明するにとどめ、改正法の詳細については触れないこととします。

また、インボイス制度の導入に伴い、非登録事業者からの課税仕入れについて設けられている経過措置と、高額特定資産の範囲に関する改正については、本書においても簡単に加筆改訂を加え、内容の充実を図ることとしました。

本書が企業の経理担当者や会計事務所職員の消費税に関する基礎知識の習得や確認に役立てば、これに勝る喜びはありません。

2024年5月

税理士　熊王　征秀

はじめに

消費税に関する知識は、税理士、会計士、企業の経理担当者にとっては絶対必要不可欠なものとなっています。経理実務に携わる者にとって、消費税の知識は「知らない」「わからない」では済まされないものであるということを、我々はしっかりと認識する必要があるように思います。

また、税理士職業賠償責任保険における保険金の支払事例をみてみると、消費税に関する保険事故が全体の半数近くを占めていることがわかります。消費税に関するトラブルについては枚挙にいとまがありません。こういった実情をふまえ、初学者が、手っ取り早く、消費税実務のキーポイントを確認するための入門書が必要であると考え、本書を執筆した次第です。

執筆にあたっては、中小企業の消費税実務を中心に、特に重要な部分はじっくりと解説する一方で、読者の負担を考慮して、さほど重要でない、あるいは特殊な項目については概略を紹介する程度にとどめるなど、内容にメリハリをつけるように心掛けました。

各ブロックごとの内容は、原則として１ページに収まるよう作成してあります。また、紙面の許す限り、関連規定や実務上の留意事項なども掲載しましたので参考にしていただけると幸いです。

さらに本書では、今後の行方が注目されている「軽減税率制度」について、その問題点や諸外国の制度との比較などを、わかりやすくコンパクトにまとめて解説してみました。

わからないこと、疑問に思ったことなどがありましたら、気軽に本書を開いて確認するようにしてください。この作業を繰り返すうちに、自然と消費税の体系や各規定の繋がりなどが理解できるようになることと思います。

2015年８月

税理士　熊王　征秀

CONTENTS 目次

第 1 章 消費税の基礎知識

消費税のしくみ

納税義務者・申告納付

その他の基礎知識

軽減税率制度

第 2 章 課税区分の判定

課税対象取引

第4章 課税標準と消費税額の調整・資産の譲渡等の時期

第5章 インボイス制度

インボイス制度

電子インボイス

適格請求書発行事業者の義務

税額計算

第6章 仕入税額控除

計算体系

課税仕入れの時期

課税売上割合

第9章 課税期間と申告・納付・還付

課税期間

中間申告

確定申告と引取申告

第10章 会計処理と控除対象外消費税額等の取扱い

第11章 勘定科目別にみた課税区分の留意点

凡　例

本書では、カッコ内の法令等について、次の略称を使用しています。

【法令名略称】

消法	消費税法
消令	消費税法施行令
消規	消費税法施行規則
消基通	消費税法基本通達
所令	所得税法施行令
所基通	所得税基本通達
法基通	法人税基本通達
措法	租税特別措置法
措令	租税特別措置法施行令
印紙法	印紙税法
平成27年改正法附則	所得税法等の一部を改正する法律（平27.3.31法律第９号）附則
平成28年改正法附則	所得税法等の一部を改正する法律（平28.3.31法律第15号）附則
平成30年改正令附則	消費税法施行令等の一部を改正する政令（平30.3.31政令第135号）附則
令和６年改正法附則	所得税法等の一部を改正する法律（令6.3.30法律第８号）附則
軽減Q＆A（制）	消費税の軽減税率制度に関するQ＆A（制度概要編）
軽減Q＆A（個）	消費税の軽減税率制度に関するQ＆A（個別事例編）
インボイスQ＆A	消費税の仕入税額控除制度における適格請求書等保存方式に関するQ＆A
リバースチャージQ＆A	国境を越えた役務の提供に係る消費税の課税に関するQ＆A

＜記載例＞

消法32①一：消費税法第32条第１項第１号

消基通11－1－1：消費税法基本通達11－1－1

※本書の内容は、令和６年４月１日現在の法令等にもとづいています。

消費税の基礎知識

消費税のしくみは？

消費税を払うのは誰？

値札の表示方法は？

他の税金との関係は？

消費税の基本的なしくみ

消費税は、物の販売や貸付け、サービスなどに対して課税される税金で、その商品の販売価格やサービスなどの代金に10%の税金を上乗せし、購入者や受益者に税を負担させることを予定して立法されています。

宝石店が100万円で宝石を販売する場合を考えてみましょう。

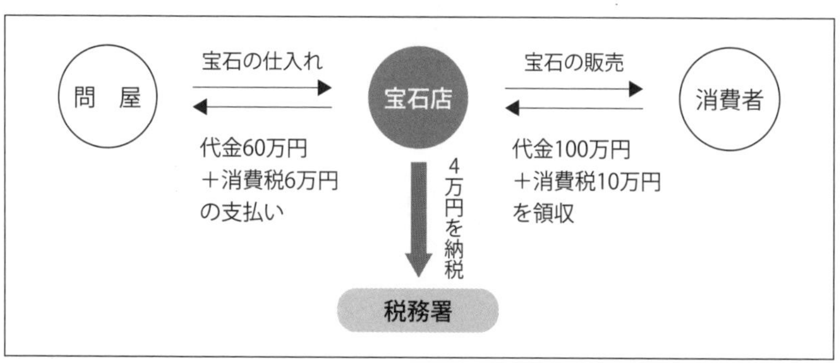

宝石店は購入者から110万円を領収し、うち10万円（100万円×10%）の預り消費税を税務署に払うことになるかというと、実はそうではありません。消費税は、その取引が小売なのか卸売なのかということに関係なく、取引のつど、その取引金額に10%の税率で課税されることになっています。

つまり、宝石店は、この宝石を問屋さんから仕入れる際に、問屋さんが上乗せした消費税を仕入代金とともに払っているわけですから、これを差し引いた金額だけ税務署に納めればよいわけです。

たとえば、宝石店がこの宝石を問屋さんから仕入れる際に、仕入代金の60万円と10%の消費税（60万円×10%＝6万円）あわせて66万円を問屋さんに支払ったとした場合には、この宝石店が税務署に納付する消費税は、預かった消費税10万円から支払った消費税6万円を差し引いた額の4万円となるのです。

問屋さんの仕入れがないものとすると、問屋さんの納付する消費税（6万円）と宝石店の納付する消費税（4万円）の合計額10万円は、最終購入者である消費者の負担額と一致することになります。つまり、消費税は、各取引段階にいる事業者が、消費者の負担すべき消費税を分担して納税するというシステムになっているのです。

●物品税ってなあに？

消費税が導入される前に、貴金属や毛皮、自動車、時計などの贅沢品を対象に課税する物品税という税金がありました。

課税対象物品は、第一種の物品と第二種の物品に区分され、それぞれ課税方式が異なっていました。貴金属や毛皮などの第一種の物品は小売課税、自動車や電化製品などの第二種の物品は製造場からの蔵出時に課税する移出課税制度です。

物品税は消費に担税力を求めて課税する税金なわけですから、本来であれば小売課税が理想的な課税方式です。しかし、課税物品のすべてを小売課税にした場合、膨大な数の零細小売業者が納税義務者に取り込まれることになり、納税事務負担と徴税事務負担が増大することになります。また、大手製造メーカーが物品税の納税義務を負わないことになるなどの問題もあり、現実的ではありません。こういった理由から、第二種の物品については移出課税制度を採用したものと思われます。

第一種の物品である貴金属などについては小売課税制度が採用されていたわけですが、この小売課税制度は理想的ではあるものの、課税技術上の問題があることもまた事実です。例えば、左図の宝石店において、指輪を販売する場合を想像してみてください。お客さんは、この宝石店で指輪を購入したら物品税が課税されるのに対し、問屋さんに直接買い付けに行けば課税されないということになると、誰もが問屋さんに買いに行くのではないでしょうか。こういった事態を防ぐために、貴金属の販売業者については「販売業者証明書」を交付し、この証明書の提示がなければ貴金属の売買はできないこととしていたのです。

このように、単段階課税方式はシンプルではあるものの、課税技術上の問題点が多いことも事実なのです。これに対し、消費税のような多段階課税の間接税は、手間がかかる半面、単段階課税方式の課税技術上の問題点を解消することができますので、課税方式としては優れた制度だということができます。

納付税額の計算

税務署に納付する消費税は、「売上げに対する消費税」から「仕入れに対する消費税」を控除して算出します。

ところで、消費税法に限らず、どの税法においてもいきなり税額の計算をするということはありません。納付税額を計算する場合には、まず、税額計算の基準となるものを求め、これに基づいて税額を計算することになっています。

◆課税標準

税額計算の基準となるもののことを「課税標準」といい、消費税の課税標準は税抜きの課税売上高とされています（消法28①）。

したがって、「売上げに対する消費税」を計算する際には、まず、税込みの課税売上高に$\frac{100}{110}$を乗じていったん税抜きの本体価額（課税標準）を計算し、ここから売上げに対する消費税を算出する必要があるのです。

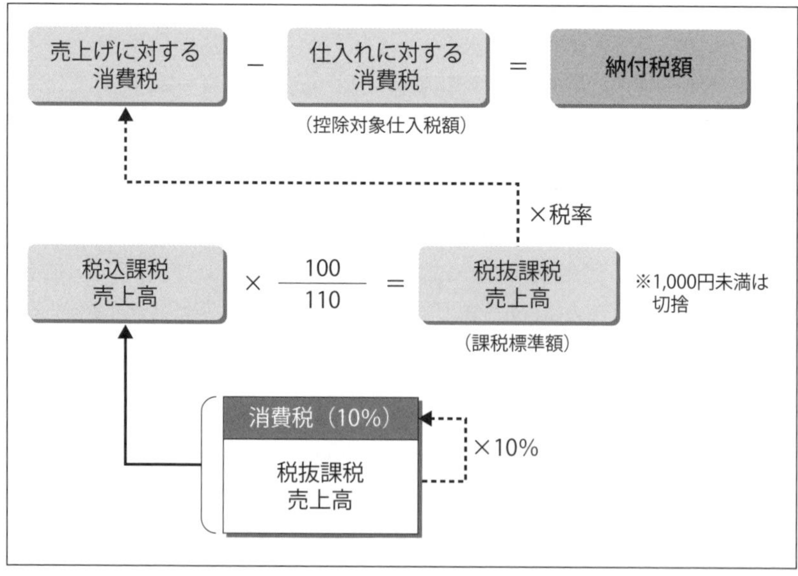

消費税と地方消費税

税金は、その課税権により国税と地方税に分類することができます。所得税、法人税、相続税、消費税などは国税に分類されますので国に課税権があります。事業税は都道府県、固定資産税は市区町村が課税しています。

10%の消費税の内訳は、7.8%が国税である消費税で、2.2%が道府県民税である地方消費税から成っています。したがって、納付税額の計算も、消費税（国税）と地方消費税（道府県民税）に分けて行うことになるのです。

地方消費税の計算

地方消費税は、国税である消費税の計算をした後で、これに$\frac{22}{78}$を乗じて計算します。つまり、取引の時点では国税（7.8%）とあわせて10%の税金を転嫁するわけですが、実際の納付税額の計算は、法人住民税と同様に、確定した国税（消費税）を基に計算するわけです。

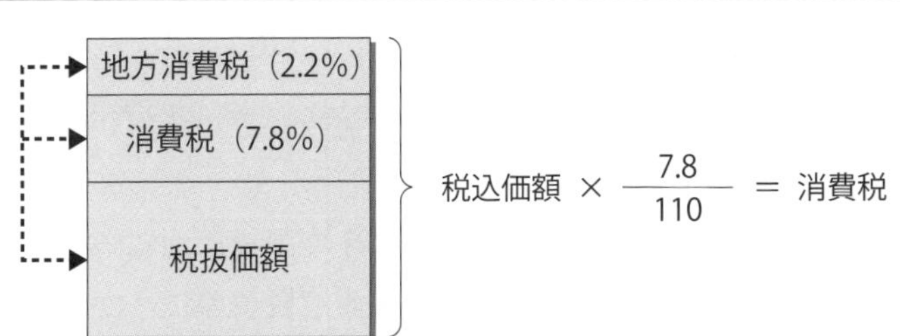

売上高（税込）が 11,000 千円、仕入高（税込）が 6,600 千円の場合の消費税と地方消費税の計算は次のようになります。

① 課税標準額　11,000 千円×$\frac{100}{110}$＝ 10,000 千円

② 課税標準額に対する消費税額　10,000 千円× 7.8%＝ 780 千円

③ 控除対象仕入税額　6,600 千円×$\frac{7.8}{110}$＝ 468 千円

④ 納付すべき消費税額　②－③＝ 312 千円

⑤ 納付すべき地方消費税額　④×$\frac{22}{78}$＝ 88 千円

売上げ、仕入れの概念

消費税でいう売上げとは、商品売上高、サービス提供による収入などはもちろんのこと、固定資産の売却収入なども売上げの概念に含まれます。固定資産を売却した場合には、会計上は帳簿価額と売却金額の差額だけを固定資産売却損益として計上するわけですが、消費税の世界では、売却損益は計算に一切関係させません。あくまでも「売却収入」が売上げとして認識されますので、中古自動車を売却したような場合には、たとえ売却損が計上されていたとしても、消費税だけは課税されることになるのです。

また、消費税でいう仕入れとは、商品仕入高はもちろんのこと、広告宣伝費、消耗品費、水道光熱費などの販売管理費、さらには建物、機械などの固定資産の購入代金も仕入れの概念に含まれます。

固定資産の取得

所得税、法人税においては、固定資産の取得価額はその耐用年数に応じ、減価償却費として毎期費用配分するわけですが、消費税には期間損益計算という概念がないので、どんなに高額な資産であろうと、また、耐用年数が何年であろうとも、購入時にその全額が仕入れとして認識されることになります。

したがって、多額の設備投資をしたような課税期間については、売上げに対する消費税よりも仕入れに対する消費税のほうが大きくなるようなことも、決して珍しいことではありません。

このような場合には、確定申告により、控除しきれない消費税額は当然に還付されることになります。

売上原価

所得税、法人税においては、期中の商品仕入高などに期首、期末の棚卸高を加減算して売上原価を計算するわけですが、消費税の世界では、商品の棚卸高や売上原価は計算に一切関係させません。期末の在庫がどんなに多額であろうとも、課税期間中の仕入金額を基に税額計算をすることに注意してください。

〈計算例〉

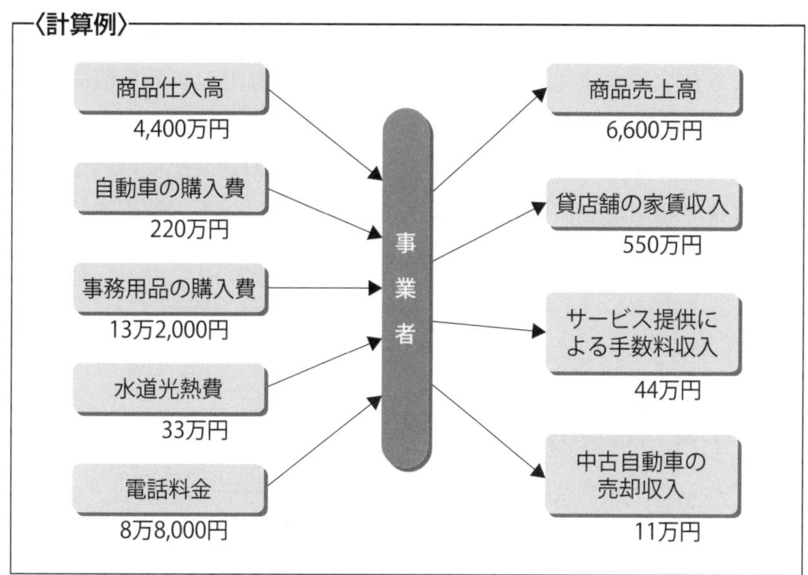

(1) 課税標準額

$$(6{,}600\text{万円}+550\text{万円}+44\text{万円}+11\text{万円})\times\frac{100}{110}=6{,}550\text{万円}$$

(2) 課税標準額に対する消費税額

(1) ×7.8％＝510万9,000円

(3) 控除対象仕入税額

$$(4{,}400\text{万円}+220\text{万円}+13\text{万}2{,}000\text{円}+33\text{万円}+8\text{万}8{,}000\text{円})$$

$$\times\frac{7.8}{110}=331\text{万}5{,}000\text{円}$$

(4) 納付すべき消費税額

(2) − (3) ＝179万4,000円

(5) 納付すべき地方消費税額

$$(4)\times\frac{22}{78}=50\text{万}6{,}000\text{円}$$

税の転嫁と税額計算

商取引における物の値段というものは、取引先との需給関係、力関係により決定されるものです。理論的には10万円の商品を販売する場合には、その販売価格に10%の税を転嫁し、11万円で販売することになるわけですが、たとえば取引先から値引きの相談を受け、やむなく消費税等相当額を値引きして販売した場合には、その取引金額に含まれる消費税等相当額は次のように計算します。

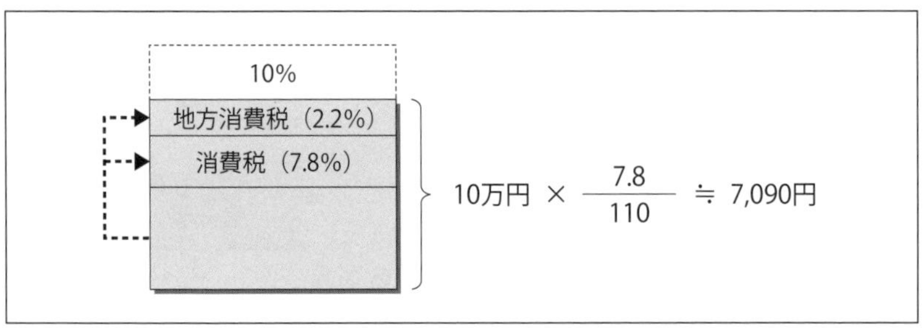

税が転嫁されていないのだから消費税もかからないと思うのは間違いです。税の転嫁と税額計算は別物なのであり、この場合には、本来の販売価格（税抜販売価格）を税金分だけ値下げをし、これに10%の税を上乗せした金額（税込販売価格）が10万円であると考える必要があるのです。

◆転嫁の方法を模索する

税を売値に転嫁するというのは理論上のものであって、実際の商取引においては、価格競争のなかにおいて、転嫁の方法を模索することになるのです。

個々の商品に10%の税を転嫁するといった方法ではなく、たとえば、A商品の価格は据え置いて、B商品の価格は12%程度値上げするといったように、売上高のトータルで10%の転嫁を期待するような方法も検討する必要があるように思われます。

納税義務者と申告納付

消費税を計算するサイクルのことを課税期間といいます。消費税の課税期間は、事業者の事務負担に配慮して、所得税、法人税の計算期間にあわせ、個人事業者は暦年（1/1～12/31）、法人は事業年度と定められています（消法19①）。

申告（納付）期限

国内取引の納税義務者である事業者は、課税期間中の売上げ、仕入れのトータルで納付税額を計算し、個人事業者は3月31日まで、法人は事業年度末日の翌日から2か月以内に申告及び納付が義務づけられています（消法5①・45①・45の2①・49、措法86の4①）。

なお、法人税の世界では、会計監査などの理由で確定申告書の提出期限の延長が認められています。そこで、法人税において確定申告期限が延長されている場合には、「消費税の確定申告書の提出期限を延長する旨の届出書」を提出することにより、消費税の申告期限も延長できることとしました（消法45の2①）。

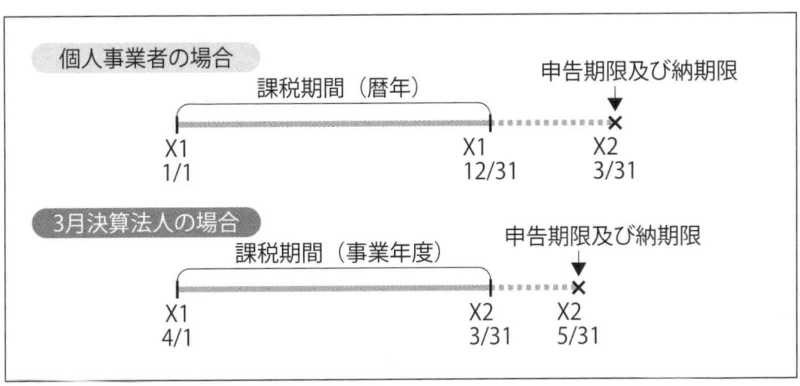

上図の3月決算法人が、法人税の申告について申告期限を延長している場合には、法人税だけでなく、消費税の確定申告書の提出期限も6月30日まで延長されることになります。

納税義務の免除

小規模事業者の事務負担と、徴税コストの削減のため、基準期間における課税売上高が1,000万円以下の小規模事業者については、消費税の納税義務を免除することとしており、この制度により納税義務が免除される事業者のことを「免税事業者」といいます（消法9①）。

基準期間

基準期間は、個人事業者と法人につき、次のように定められています（消法2①十四）。

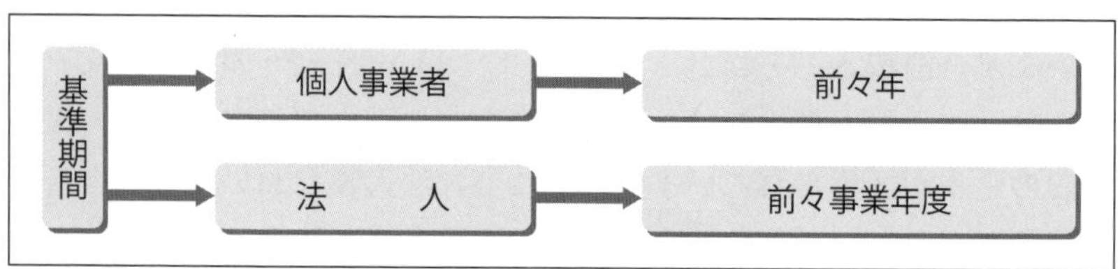

免税点

事業者免税点は1,000万円です。したがって、基準期間中の課税売上高が1,000万円以下の事業者は、当期の課税売上高が何億円あろうとも一切納税義務はありません。逆に、基準期間中の課税売上高が1,000万円を超える事業者は、当期中の課税売上高がたとえ1,000万円以下でも、納税義務は免除されません。

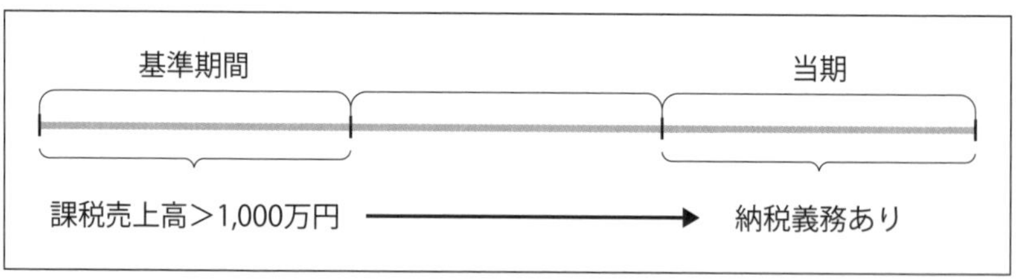

総額表示制度

内税と外税

商品などの値段の表示方法には、「内税」という方法と「外税」という方法があります。「内税」とは、10%の税金を含んだ値段を表示する方法をいい、「外税」とは、税抜きの本体価格だけを表示しておき、代金の請求あるいは受領の際に別途10%の消費税等を請求する方法をいいます。

総額表示

消費者などに値段を表示する場合には、消費税等の額を含めた「総額での表示」が義務づけられています。ただし、事業者間取引については総額表示義務はありません（消法63）。

総額表示の方法

本体価格が10,000円、消費税等が1,000円の場合には、次の①～⑤の方法により価格を表示することになります。

表示方法	具体例
① 支払総額、本体価格、税額のすべてを表示する方法	11,000円（本体価格10,000円、消費税等1,000円）
② 支払総額と税額を表示する方法	11,000円（うち消費税等1,000円）
③ 支払総額と本体価格を表示する方法	11,000円（本体価格10,000円）
	10,000円（税込11,000円）
④ 支払総額に税込表示をする方法	11,000円（税込）
⑤ 支払総額だけを表示する方法	11,000円

印紙税と消費税

契約書や領収証に貼付する印紙の金額（印紙税）は、その契約書などに記載されている契約金額や領収金額により決定されます。たとえば、領収証に貼付する印紙の場合には、その受取金額により、次のように定められています（印紙法別表第１十七号）。

受取金額	印紙税
5万円未満	非課税
5万円以上100万円以下	200円
100万円超200万円以下	400円
⋮	⋮

この場合の記載金額については、消費税額等が区分記載されている場合には、税抜価格で判定し、消費税額等が区分記載されていない場合には、税込金額で負担する印紙代を決定することになります（消費税法の改正等に伴う印紙税の取扱いについて）。

具体例

領収証に貼付する印紙代は次のように決定されます。

記載方法	印紙代
領収金額100万円、消費税額等10万円　計110万円	印紙代は受取金額が5万円以上100万円以下のものとして200円となります。
領収金額110万円（うち消費税額等10万円）	本体価格（110万円－10万円＝100万円）が容易に計算できますので、印紙代は受取金額が5万円以上100万円以下のものとして200円となります。
領収金額110万円（消費税額等10%を含む）	本体価格が明記されていないので、印紙代は受取金額が100万円超200万円以下のものとして400円となります。

源泉税の取扱い

勤務先からもらう給料からは所得税と復興特別所得税が天引き（源泉徴収）されています。この源泉徴収される所得税等（源泉税）ですが、実際には給料だけでなく、税理士、司法書士などの報酬や原稿料、プロ野球選手の報酬など、給料以外のさまざまな報酬や料金などからも源泉税は徴収されているのです。

◆税理士報酬のケース

税理士報酬については、その報酬金額から10.21％の源泉税を徴収することとされていますが、この場合における源泉徴収の対象となる金額は、原則として消費税額等を含めた税込金額と定められています。

ただし、請求書等において、本体価格と消費税額等が明確に区分されている場合には、本体価格を基に源泉徴収税額を計算することも認められています（消費税法等の施行に伴う源泉所得税の取扱いについて 三）。

具体例

税理士報酬について、本体価格の10万円と消費税額等10,000円が下記のように明確に区分されている場合には、下図のように本体価格の10.21％を源泉徴収税額とすることができます。

請求書

① ○月分報酬	100,000円
② 消費税等（①×10%）	10,000円
③ 源泉税（①×10.21%）	10,210円
請求金額（①＋②－③）	99,790円

税率に関する経過措置と軽減税率制度

税率

軽減税率は、消費税と地方消費税を合わせて一律に8%です。内訳は、消費税（国税）が6.24%、地方消費税が1.76%となっており、軽減税率対象取引による違いはありません（消法29、地法72の83）。

期間 ＼ 税率	平成元年4月1日～平成9年3月31日	平成9年4月1日～平成26年3月31日	平成26年4月1日～令和元年9月30日	令和元年10月1日～	
税率区分	標準税率			標準税率	軽減税率
消費税	3%	4%	6.3%	7.8%	6.24%
地方消費税	＼	消費税×25%	消費税×17/63	消費税×22/78	
（表示税率）		（1%）	（1.7%）	（2.2%）	（1.76%）
合計税率	3%	5%	8%	10%	8%

なお、経過措置により、工事の請負契約などについては旧税率が適用されるケースがあります。

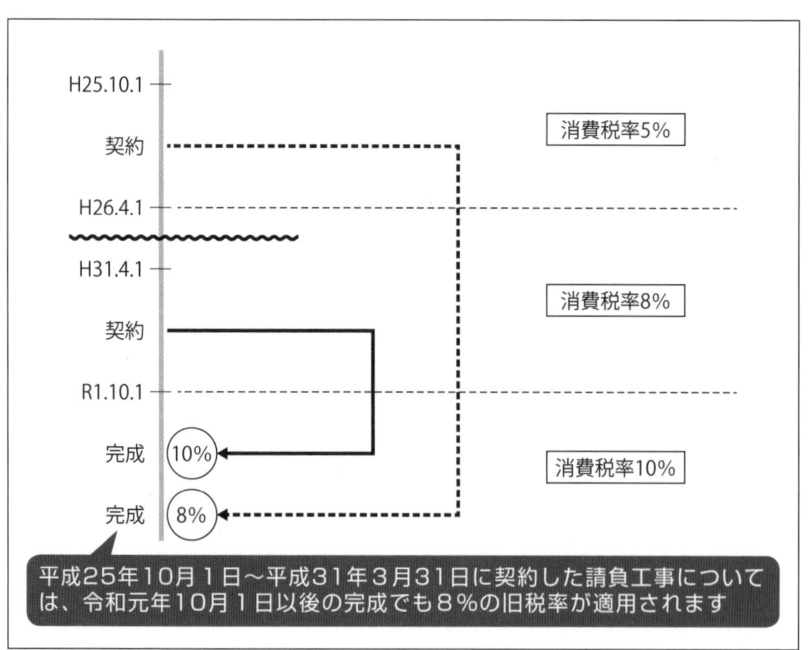

軽減税率対象取引
（消法２①九の二、別表第一、食品表示法２①）

取引	留意点
飲食料品の譲渡 食品表示法に規定する食品（食品添加物を含むすべての食品）	●標準税率が適用されるもの ・酒税法に規定する「酒類」 ・医薬品、医薬部外品、再生医療等製品 ・人の飲食用でない工業用原材料や観賞用・栽培用として取引される植物など（注） ・外食 ・ケータリング
定期購読契約がされた新聞の譲渡 一定の題号を用い、政治、経済、社会、文化等に関する一般社会的事実を掲載する週２回以上発行される新聞	●軽減税率が適用されるもの ・スポーツ新聞や業界紙など（軽減Ｑ＆Ａ（個）問97） ・発行予定日が週２回以上とされていれば、休刊日があることにより、週に１回しか発行されない週があっても軽減税率を適用することができます（消基通5-9-13、軽減Ｑ＆Ａ（個）問99） ●標準税率が適用されるもの ・コンビニや駅の売店などで販売する新聞（軽減Ｑ＆Ａ（個）問98） ・電子新聞（軽減Ｑ＆Ａ（個）問101） ・週に１回しか発行されない新聞

（注）　人の飲食用として譲渡した食品が購入者により他の用途に供されても軽減税率が適用されます。また、工業用原材料として取引される塩や観賞用・栽培用として取引される植物などのように、人の飲食を目的としない物品が飲食のために購入された場合でも軽減税率は適用されません。
　つまり、取引（販売）時点における販売者の表示方法により適用税率が決まるということです（消基通5-9-1、（軽減Ｑ＆Ａ（制）問11）

外食産業の取扱い
（消法別表第一）

食堂やレストランなど、飲食設備のある場所において行う食事の提供は軽減税率の対象とはなりません。「飲食設備のある場所において行う食事の提供」とは、テーブル、椅子、カウンターその他の飲食に用いられる設備のある場所で食事を提供することをいい、設備の規模は問いません。

飲食料品の持ち帰り販売（テイクアウト）や出前・宅配による販売

は、飲食料品の譲渡として軽減税率が適用されることになります。

ファストフード店などでは、顧客の意志を確認して店内における「食事の提供」か「持ち帰り」かの判断をすることになります（消基通5-9-10）。

「ケータリング」と呼ばれる出張による料理の提供やホテルにおけるルームサービスのように、顧客の指定した場所において行う料理の提供は標準税率となります。ただし、有料老人ホームの食事や学校給食のように、生活を営む場所において提供される食事は軽減税率の対象とすることができます。

法令や通達、Q＆Aなどを参考に、外食産業の取扱い（例示）を簡単に整理すると下表のようになります。

標準税率となるもの	軽減税率となるもの
●レストランや食堂のように、テーブル、椅子、カウンターなどの飲食設備のある場所で行う食事の提供（消基通5-9-6～8）	●縁日の屋台などのように、テーブル、椅子、カウンターなどが設置されていない場所で行う食事の提供（軽減Q＆A（個）問51）
●コンビニのイートインコーナーで飲食物を提供する場合（軽減Q＆A（個）問52）	●コンビニにおける飲食料品の販売（軽減Q＆A（個）問52）
●旅客列車内の食堂での飲食（軽減Q＆A（個）問69）	●ワゴンサービスでの飲食料品の販売（軽減Q＆A（個）問69）
●ケータリング・出張料理（軽減Q＆A（個）問75） ●ホテルにおけるルームサービス（軽減Q＆A（個）問72） ●カラオケボックスでの飲食料品の提供（軽減Q＆A（個）問70）	●テイクアウト・宅配・出前（軽減Q＆A（個）問58・77） ●部屋に備え付けてある冷蔵庫内の飲物の売上高（軽減Q＆A（個）問73） ●野球場や映画館の売店における飲食料品の販売（軽減Q＆A（個）問71）
●学生食堂、社員食堂（軽減Q＆A（個）問81・49） 有料老人ホームにおける高額な食事には標準税率が適用される（軽減Q＆A（個）問80）	●有料老人ホームやサービス付高齢者向け住宅において、一定条件の基で入居者に行う飲食料品の提供（軽減Q＆A（個）問75） ●小中学校などにおいて、児童や生徒に行う給食の提供（軽減Q＆A（個）問75） ●学校教育法に規定する幼稚園、特別支援学校、高等学校における夜間学校で行う給食の提供（軽減Q＆A（個）問75）

◆一体資産の取扱い

飲食料品と飲食料品以外の資産が一体となっている商品については、飲食料品に該当しないこととしていますので、原則として飲食料品も含めた販売価格全額について標準税率が適用されることになります。

ただし、飲食料品と飲食料品以外の資産をセット商品にして販売する場合には、次の①～④の要件を満たすことを条件に、軽減税率を適用することができます（消令2の3、消基通5-9-3）。

① あらかじめ一の資産を形成し、又は構成しているものであること（各商品が選択制でないこと）
② その一体資産の価格のみが提示されていること（内訳が提示されていないこと）
③ セット商品の税抜販売価額が1万円以下であること
④ 合理的に計算した食品の価額の割合が2／3以上であること

計算例

紅茶とティーカップを仕入れてパッケージングし、セット商品として税抜価格1,000円で販売する場合の適用税率は次のようになります。なお、紅茶の仕入価格は450円（税込）、ティーカップの仕入価格は200円（税込）です。

販売価格
1,000円≦10,000円

紅茶（食品）の原価 / 一体資産の譲渡の原価のうち、食品の占める割合

$$\frac{450円}{450円+200円} \fallingdotseq 69.2\% \geqq \frac{2}{3} \quad (66.666\cdots\%)$$

（分母：一体資産の譲渡の原価）

∴軽減税率適用商品になります（軽減Q＆A（個）問92）

判定ができない小売業者などの取扱い

「おもちゃがセットになったお菓子」などは、メーカーが出荷時点で希望小売価格を印字して販売するため、卸売業者や小売業者は、その商品の原価構成などがわかりません。そこで、仕入商品につき、軽減税率が適用されているのであれば、税抜販売価格が1万円以下であることを条件に、売上商品についても軽減税率を適用することが認められています（軽減Q＆A（個）問96)。

容器や包装材料の取扱い

飲料のペットボトルや飲食料品の容器などについては、容器代などを別途受領しない限りは軽減税率を適用することができますが、陶磁器やガラス食器のように食器や装飾品として再利用できるものを使用した場合には、その商品は一体資産に該当することになります（軽減Q＆A（制）問5・(個）問25)。

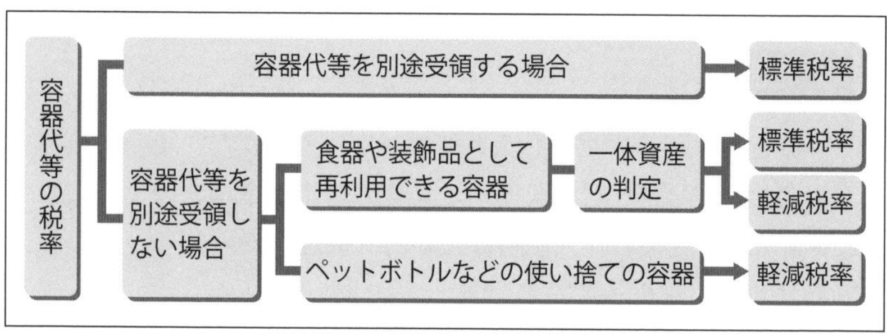

なお、飲食料品と飲食料品以外の資産の価格がそれぞれ区分して表示されている場合には、このような取扱いはありません。価格が区分されている場合には、飲食料品についてだけ、軽減税率が適用されることになります。

第2章

課税区分の判定

課税の対象となる取引とは？
非課税取引、免税取引とは？
課税仕入れって何？

課税の対象となる取引とは

消費税は、国内で物を買う、借りる、サービスの提供を受けるという行為（消費支出）に担税力を求めて課税する税金です。したがって、海外で生産された物であっても、これが日本に輸入され、国内で消費、使用されるということであれば、これについても消費税を課税する必要があるわけです。

こういった理由から、消費税の課税の対象については、国内取引と輸入取引に区分して、次のように規定されています（消法4①・②）。

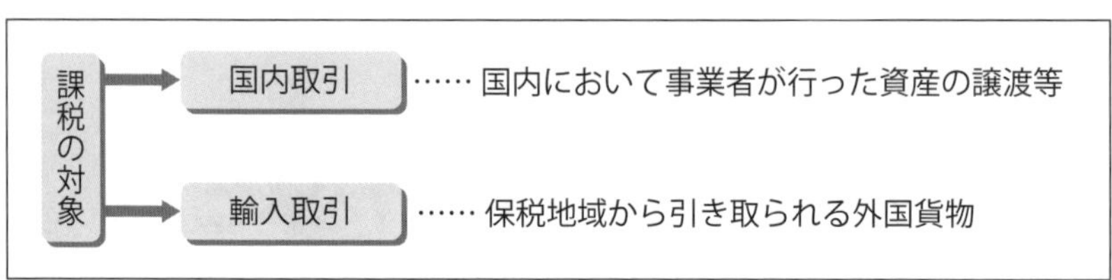

輸入取引

輸入貨物はいったん保税地域に陸揚げされ、税関により貨物の検査が行われます。税関での検査が終了した後に、輸入者が貨物を引き取ることになるわけですが、輸入取引の場合には、その輸入品（外国貨物）が課税の対象となります。

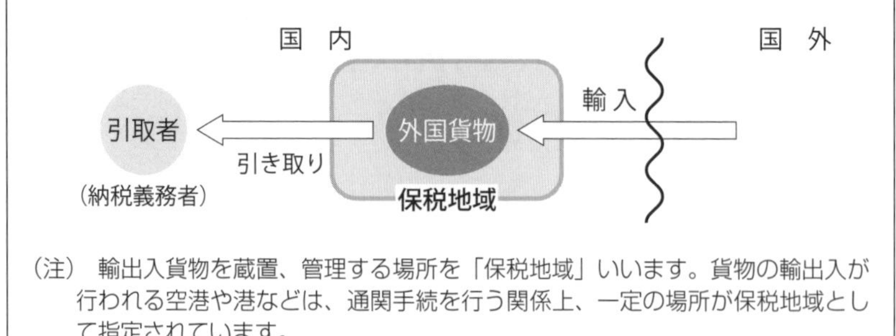

（注）　輸出入貨物を蔵置、管理する場所を「保税地域」いいます。貨物の輸出入が行われる空港や港などは、通関手続を行う関係上、一定の場所が保税地域として指定されています。

国内取引の課税対象要件

国内取引のうち、消費税の課税の対象となる取引は、次の①～④のすべての要件を満たす取引です（消法4①・2①八）。

① 事業者が事業として行うものであること
② 対価を得て行うものであること
③ 資産の譲渡、資産の貸付け、役務の提供であること
④ 国内において行うものであること

なお、消費税の課税の対象となった取引が、そのまますぐに課税されるというわけではありません。たとえば土地や株券の売買など、特定の取引については別途「非課税」という規定を設けて消費税を課さないこととしています。また、輸出取引については、「免税」という規定を設け、消費税を免除することにしています。

この非課税や免税の対象となる取引については、課税対象取引であっても結果的に消費税は課税されないこととなるわけですが、課税売上割合の計算など、消費税計算においては非常に重要な意味をもっています。これらの取引を正しく区分し、理解するためには、まず、消費税の課税対象要件をしっかりとマスターすることが大切なのです。

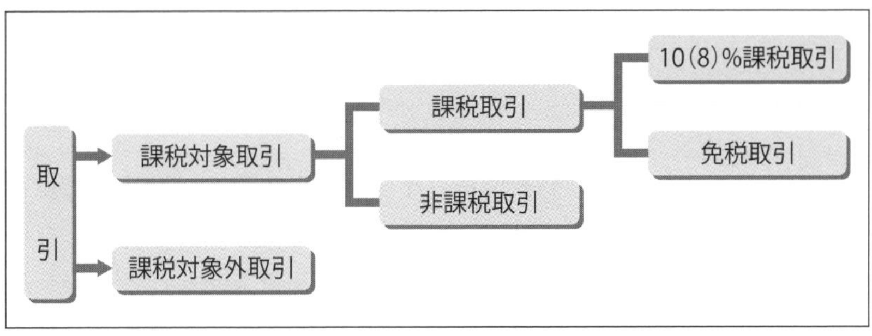

事業者が事業として行うもの

消費税の納税義務者は事業者であることから、事業者以外の者が行った行為については課税の対象とはなりません。

たとえば、サラリーマンが自家用車を売ったとしても、サラリーマンは事業者ではないので消費税が課税されることはありません。

◆事業として行うもの

個人事業者が、マイホームのような事業と関係のない家事用資産を売却した場合には、その行為については、たとえ事業者が行ったものであっても課税の対象とはなりません。

なお、「事業として行うもの」には、事業用資産の売却などの「事業付随行為」も含まれることに注意してください（消令２③、消基通5-1-7）。

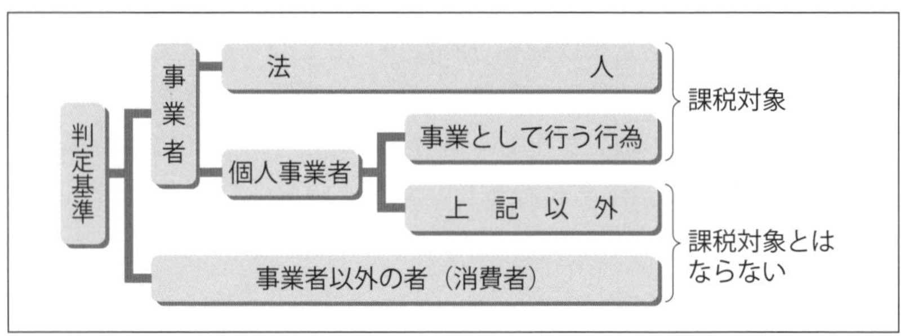

◆所得区分との関係

個人事業者の場合、不動産所得、事業所得に係るものだけが課税の対象となるわけではありません。たとえば、土地や建物を売却した場合には、分離課税の譲渡所得として所得税額を計算することになりますが、たとえ譲渡所得に区分されるものであっても、事業として行われたものであれば課税の対象に組み込まれるのです。

対価性の判断

「対価を得て行うもの」とは、資産の譲渡等に対して何らかの反対給付を受けることです。**配当金、寄付金、祝金、見舞金、保険金、補助金、助成金**などを収受したとしても、これらの行為は対価性のないものであり、課税の対象とはなりません（消基通5-2-4・8・14・15）。

◆受取利息と受取配当金

配当金は株主又は出資者としての地位に基づいて受け取るものであり、株主が資産の譲渡等を行い、その対価として受けるものではないので課税の対象とはなりません。

ちなみに、銀行預金の利息については課税の対象（非課税）となりますので、消費税の課税区分にあたっては、受取利息と受取配当金はまったく異なるものだと認識する必要があります。

預金利息の場合には、銀行に「現金」という資産を貸し付けて、その対価、つまりリース料として利息を受け取るわけですから、これは資産の貸付けに係る対価として課税の対象となるのです。

◆みなし譲渡

無償取引であっても、次の行為についてだけは、「みなし譲渡」として例外的に課税の対象に組み込むこととされています（消法4⑤）。

① **個人事業者の棚卸資産や事業用資産の家事消費又は使用**

② **法人の役員に対する資産の贈与**

上記①の個人事業者には、事業主だけではなく、同居親族も含まれます（消基通5-3-1）。

なお、事業者が広告宣伝や試験研究のために商品や原材料などを消費、使用する場合や、資産を廃棄処分するような場合についてまでもこのような取扱いがされるわけではありません。これらの行為は「資産の譲渡等」ではないので当然に課税の対象とはなりません（消基通5-2-12・13）。

内外判定

国内取引に該当するかどうかの判定は、原則として次によることとされています（消法4③）。

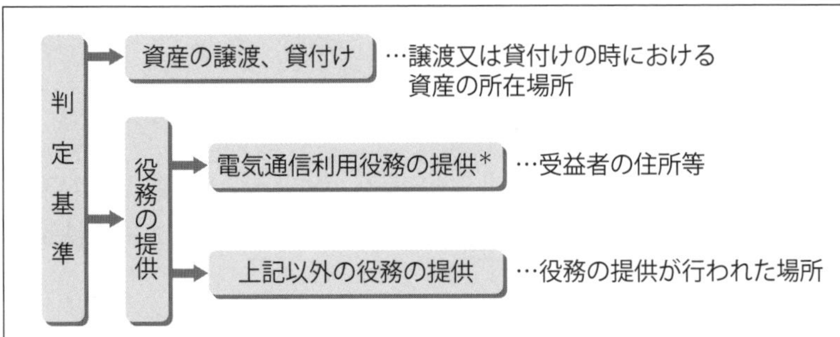

*「電気通信利用役務の提供」とは、電子書籍・音楽・広告の配信、クラウドサービス等の電気通信回線を介して行われる役務の提供をいい、メールを利用したデータの送信や電話のように単に通信回線を利用させる役務の提供は含まれません（詳しくは第12章をご参照ください。）。

資産の譲渡、貸付け

資産の譲渡又は貸付けについては、譲渡又は貸付け時における資産の所在場所が国内であれば国内取引となります。

たとえば、日本の企業がアメリカの支店で商品の販売をした場合、資産の所在場所が国外であることからその行為は国内取引とはなりません。

これとは逆に、アメリカの企業が日本の支店で商品の販売をした場合には、資産の所在場所が国内であることからその行為は国内取引となり、課税の対象となるのです。

「誰が」ではなく、譲渡、貸付け時における資産の所在場所で内外判定をすることに注意してください。

ところで、特許権や実用新案権などの無形固定資産については、資産の所在場所がわかりません。こういった理由から、内外判定は登録機関の所在地によることと定められています。

特許権の他にも、船舶や航空機、鉱業権などのように、その所在場所が明らかでないものについては、たとえば、船舶であればその登録をした機関の所在地、鉱業権であれば鉱区の所在地といった具合に、それぞれ個別に判定方法が定められています。また、個別に定めのない資産のうち、その所在場所が明らかでないものについては、その譲渡又は貸付けに係る事務所等の所在地により判定することとされています（消令6①)。

◆役務の提供（電気通信利用役務の提供を除く）

役務の提供については、役務提供地が国内であれば国内取引となります。

たとえば、日本の企業がハワイで営業しているレストランの場合には、役務提供地が国外ですから国内取引とはならないのに対し、アメリカ人が日本国内で英会話教室を経営しているような場合には、役務提供地が国内であることからその行為は課税の対象となるのです。

ところで、日本からアメリカまで、あるいはアメリカから日本まで貨物を輸送するような場合には、国境線をまたいで役務の提供が行われますので、単純に役務提供地で判定することができません。このような場合には、発送地あるいは到着地が国内であれば国内取引として取り扱うこととしています。

また、国際運輸などの他にも、外国企業に対する情報提供や広告宣伝のような国際間にわたる役務の提供については、それぞれ個別に判定方法が定められています。個別に定めのないものについては、その役務提供に係る事務所等の所在地で判定することとされています（消令6②)。

非課税取引とは

課税対象取引のうち、土地や株券の売買、保険診療や住宅家賃など特定のものについては、非課税として消費税を課さないこととしています。非課税取引とは、課税対象取引のうち、特定のものについてだけ非課税としているわけですから、課税対象取引に該当しなければ、非課税という概念は出てこないことになります。非課税取引を理解するためには、まず、その課税体系における位置づけをしっかりと把握することが重要です。

非課税取引の位置づけ

非課税取引については、消費税法別表第一と第二にその具体的な内容が限定列挙されています。一方、消費税の法令には、「課税取引とはこういうものである」という具体的な列挙はされていません。課税対象取引のうち、非課税取引以外のものが「課税取引」となるわけですから、課税対象取引と非課税取引の拾い出しができなければ、必然的に課税取引を把握することもできないということになるのです。

非課税取引を十分に理解するためには、どこまでが非課税となるのか、その境界線を把握することが重要です。たとえば、土地の譲渡及び貸付けは非課税とされていますが、土地取引に関連するもののすべてが非課税になるわけではありません。土地の売買に伴い、不動産業者が収受する仲介手数料や整地のための土地造成費については、たとえ土地に関連する取引であっても消費税が課税されることになります。

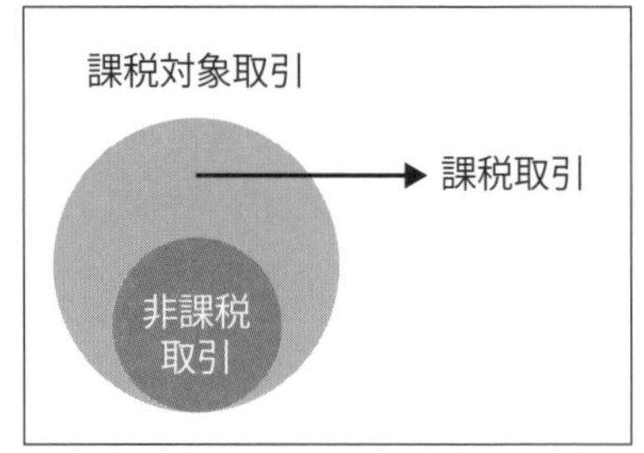

非課税取引の概要

非課税取引については、国内取引と輸入取引に区分して、その具体的な内容が定められています（消法別表第一・第二）。

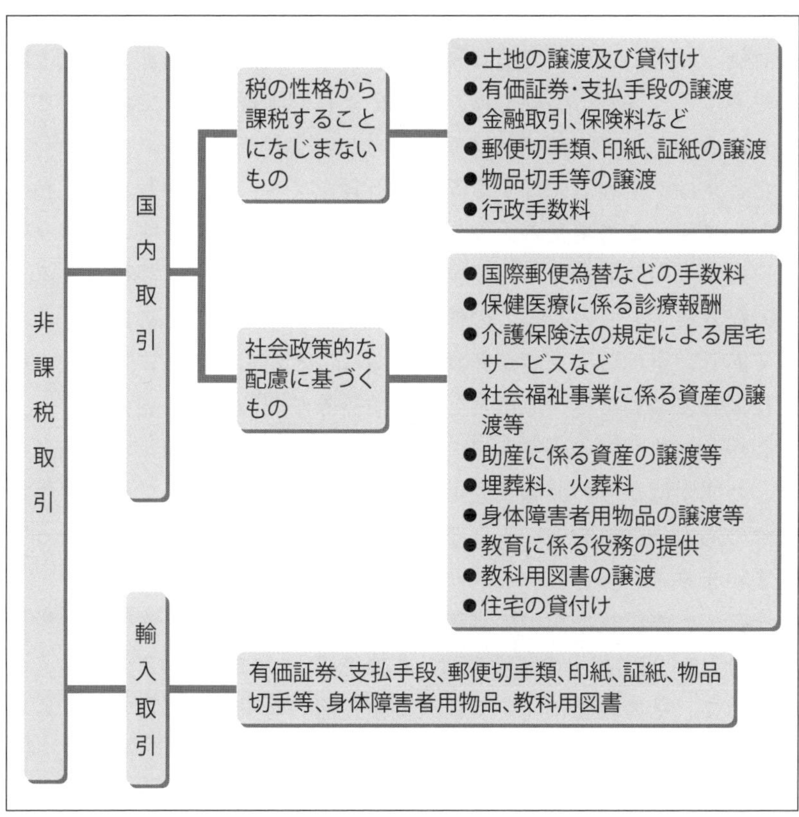

非課税取引の範囲を理解するためには、その取引が、譲渡なのか、貸付けなのか、役務の提供なのかということにも注意する必要があります。たとえば、土地取引については譲渡と貸付けが非課税とされているのに対し、住宅については非課税となるのは「貸付け」に限定されています。つまり、住宅家賃だけが非課税とされるわけですから、住宅の譲渡は建物の譲渡であり、消費税が課税されることになるのです。

仕入税額控除との関係

土地の購入費や支払利息などの「非課税仕入れ」は税額控除の対象とはなりません。その対価に消費税が課されていないわけですから、当然といえば当然のことです。非課税取引で特に注意したいのは、その対価（収入）について消費税が課されない反面、その非課税売上げに対応する仕入れについては、たとえそれが課税仕入れであったとしても、原則として税額控除はできないということです。

たとえば、土地を売却する際に、不動産業者に仲介手数料を支払ったとします。この場合の土地の売上高は非課税となりますが、仲介手数料は不動産業者の行った役務提供に対する対価として課税されることになります。しかし、この仲介手数料は土地を売るために要したものであり、土地の売上高が非課税であることから、これに対応する課税仕入れについては、原則として税額控除が認められないのです。

しかし、すべての事業者についてこれを適用した場合、受取利息など、わずかばかりの非課税売上げしかない事業者についてまで課税仕入れのあん分計算を強いることとなり、消費税の計算が煩雑になってしまいます。

そこで、当課税期間中の課税売上高が５億円以下で、次の「課税売上割合」が95％以上の場合には、非課税売上げに関係する課税仕入れも含めて、その全額について仕入税額控除の対象とすることが認められています。

$$\text{課税売上割合}=\frac{\text{課税売上高（税抜）}}{\text{課税売上高（税抜）＋非課税売上高}}$$

この課税売上割合の計算では、受取利息のような非課税売上げは分母に計上することになる一方で、受取配当金のような課税対象外収入は、計算には一切関係させません。

したがって、同じ課税されない取引であっても非課税売上げと課税対象外収入はしっかりと区分する必要があるのです。

土地の譲渡及び貸付け

土地の譲渡及び貸付けは非課税とされていますが、土地取引に関連するものでも、土地売買の仲介手数料や土地の造成費は課税されます。土地造成費については、これを支払う事業者はその金額を土地の帳簿価額に加算するわけですが、経理処理や勘定科目にかかわらず課税・非課税の区分をしなければいけません（消基通6-1-2・6）。

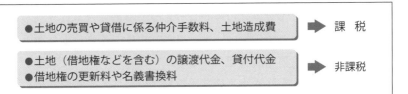

●土地の売買や貸借に係る仲介手数料、土地造成費	➡	課　税
●土地（借地権などを含む）の譲渡代金、貸付代金 ●借地権の更新料や名義書換料	➡	非課税

土地の貸付けに関する取扱い

1か月未満の土地の短期貸付けや施設としての貸付けは非課税とはなりません。貸店舗の賃料などについては、たとえ賃料を地代と家賃に区分する契約を行ったとしても、その全体が家賃として課税されることになります（消令8、消基通6-1-4～5）。

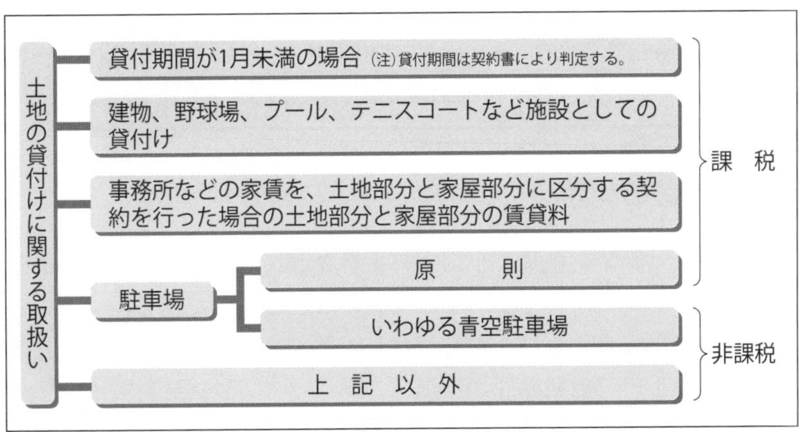

有価証券・支払手段の譲渡

有価証券の範囲

消費税法に規定する有価証券には、株券、受益証券などの他、合同会社等の持分や抵当証券などの市場性のない債権、預金、貸付金、売掛金などの金銭債権も含まれます。なお、船荷証券や貨物の引換証などについては、その実態は船荷や貨物の売買であることから非課税とはなりません。ゴルフ場利用株式（ゴルフ会員権）は、株式の形態はとっているもののその実質はゴルフ場を利用する権利であることから課税となります（消基通6-2-1～2)。

また、証券会社が収受する売買手数料についても、役務提供に対する対価であることから当然に課税されることになります。

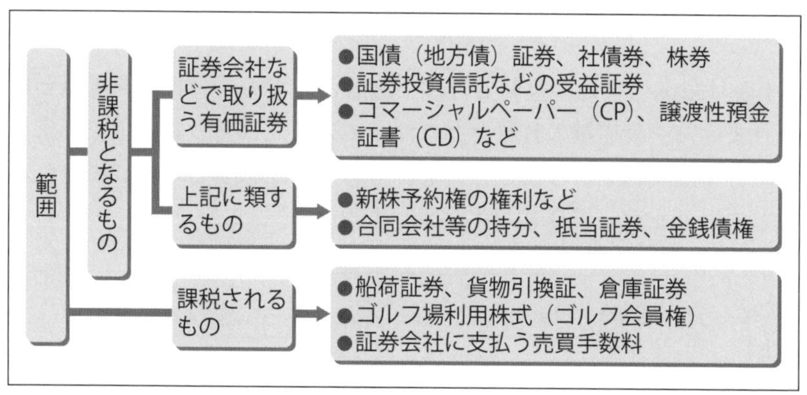

支払手段の範囲

支払手段（紙幣、硬貨、小切手、手形など）の譲渡とは、海外出張に伴う円とドルの両替や小切手の換金のことです。ただし、コイン店で記念硬貨を販売する場合など、プレミアム付きの売買は課税されることになります（消基通6-2-3)。

金融取引（消基通 6-3-1）

資金の流れに関する取引（金融取引）は課税になじまないことから非課税とされています。

非課税となる金融取引には、貸付金、預金等の利子の他に、手形の割引料や割引債の償還差益なども含まれます。

証券投資信託の収益分配金

証券投資信託に係る収益分配金については、所得税、法人税においては、公社債に係るものは利子、株式に係るものは配当として取り扱われていますが、金銭を信託するという行為は預金の預入れなどと実質的には変わらないことから、消費税ではすべて非課税として取り扱うこととしています。

売上割引・仕入割引

売掛金を支払期日前に回収したことにより取引先に支払う売上割引や、買掛金を支払期日前に支払ったことにより取引先から収受する仕入割引については、会計上は利子的な性格を有するものとされていますが、消費税の世界では売上代金や仕入代金のマイナス項目（売上対価もしくは仕入対価の返還）として取り扱うことになるので注意が必要です（消基通 6-3-4）。

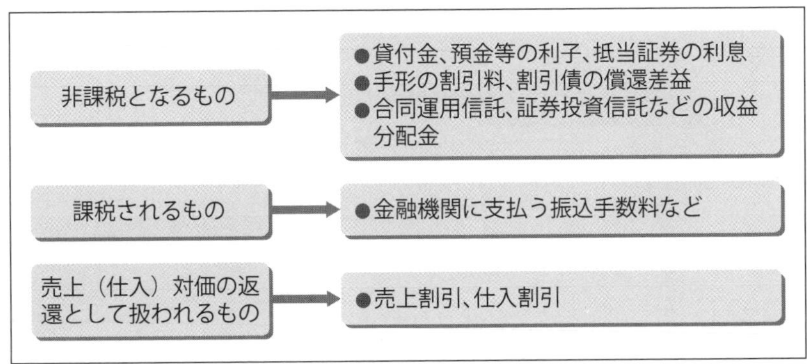

保険料（消基通 6-3-1～3）

保険は保険料を支払う者が保険集団を構成し、その団体の中で相互保証をするしくみになっており、保険会社が収受する保険料は、保険会社が行ったサービスに対する対価ではあるものの、預金利息などに類似するものであることから非課税とされています。

保険会社との契約により支払われる損害保険料や生命保険料、共済制度に基づいてその構成員が負担する共済掛金などが非課税となります。また、雇用主負担の健康保険料や厚生年金保険料、雇用保険や労災保険などの労働保険料も非課税となります。

◆信用保証料・物上保証料

債務保証をしたことにより、その保証日数に応じて収受する信用の保証料や、債務者に代わって金融機関などに担保提供をしたことにより収受する物上保証料は、その実態は保険料であり、非課税となります。

◆保険代理店手数料

非課税となるのは保険料などを対価とする役務の提供だけであり、保険代理店が保険会社から収受する代理店手数料や調査手数料などは非課税とはならず、消費税が課税されることになります。

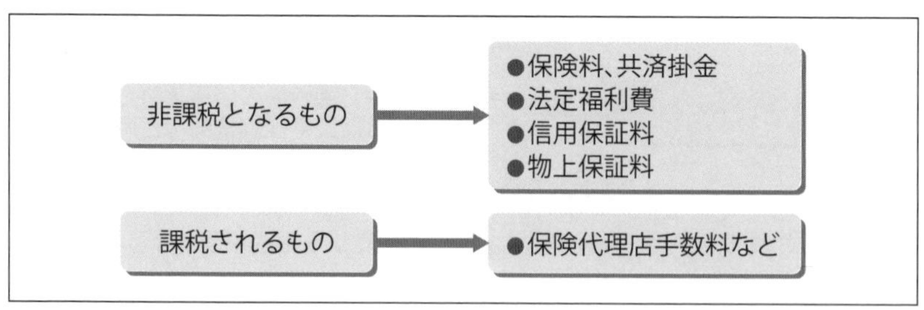

郵便切手類・印紙・証紙・物品切手等

◆郵便切手類・印紙

郵便切手類と印紙については、郵便局や印紙売りさばき所などの公的な場所で譲渡する場合でなければ非課税とはなりません。したがって、金券ショップなどで郵便切手類などを安売りするような場合には課税されることになります（消基通 6-4-1）。

◆物品切手等

デパートが自社の商品券を販売するような場合には、その売上代金を預り金として処理することにより、課税対象外収入として扱うことが認められています（消基通 6-4-5）。

つまり、自社の商品券の販売は譲渡ではなく「発行」と認識し、商品と引き換えるまで課税の対象としないということです。結果、物品切手等の譲渡で非課税となるものは、ビール券や図書券のように事業者自らが仕入れて販売するものに限られることになります。

なお、非課税とされるのは物品切手等の譲渡対価だけであり、物品切手等の取扱いに関して受ける手数料は消費税が課税されます（消基通 6-4-6）。

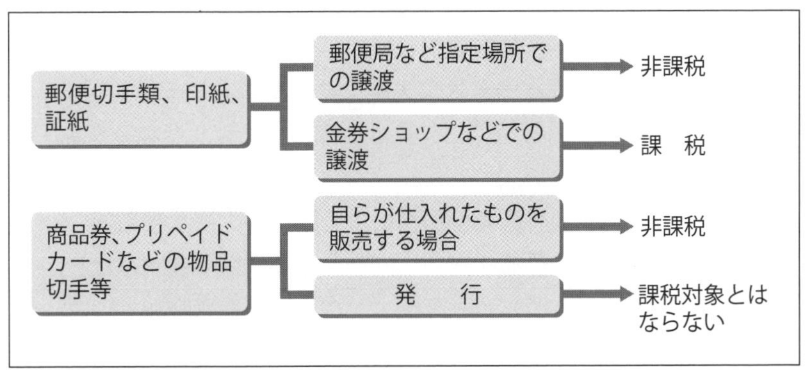

行政手数料・国際郵便為替手数料など

◆ 行政手数料

行政手数料には、住民票、印鑑証明書、固定資産課税台帳の写しなどの発行手数料などがありますが、これらの費用は非課税となりますので、支払サイドでは仕入税額控除の対象とすることはできません。

具体的には、法令に基づく手数料でその徴収について法令に定めがある登記、登録などの手数料、公文書の交付手数料などが非課税とされています。なお、手数料の徴収について法令に定めがないものであっても、弁護士などの資格要件とされている登録等、輸出等の要件とされている登録等、JIS 規格の登録などの法令に基づく登録等であれば、その手数料は非課税となります（消基通 6-5-1～2）。

◆ 国際郵便為替などの手数料

郵便為替とは、郵便局を通じて行う送金の方法をいい、国内の郵便局間で行われたものであれば、仕入税額控除の対象とすることができます。海外に送金する際に、国際郵便為替を利用した場合には、その取引は非課税となるので仕入税額控除はできません。

また、海外の事業者と取引などを行った場合に、銀行を通じて資金の決済をする方法を外国為替業務といいますが、これも国際郵便為替と同様に非課税とされているため、これにつき手数料を支払う事業者については仕入税額控除の対象とすることはできません。

非課税とされる手数料には、たとえば次のようなものがあります。

① 外国郵便為替、外国郵便振替による国際間の送金手数料
② 外国為替取引に係る手数料（円とドルの両替手数料など）
③ 旅行小切手（トラベラーズチェック）の発行手数料

保健医療・助産・埋葬料・火葬料

医療については、健康保険法などの法令に基づく診療報酬が非課税とされるだけであり、美容整形や健康診断、診断書の作成料などのように保険の対象とならないものは消費税が課税されます。保険診療報酬については社会保険庁などから収受する診療報酬だけでなく、患者の自己負担金も含めて非課税となります（消基通6-6-3）。

また、法令に定める医療であっても、特別メニュー料金や差額ベッド代など、特定の医療については非課税とはなりません（消法別表第一6かっこ書）。医薬品や医療器具の売買については、たとえ保険診療に用いるものであっても消費税が課税されます（消基通6-6-2）。

◆助産

保険診療の対象とならないものであっても、助産に係るものであれば非課税となります。助産については、検査、入院、回復検診など施設者（産婦人科医など）による資産の譲渡等について、広範囲にわたり非課税とされています（消基通6-8-1～3）。

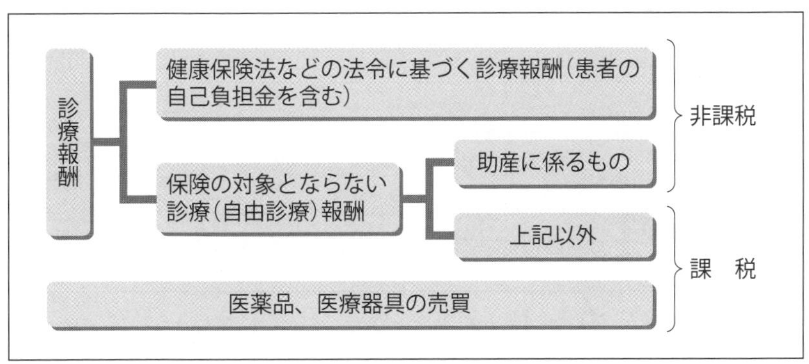

◆埋葬料・火葬料

非課税となるのは埋葬料、火葬料を対価とする役務の提供だけであり、一般の葬儀費用はこれに該当しないため、消費税が課税されます。

介護・社会福祉・身体障害者用物品

介護保険法の規定による居宅サービスなど

介護保険法に規定する訪問介護、訪問入浴介護、訪問看護、訪問リハビリテーションなどの居宅サービスや施設サービス、その他これらに類する一定のサービスが非課税となりますが、特別室の提供などは非課税とはなりませんので注意が必要です（消令14の2)。

社会福祉事業に関する資産の譲渡等

社会福祉事業に関する資産の譲渡等については、原則として非課税とされていますが、社会福祉事業のうち、授産施設において行われる生産活動などによるものは非課税とはなりません。

身体障害者用物品の譲渡等

身体障害者用物品の譲渡、貸付け、製作の請負、修理などが非課税とされますが、非課税とするためには厚生労働大臣の指定を受けることが要件とされています（消基通6-10-1)。

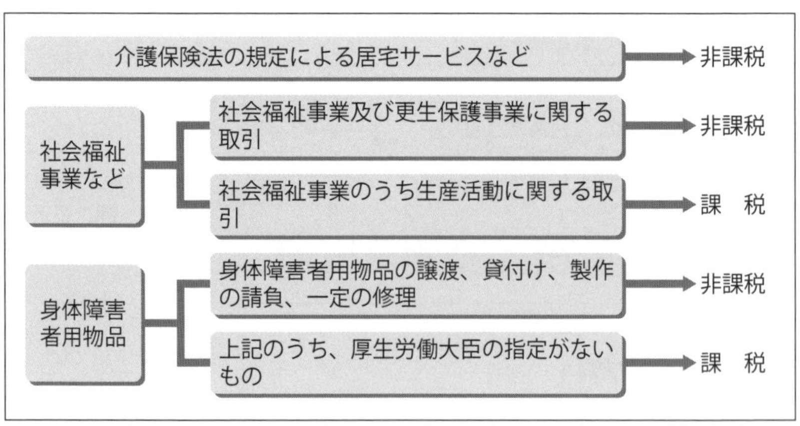

教育・教科用図書の譲渡

学校教育法に規定する学校のうち専修学校については、高等課程、専門課程又は一般課程において行うものに限り非課税とされるのであり、いわゆる付帯教育として行われるものは消費税が課税されることになります。各種学校や職業訓練校については、修業年限、授業時間数などの要件をクリアしたものでなければ非課税とはなりません（消基通6－11－1）。専修学校や各種学校に該当しない進学塾や予備校については当然のことながら課税です。

◆教科用図書の譲渡

教科用図書については、いわゆる検定済教科書や文部科学省が著作したものだけが非課税とされるのであり、参考書の類は非課税とはなりません（消基通6－12－1・3）。

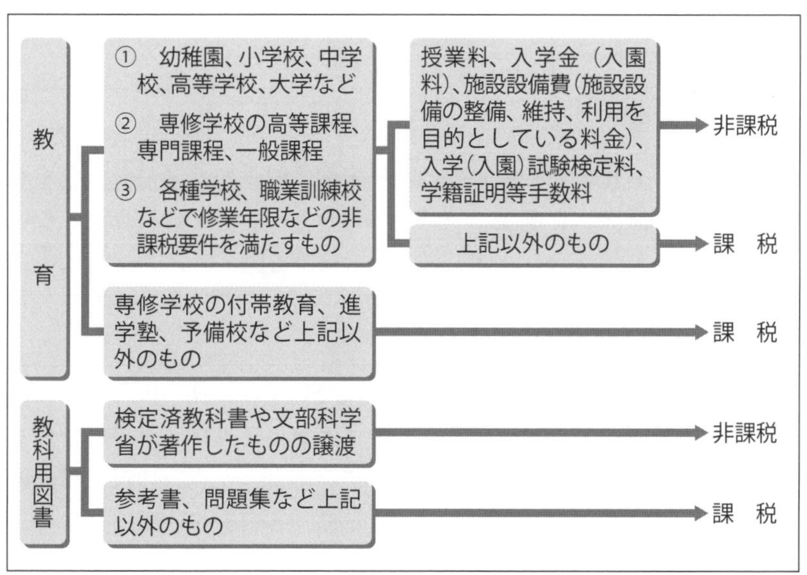

住宅の貸付け

住宅の貸付けだけが非課税とされるのであり、事務所、店舗など居住用でないものの貸付けは消費税が課税されます。なお、住宅の貸付けであっても、貸付期間が1か月未満のものについては非課税とはなりません。旅館、ホテルなどの施設の貸付けは、住宅の貸付けとは当然に異なるものであり、非課税とはなりません（消令16の2）。

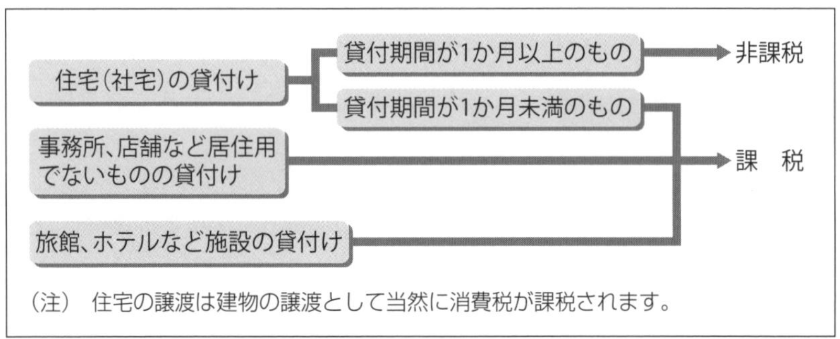

（注）　住宅の譲渡は建物の譲渡として当然に消費税が課税されます。

家賃の範囲

家賃には、月決め等の家賃のほかに定額で収受する共益費も含まれます。また、敷金、保証金、一時金等のうち契約終了時に返還しない部分も家賃として扱われます（消基通6-13-9）。

付属設備の取扱い

冷暖房設備、駐車場などの付属設備については、住宅に付随して、又は一体となって貸し付けられるものは家賃とともに非課税とされますが、別契約により使用料等を収受しているような場合には、設備の貸付けとして消費税が課税されます（消基通6-13-1～3）。

店舗兼用住宅

店舗と住宅が併設されているような場合や食事付きの寮など、課税部分と非課税部分が混合した貸付けでその対価が区分されていない場合には、これらの対価の額を合理的に区分しなければなりません。

店舗併設住宅であるならば、住宅部分だけが非課税であり、店舗部分は課税となります。食事付きの寮であるならば、食費に相当する部分が課税で、他の部分は住宅家賃として非課税となります（消基通6-13-5・6）。

◆ココが実務の落とし穴

当社では、1階が事務所、2階が居住用の仕様になっている建物を賃借し、1階を支店、2階を駐在員の社宅として使用しています。賃貸借契約書には、建物の利用目的として、1階を事務所、2階を住宅として使用する旨が明記されているのですが、賃料については「…月額家賃20万円（別途消費税10%）…」と記載されているので、これに基づいて毎月22万円の家賃を支払っています。

当社は、支払家賃の全額に10%の消費税がオンされていることから、家賃の全額を課税仕入高として処理をしています。

正しい処理とアドバイス

事務所兼用住宅の家賃のうち、住宅部分の家賃は非課税となります。

家賃の設定を内税にするか外税にするかは賃貸人と賃借人が任意に決定することです。非課税となる住宅家賃に消費税を転嫁することは、商取引として問題はあるものの、これにより税務上の取扱いが変わるものではありません。住宅家賃に転嫁された消費税相当額は、非課税となる住宅家賃の一部と認識せざるを得ないのです。

住宅家賃に対する消費税はそもそも払う必要のないものです。早急に家主に対し、契約書の修正と賃料の改訂を要求してください。

免税取引とは

消費税は、日本国内において消費、使用される物品や国内において行われるサービスに対して課税するものであり、最終的に国外で消費、使用される物品やその効果が国外に向けて生ずるサービスについては消費税を免除することとしています。

海外に輸出される物品などについては、通常、輸出先の国においてその国独自の間接税が課されるので、日本から輸出する物品などについてまで課税すると、国際間における二重課税という問題が生じてくるわけです。そこで、物品やサービスの消費などについて課される間接税は、その物品やサービスが消費、使用される国において課税することとし、輸出される物品などについては、間接税の負担がかからないように調整を図るのが国際的慣行となっています（これを「国境税調整」といいます）。

◆免税取引の位置づけ

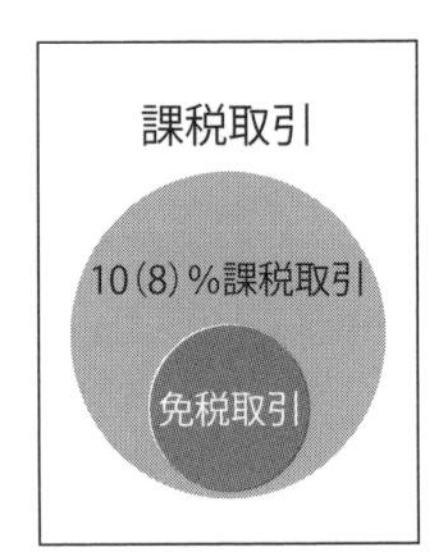

課税対象取引のうち、土地や株券の売買などの非課税取引以外のものが課税取引となるわけですが、免税取引とは、この課税取引のうち、特定のものについてだけ、消費税を免除するものです。

したがって、課税取引に該当しなければ、免税という概念は出てこないことになります。課税取引のうち免税取引以外の売上高が、最終的に課税標準額に計上されるということです。

◆適用要件（書類の保存義務）

輸出免税の規定の適用を受けるためには、輸出許可書などの書類を確定申告期限から７年間保存することが義務づけられています（消法7②、消規5①）。

免税取引の概要

免税の対象となる輸出取引等の範囲は次のとおりです（消法7①、消令17①・②、消基通7-2-1・13)。

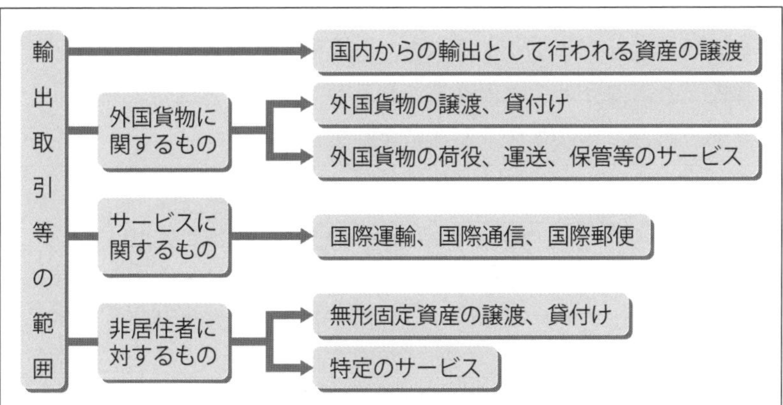

（注） 非居住者とは、住所又は所在地が国外にある、外国人と外国法人のことを指します。また、上記の他、国際運輸などに用いる船舶や航空機、コンテナーの譲渡や修理など、国際運輸に関連するものについても輸出取引等の範囲に含まれ、免税の対象とされています。

輸出とは

関税法では「輸出」を「内国貨物を外国に向けて送り出すことをいう」と定義しています（関税法2①二)。つまり、通関手続をしたうえで貨物を輸出する場合に限り、輸出免税の規定が適用されますので、輸出用の商品であっても国内で売買されている間は消費税が課税されることとなり、最終的に輸出業者が消費税の還付を受けることができます。

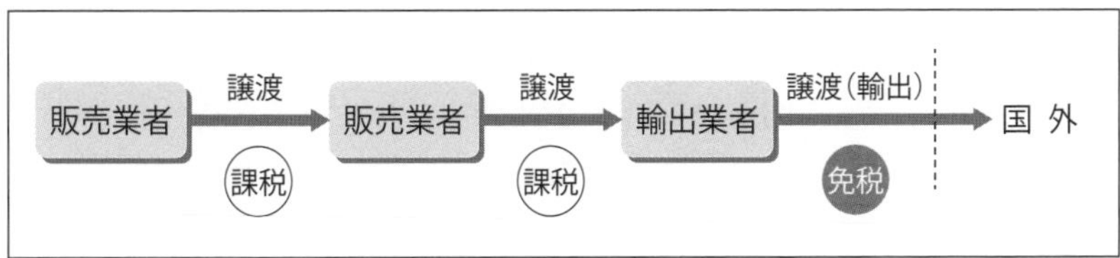

仕入税額控除との関係

個別対応方式（☞127ページ）により仕入控除税額を計算する場合、非課税売上げに対応する課税仕入れ等の税額は控除の対象とはなりません。これに対し、免税売上げに対応する課税仕入れ等の税額は、その全額が控除対象となります。また、課税売上割合の計算において、非課税売上高は分母にのみ算入されるのに対し、免税売上高は、分母と分子の両方に算入されることになります。

$$課税売上割合 = \frac{課税売上高（税抜）+免税売上高}{課税売上高（税抜）+免税売上高+非課税売上高}$$

免税売上高、非課税売上高、課税対象外収入は、消費税が課税されない（課税標準額に計上しない）という点では同じですが、下表のように、課税売上割合の計算においてその取扱いが異なっていることに注意する必要があります。

	課税標準額	課税売上割合	
		分子	分母
課税売上高	○	○	○
免税売上高	×	○	○
非課税売上高	×	×	○
課税対象外収入	×	×	×

（注）　含めるものは○印、除かれるものは×印で示してあります。

◆免税仕入れ

輸出免税の適用範囲には、単なる「もの」の輸出だけではなく、その効果が海外に向けて生ずるサービスなども含まれます。

航空会社に支払う国際航空運賃や通信会社に支払う国際電話料金など、輸出免税の対象となるような料金については仕入税額控除の対象とすることはできないので注意してください。

外国貨物に関する取扱い

関税法では、輸出の許可を受けた貨物と輸入貨物で輸入許可前のものを外国貨物と定義しています（関税法2①三）。この外国貨物については、通関手続をしないと国内への搬入ができません。

そこで、外国貨物の譲渡や貸付けについては輸出免税の規定を適用することとしています（消法7①二）。

具体例

A社が国外から貨物を輸入し、通関手続前にこれをB社に譲渡した場合、その譲渡については輸出免税の規定が適用されます。

なお、通関手続はB社が行うことになるので、引き取りに係る消費税はB社が負担し、B社の申告において仕入税額控除の対象とすることになります。A社がX社に支払う仕入代金は国外取引であり、仕入税額控除の対象とはなりません。

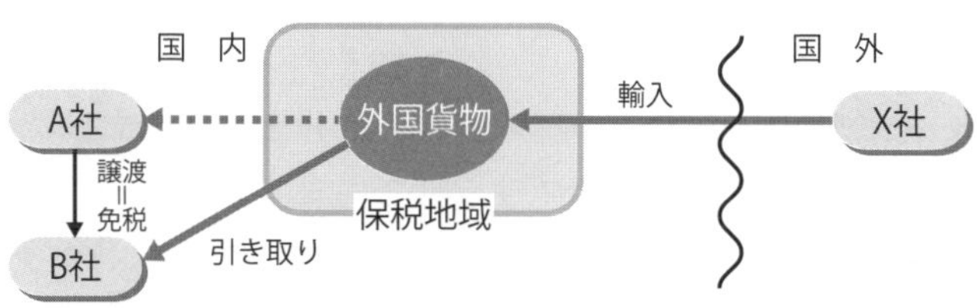

外国貨物に係る荷役費など

外国貨物は国内での消費、使用ができません。そこで、保税地域内での輸出入貨物の荷役、運送、保管、検数、鑑定などの役務提供についても免税とされています（消令17②四）。したがって、輸出入取引を行う事業者の場合、輸出入手続に伴う通関業務料金などの費用については仕入税額控除の対象とすることはできません。

輸出物品販売場における免税

免税ショップ（輸出物品販売場）で免税購入対象者に販売した商品は、最終的に国外で消費、使用されることになります。そこで、免税ショップで所定の手続きのもとに販売されたものについては消費税を免除することとしています（消法8、消令18～18の3、消規7）。

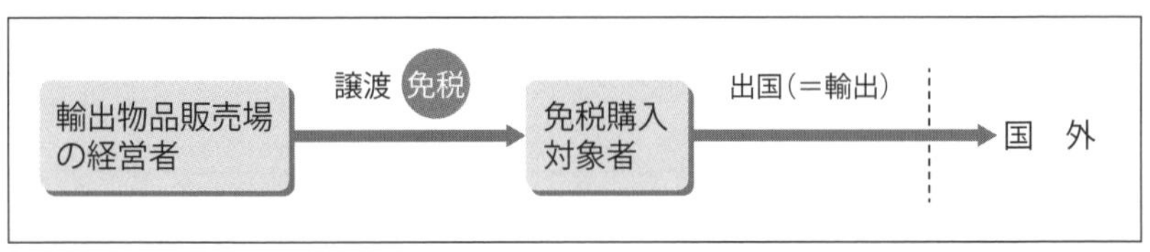

免税対象物品の範囲と手続要件

免税対象物品は、家電製品や洋服、バッグなどの生活用品だけではありません。食品や飲料、薬品や化粧品類などの消耗品についても、指定された方法により包装することを条件に、免税で売買することができます。

また、免税店の経営者は、パスポート情報を電磁的記録により国税庁長官に提供することが義務づけられています。

（注）　購入下限額（5,000円）の判定は店舗ごとにすることとなりますが、「免税手続カウンター」の営業者に免税手続を委託した場合には、カウンターに持ち込んだ商品の合計金額で判定することができます（手続委託型輸出物品販売場制度）。

臨時販売場を設置するための届出制度

免税店の経営者が、あらかじめ、臨時店舗を設置することについて税務署長の許可を受けた場合には、出店の前日までに臨時店舗の場所等を税務署長に届け出ることにより、免税物品を販売することができます。

租税特別措置法の免税

●航海中に消費するものは免税に（消法7①、消基通7－2－18、措法85）

国際輸送などに用いる船舶や航空機に積み込む燃料や飲食物などは、航海中に海の上で消費されてしまうものです。そこで、積み込みのための船用品や機用品を譲渡した場合には、税関長の承認を受けることにより、その譲渡に係る消費税を免除することとしています。

なお、外国籍の船舶や航空機に貨物を積み込む場合には、その貨物はまさに「輸出」されるものですから、船用品や機用品に限らず、また、税関長の承認も要せずに、輸出免税の規定により、その譲渡に係る消費税は免除されることになります。

●大使館などに対するものも免税に（措法86、措令45の4）

国税庁長官の指定を受けた事業者が、外国の大使館や大使などに対して課税資産の譲渡や貸付け、役務の提供を行った場合には、その大使館や大使などから交付を受けた証明書の保存を条件として、その譲渡等に係る消費税は免除されます。

●合衆国軍隊などに対するものも免税に（措法86の2、消基通7－2－19）

合衆国軍隊の兵隊などが海軍販売所等で購入する物品は、国外に輸出され、最終的に国外で消費、使用されることになります。そこで、海軍販売所などに対して物品を販売する場合や合衆国軍隊の公認調達機関に納入するものについては、書類の保存を条件として、消費税を免除することとしています。

●米軍基地からの受注工事の取扱い（所得臨時法7、所得臨時令2）

建設業者が、在日米軍の基地から軍用に供する施設の工事の注文を受けた場合には、その建設工事については消費税が免除されます。

なお、免税の適用を受けるためには、合衆国軍隊の権限ある官憲の発給する証明書で、合衆国軍隊の用に供されるものであることを証明するものを保存することが要件とされています。

課税仕入れの定義

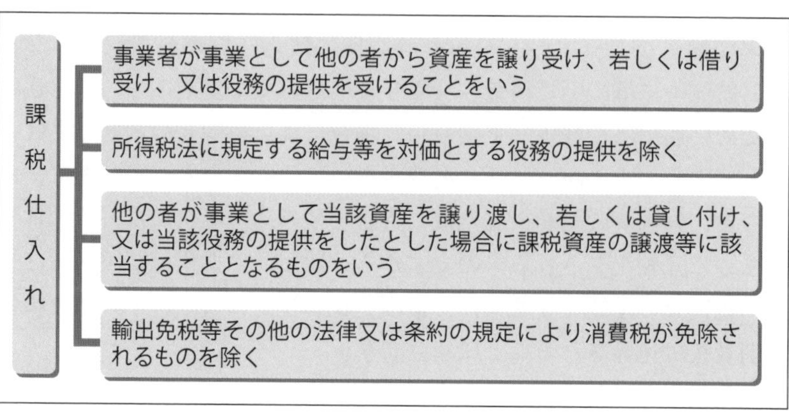

課税仕入れ
事業者が事業として他の者から資産を譲り受け、若しくは借り受け、又は役務の提供を受けることをいう
所得税法に規定する給与等を対価とする役務の提供を除く
他の者が事業として当該資産を譲り渡し、若しくは貸し付け、又は当該役務の提供をしたとした場合に課税資産の譲渡等に該当することとなるものをいう
輸出免税等その他の法律又は条約の規定により消費税が免除されるものを除く

●**ポイント1**　課税仕入れとは、「事業として」行われる資産の譲り受け、借り受け又は役務の提供を受けることをいうので、個人事業者の家事用資産の購入は当然に課税仕入れには該当しません（消基通11-1-1）。

●**ポイント2**　給与等を対価とする役務の提供は、事業者との取引ではないので課税仕入れには該当しません。

●**ポイント3**　課税仕入れの相手先は、必ずしも課税事業者である必要はなく、免税事業者や消費者からの仕入れであっても課税仕入れに該当することとされています（消基通11-1-3）。

また、相手方で「課税資産の譲渡等に該当するもの」と定義していますので、対価性のあるものでなければ課税仕入れには該当しないことになります。したがって、現金による香典や見舞金などは課税仕入れとはなりません。

一方、課税仕入れに該当するか否かの判断は、その目的や資金の調達方法は関係ないので、たとえ慶弔費であっても、葬式の際の花輪の購入費などは課税仕入れに該当することになります。

また、保険会社から収受した保険金は課税対象外収入となるのですが、この保険金を基に建物を建築したような場合には、その建物の建築費は仕入税額控除の対象として何ら問題はありません（消基通 11-2-10）。

●**ポイント4**　輸出免税等の規定により消費税が免除されるものは課税仕入れとはならないので、国際線の航空運賃や国際電話料金などは仕入税額控除の対象とすることはできません。

◆家事共用資産

個人事業者が、店舗兼用住宅のような家事共用資産を購入したような場合には、床面積割合などを基準に按分し、事業用の部分だけが仕入税額控除の対象とされることになります（消基通 11-1-4）。

◆給与と報酬の区分

給与等を対価とする役務の提供は課税仕入れには該当しないわけですが、建設業における一人親方のように、請負契約に基づく役務の提供は課税仕入れに該当し、仕入税額控除の対象とすることができます。提供された役務が課税仕入れに該当するか否かについては、その形態が雇用契約か請負契約かで判断することとなるのですが、実務上は明確な境界線がなく、トラブルの温床となっているのが現状です（消基通 1-1-1）。

◆輸出免税と納税義務の免除の違いに注意！

「輸出免税等」とは、課税事業者が行う特定の取引についてだけ、消費税を免除するものです。一方、「納税義務の免除」とは、基準期間の課税売上高が 1,000 万円以下の事業者を対象に、課税期間中の取引すべてについて申告義務と納税義務を免除するものです（☞ 51 ページ）。

国際線の航空運賃や国際電話料金など、輸出免税等の規定により消費税が免除されるものは課税仕入れとはなりませんが、免税事業者からの仕入れは課税仕入れに該当することになります。

「輸出免税等」と「納税義務の免除」とでは、まったくその内容は異なるものであるということに注意する必要があります。

<ポイント整理>

- 個人事業者の家事関連行為は課税仕入れとはならない。
- 家事共用資産を取得した場合には事業用の部分だけが課税仕入れとなる。
- 給与は課税仕入れとはならない。
- 免税事業者や消費者からの仕入れも課税仕入れに該当する。
- 香典や見舞金など、対価性のないものは課税仕入れとはならない。
- 課税仕入れに該当するか否かの判断にあたっては、課税仕入れの目的や資金の調達方法は関係がない。
- 国際航空運賃などの免税取引は課税仕入れとはならない。

◆ココが実務の落とし穴◆

失火により当社の店舗が全焼し、保険会社から保険金が振り込まれました。この保険金を原資にして新たに店舗を新築しましたが、保険金収入には消費税が課税されないことから、店舗の建築費も仕入税額控除はできないものとして処理をしています。

正しい処理とアドバイス

保険金や補助金などの対価性のない収入は、消費税の課税の対象とはなりません。一方、課税仕入れに該当するかどうかの判断にあたっては、その課税仕入れのための資金の調達方法や目的などは問わないこととされていますので、いわば無税で収受した保険金を原資として建物を新築した場合であっても、その建物の取得は課税仕入れに該当し、仕入控除税額の計算に取り込むことができます。

納税義務者

消費税の課税義務者は誰？

免税事業者ってどんな人？

消費税の還付を受けるための手続は？

相続などがあった場合の特例とは？

納税義務者

消費税の納税義務者については、国内取引と輸入取引に区分して、次のように定められています（消法5）。

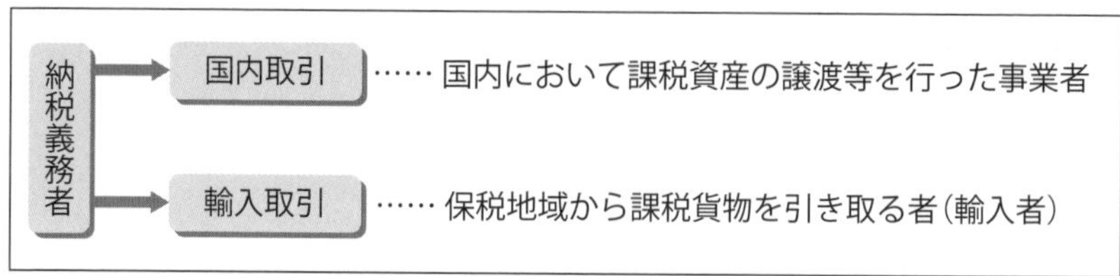

国内取引の納税義務者

国内取引については、事業を行う個人（個人事業者）と法人が納税義務者となります（消法2①三・四）。国外での取引については納税義務は発生しません。

なお、「課税資産の譲渡等」とは、消費税法2条1項9号で「事業として対価を得て行われる資産の譲渡及び貸付け並びに役務の提供のうち、非課税とされるもの以外のものをいう」と定義しているので、個人事業者が家事用資産を売却した場合や資産を贈与したような場合には、たとえ事業者が行った取引であってもその行為は課税の対象とはならず、結果として、納税義務も発生しないことになります。

輸入取引の納税義務者

輸入取引については、貨物の輸入者が納税義務者となります。国内取引のように「事業者」という限定はされていないため、消費者が個人輸入する場合であっても原則としてその輸入者が納税義務を負うことになるわけです。

また、「対価を得て」という要件も付されていないため、海外の知人から無償で品物を送ってもらうような場合であっても、その輸入貨物については、輸入者が納税義務を負うことになります。

納税義務の免除

基準期間における課税売上高が1,000万円以下の小規模事業者については、消費税の納税義務を免除することとしており、この制度により納税義務が免除される事業者のことを「免税事業者」といいます（消法9①）。

免税点

事業者免税点は1,000万円と定められています。したがって、基準期間中の課税売上高が1,000万円以下の事業者は、当期の課税売上高が何億円あろうとも一切納税義務はありません。逆に、基準期間中の課税売上高が1,000万円を超える事業者は、当期中の課税売上高がたとえ1,000万円以下であったとしても、納税義務は免除されないことになります（消基通1-4-1）。

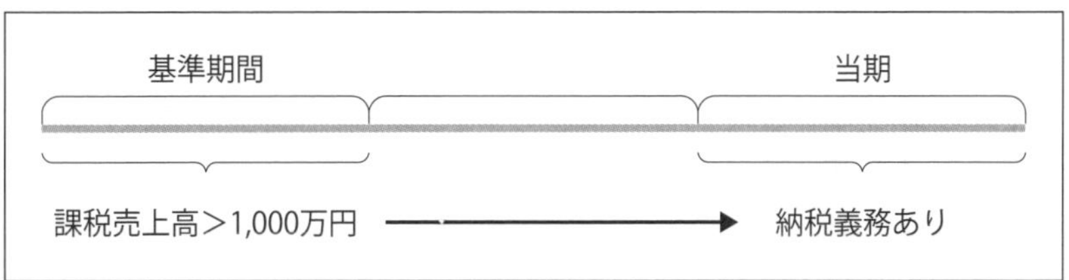

課税事業者届出書と納税義務者でなくなった旨の届出書

基準期間における課税売上高が1,000万円を超えたことにより課税事業者となる場合には、所轄税務署長に「課税事業者届出書（基準期間用）」を速やかに提出することとされています（消法57①一）。

また、基準期間における課税売上高が1,000万円以下となったことにより免税義務者となる場合には、「消費税の納税義務者でなくなった旨の届出書」を速やかに提出する必要があります（消法57①二）。

基準期間

納税義務の判定に用いる基準期間については、個人事業者と法人に区分して次のように規定されています（消法２①十四）。

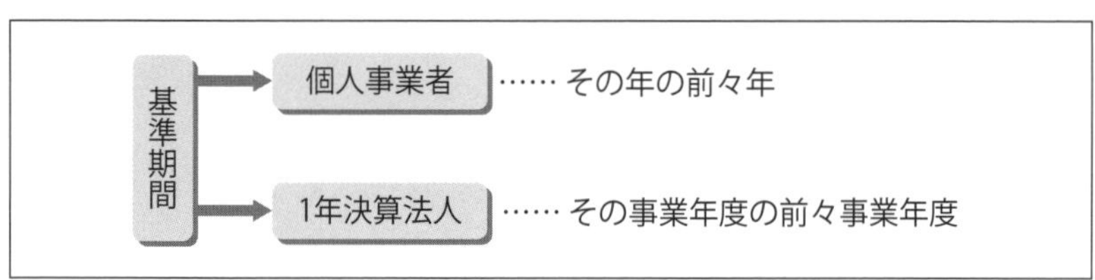

消費税は税の転嫁を予定している税金です。そこで、税を転嫁するための顧客への周知等、準備期間も考慮したうえで、個人事業者については前々年、法人については前々事業年度を基準期間として定めたということです。

前々事業年度が１年未満の場合

前々事業年度が１年未満の場合には、「その事業年度開始の日の２年前の日の前日から１年間の間に開始した各事業年度を合わせた期間」が基準期間となります。たとえば、12月決算から３月決算に事業年度を変更した法人の基準期間は次のようになります。

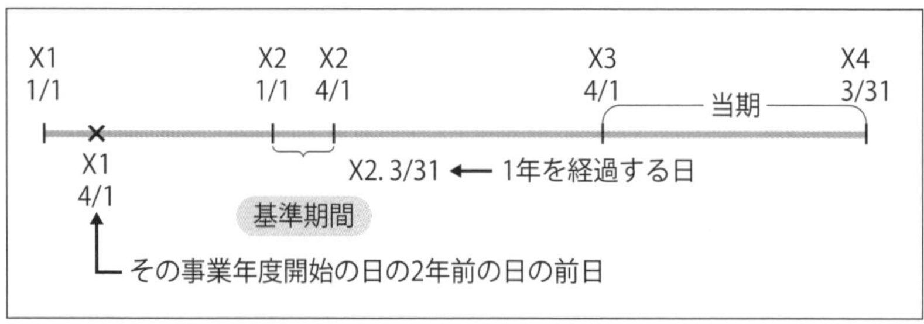

つまり、決算期を変更した場合にも結果として前々事業年度が基準期間となるわけですが、半年決算法人のように前々事業年度が基準期間とならないケースもあるので注意が必要です。

基準期間における課税売上高

基準期間における課税売上高は次のように計算します（消法９②）。

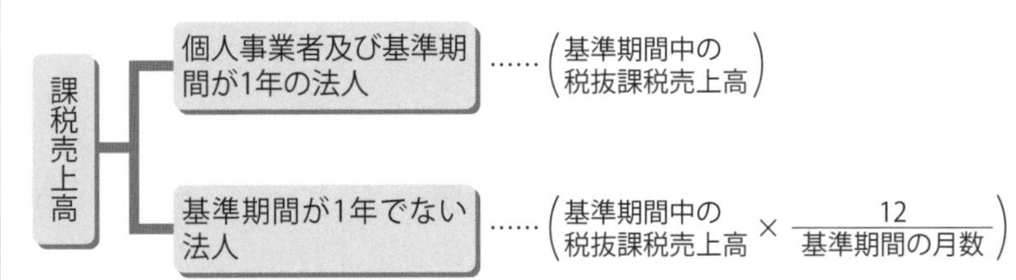

（注） 月数は暦に従って計算し、1か月未満の端数があるときはこれを1か月として計算するので、たとえば基準期間が3月10日から同年の12月31日までの場合には、基準期間の月数は10か月として計算します（消法9③）。

●**計算上の注意点**

① **課税売上高は税抜きの金額です**（消基通１-４-５）

基準期間中に免税事業者であった場合には、その課税売上高には消費税は含まれていないため、税抜きにしてはいけません。

② **輸出免税売上高も含まれます**（消基通１-４-２）

輸出免税売上高は０％課税売上高と認識してください。

③ **純売上高で判定します**（消基通14-１-２・４）

判定に用いる課税売上高は、返品、値引、売上割引、金銭による割戻金や販売奨励金をマイナスした後の純課税売上高です。

④ **貸倒れとなった売上高も含まれます**（基通１-４-２（注））

納税義務の判定は、事業者の売上実績に基づき算定するものですから、貸倒金額を売上高からマイナスすることはできません。

⑤ **事業者単位で計算します**（消基通１-４-４）

たとえば、物品販売業と不動産賃貸業を営んでいる個人事業者の場合、不動産所得、事業所得という単位ではなく、それぞれの業種における課税売上高の総合計で、納税義務の有無を判定することになります。

特定期間中の課税売上高による納税義務の判定

基準期間における課税売上高が1,000万円以下であっても、特定期間中の課税売上高が1,000万円を超える場合には、納税義務は免除されません（消法9の2）。

特定期間

原則として直前期の上半期が特定期間となりますが、新設法人のように直前期が7か月以下の場合にはこの規定は適用されず、免税事業者となることができます。また、月の中途に設立した法人などで、直前期の開始日から6か月目が月末でないケースでは、その直前月末日までの期間を特定期間とするように手当てがされています。

たとえば、1月10日に12月決算法人を設立した場合の設立第2期の判定は、1月10日から6か月目が7月9日となりますので、その直前月末日まで遡り、1月10日～6月30日が特定期間となります。

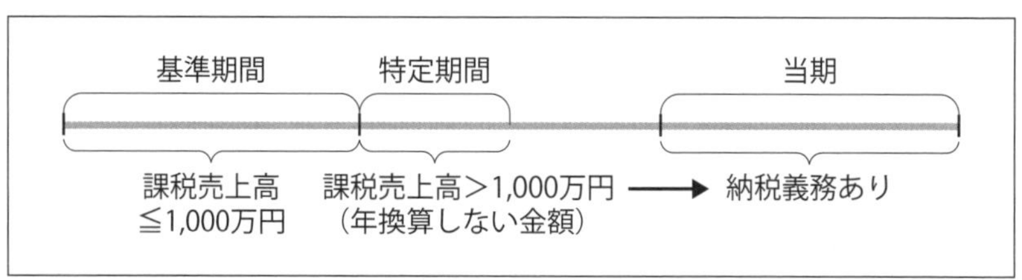

給与等の支払額による判定

特定期間中の課税売上高に代えて、給与等の支払額による判定が認められています。結果、特定期間中の課税売上高と給与等の支払額のいずれもが1,000万円を超える場合に限り、課税事業者に取り込まれることになります。この場合の給与等の金額には、未払給与は含まれません（消基通1-5-23）。個人事業者の特定期間は前年1月1日～6月30日となりますが、たとえば、7月5日に支払った6月分の給料は判定に含める必要はないということです。

課税事業者届出書

特定期間中の課税売上高と給与等の支払額により判定した結果、課税事業者となる場合には、所轄税務署長に「課税事業者届出書（特定期間用）」を速やかに提出することとされています（消法57①一）。

ココが実務の落とし穴

x１年中の課税売上高が1,000万円以下であった個人事業者は、x２年１月１日から同年６月30日までの課税売上高が1,000万円を超えたので、x２年中に「課税事業者届出書(特定期間用)」を税務署に提出しました。課税事業者届出書には、適用開始課税期間が「自x３年１月１日　至x３年12月31日」と記載してあります。

なお、この個人事業者に従業員はいませんが、妻に対し、専従者給与として毎月20万円を支払っています。

正しい処理とアドバイス

特定期間中の課税売上高による納税義務の判定は、課税売上高に代えて、特定期間中の給与等の支払額による判定も認めています。

したがって、個人事業者であれば前年１月１日から６月30日までの期間（特定期間）中の課税売上高と支払給与等の金額のいずれもが1,000万円を超える場合に限り、当年の納税義務が免除されないことになります。結果、特定期間中の課税売上高が1,000万円を超えていても、給与等の支払額が1,000万円以下であれば納税義務は免除されることになるわけです。

この場合において、「課税事業者届出書(特定期間用)」は提出する必要はありませんが、あえて届出書を提出し、x３年から課税事業者となることもできます。

個人事業者と法人成り

新規に開業した個人事業者の場合、開業した年とその翌年については基準期間の課税売上高がないので原則として納税義務はありません。その翌々年については、開業した年が基準期間となるので、その課税売上高により納税義務を判定することになります。なお、個人事業者の場合には基準期間中の課税売上高を年換算する必要はありません（消基通1-4-6・9)。

たとえば下図のように、基準期間中の8月10日に開業した個人事業者の基準期間中の課税売上高が500万円の場合、これを年換算する必要はありませんので、結果として基準期間中の課税売上高は1,000万円以下となり、当年の納税義務は免除されることになります。

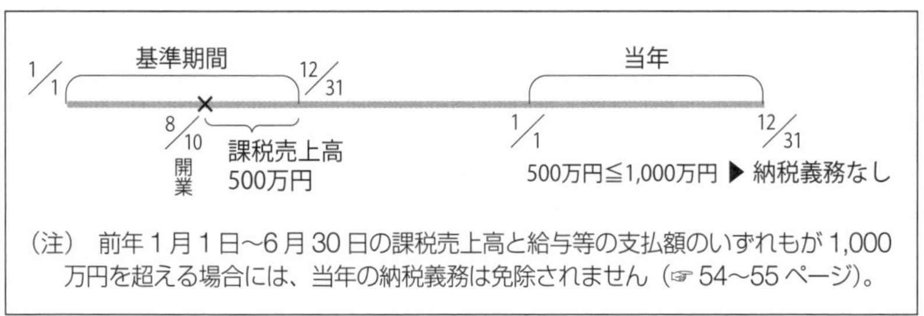

(注)　前年1月1日～6月30日の課税売上高と給与等の支払額のいずれもが1,000万円を超える場合には、当年の納税義務は免除されません（☞ 54～55ページ)。

◆法人成り

個人事業者が法人を設立し、その事業を法人に引き継がせることを「法人成り」といいます。法人成りをした場合であっても、事業そのものは継続するわけですが、法律上は個人事業を廃業し、新たに法人として事業を開始するものですので、新設された法人の納税義務の判定にあたっては、個人事業者の時代の課税売上高は考慮する必要はありません（消基通1-4-6（注))。

なお、課税事業者である個人事業者が廃業した場合には、所轄税務署長に「事業廃止届出書」を速やかに提出することとされています。

新設法人の特例

資本金が 1,000 万円以上の新設法人は、基準期間のない事業年度であっても納税義務を免除しないこととしています（消法 12 の 2 ①）。

新設法人に該当する旨の届出書と法人設立届出書

この特例の適用対象となる新設法人は、所轄税務署長に「消費税の新設法人に該当する旨の届出書」を提出する必要があります（消法 57 ②）。

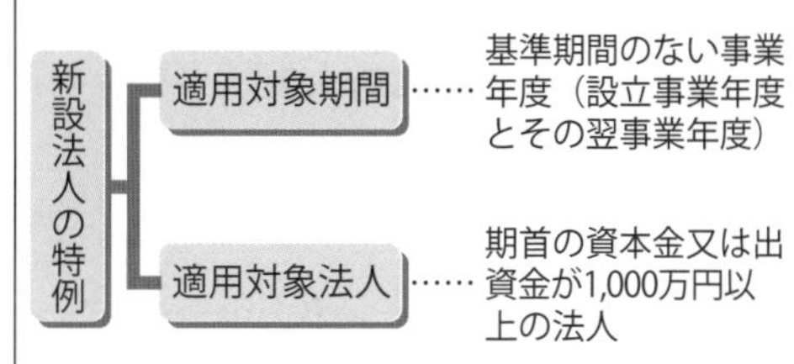

なお、新たに法人を設立した場合には、設立の日以後 2 か月以内に法人税法に規定する「法人設立届出書」を提出することになっていますので、この法人設立届出書に「消費税の新設法人に該当することとなった事業年度開始の日」を記載すれば、「消費税の新設法人に該当する旨の届出書」は提出しなくてよいこととされています（消基通 1-5-20）。

課税事業者届出書

適用対象法人は、設立事業年度とその翌事業年度については無条件に納税義務者となるわけですが、設立 3 期目については設立事業年度（基準期間）又は特定期間中の課税売上高により納税義務の判定をすることになります。

新設法人が設立 3 期目に免税事業者となる場合には「消費税の納税義務者でなくなった旨の届出書」は提出する必要はありませんが、設立 3 期目も課税事業者に該当する場合には、改めて「課税事業者届出書」を提出することとなっているので注意してください。

特定新規設立法人の特例

大規模事業者等（課税売上高が5億円を超える規模の事業者が属するグループ）が、一定要件のもと、50%超の持分や議決権などを有する法人を設立した場合には、その新設法人（特定新規設立法人）の資本金が1,000万円未満であっても、基準期間がない事業年度については、納税義務は免除されないこととなりました。また、これらの事業年度開始日前1年以内に大規模事業者等に属する特殊関係法人が解散した場合であっても、特定新規設立法人は免税事業者となることはできません（消法12の3、消令25の2～25の4）。

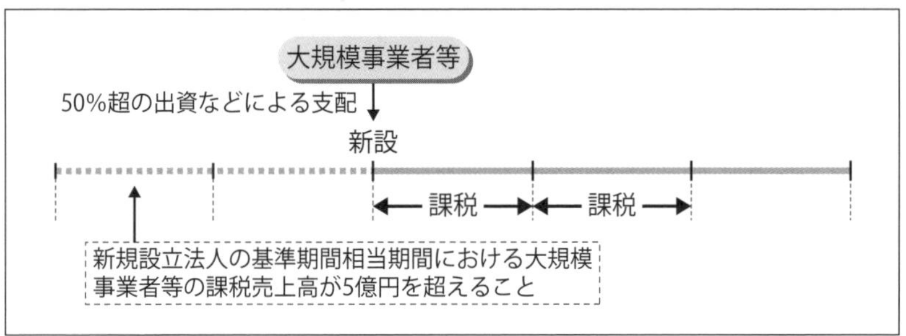

適用要件

次の①、②のいずれにも該当する場合に限り、新規設立法人の基準期間がない事業年度における納税義務は免除されません。

① 大規模事業者等が新規設立法人を支配していること（特定要件）

② 大規模事業者等に該当する他の者又は特殊関係法人の基準期間相当期間における課税売上高が5億円を超えること

特定要件

新規設立法人を支配している場合とは、大規模事業者等が次の(イ)、(ロ)、(ハ)のいずれかに該当する場合をいいます。

(イ) 新規設立法人の発行済株式等を直接又は間接に50%超保有す

ること

(ロ) 新規設立法人の事業計画などに関する重要な議決権を直接又は間接に50%超保有すること

(ハ) 合同会社等に該当する設立法人の社員数の50%超を直接又は間接に占めること

(注)「大規模事業者等」とは、他の者と特殊関係法人の総称ですが、これは税制調査会の説明資料で用いられた用語であり、法令用語ではありません。
※他の者（個人又は法人）が、直接又は間接に上記(イ)〜(ハ)の発行済株式等、議決権、株主等の数を実質的に100%保有（占有）する会社を「特殊関係法人」といいます。

＜用語解説＞

●**同意者の取扱い**　上記(ロ)又は(ハ)の50%判定において、個人又は法人との間で、その個人又は法人の意志と同一内容の議決権を行使することに同意している者がある場合には、その議決権は(ロ)の議決権の数に含め、また、その者は(ハ)の株主等の数に含めて判定することとされています。

●**情報提供義務**　大規模事業者等は、新設法人から課税売上高が5億円を超えるかどうかの判定に関し、必要事項についての情報提供を求められた場合には、これに応じなければなりません。

※その他の注意事項

・支配要件の判定にあたっては、他の者が個人の場合には、その親族の保有株式数なども加算します。
・親族には、内縁関係者や使用人などが含まれます。
・新規設立法人の自己株式等は判定に含めません。
・他の者の100%支配会社（子会社など）、孫会社、ひ孫会社も大規模事業者等のグループに含まれます。
・議決権とは、会社の合併や分割、役員の専任や解任、役員報酬や賞与、利益配当などに関する議決権をいい、行使ができない議決権は判定に含めません。

◆特定新規設立法人に該当する旨の届出書

この特例の適用対象となる「特定新規設立法人」は、所轄税務署長に「消費税の特定新規設立法人に該当する旨の届出書」を提出する必要があります（消法57②）。

新設された法人が固定資産を取得した場合

資本金1,000万円以上の新設法人又は特定新規設立法人が、基準期間のない事業年度中に調整対象固定資産を取得し、本則課税により仕入控除税額を計算した場合には、調整対象固定資産の取得日の属する課税期間の初日から3年を経過する日の属する課税期間までの間は課税事業者として拘束され、この期間中は簡易課税制度（第7章）の適用を受けることはできません（消法12の2②、12の3③）。

結果、課税売上割合が著しく変動した場合の税額調整の適用判定（☞150〜153ページ）が義務づけられることになります。

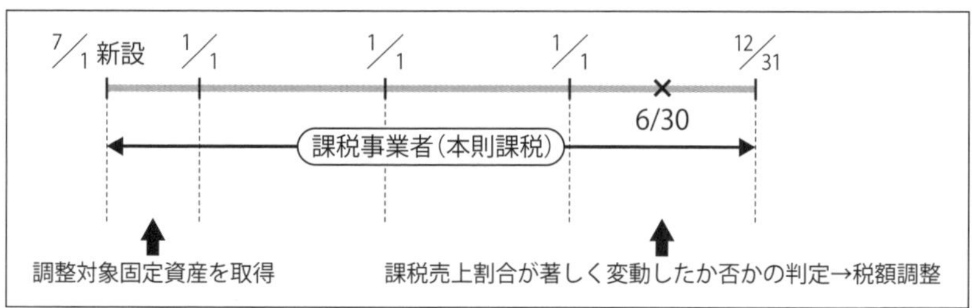

課税選択をした新設法人

資本金1,000万円未満の新設法人が設立事業年度から課税選択をし、設立3期目に調整対象固定資産を取得した場合には、下図のように設立5期目まで本則課税が強制適用となります（☞66ページ）。

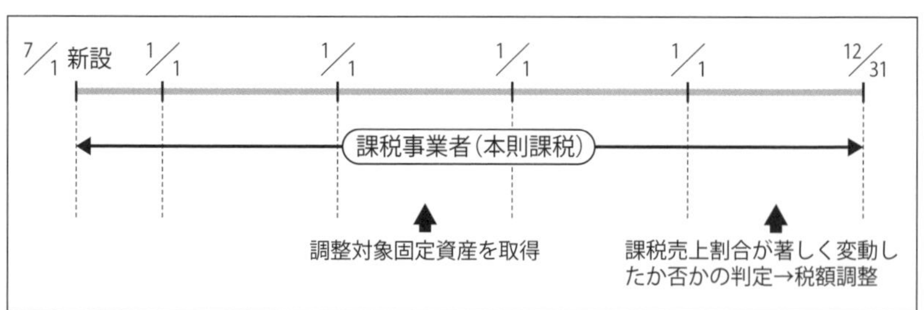

◆ココが実務の落とし穴◆

資本金300万円で法人を設立し、設立事業年度中に資本金を1,000万円に増資しました。当社は、設立時の資本金が1,000万円未満なので、設立事業年度とその翌事業年度の納税義務は免除されるものと考えています。

正しい処理とアドバイス

新設法人の納税義務は、設立事業年度と翌事業年度を切り離して判定することに注意してください。

本事例のケースでは、設立事業年度は期首の資本金が1,000万円未満なので免税事業者となるものの、設立事業年度の翌事業年度は新設法人の特例規定が適用されて課税事業者となり、申告義務が発生することになります。

3期目については、基準期間である1期目の課税売上高を年換算して判定します。たとえば、1期目の課税売上高が800万円の場合には、これを年換算すると1,000万円を超えますので3期目は課税事業者となります。この場合において、1期目は免税事業者であることから課税売上高を税抜きにする必要はありません。

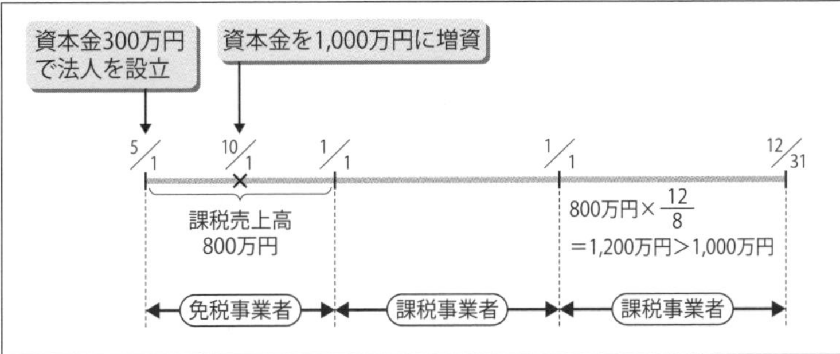

なお、新設法人が特定新規設立法人に該当する場合には、資本金の額に関係なく、基準期間のない設立事業年度とその翌事業年度は無条件に課税事業者となります。

課税事業者選択届出書

免税事業者は、申告義務及び納税義務がない代わりに仕入税額控除もできないことになっているので、いくら多額の設備投資をしたとしても消費税の還付を受けることはできません（消法30①）。

したがって、免税事業者が消費税の還付を受けるためには、自らが率先して課税事業者になっておく必要があります。

課税事業者選択届出書の提出時期

免税事業者が課税事業者になろうとする場合には、原則として事前に「課税事業者選択届出書」を所轄税務署長に提出しておかなければなりません（消法9④）。

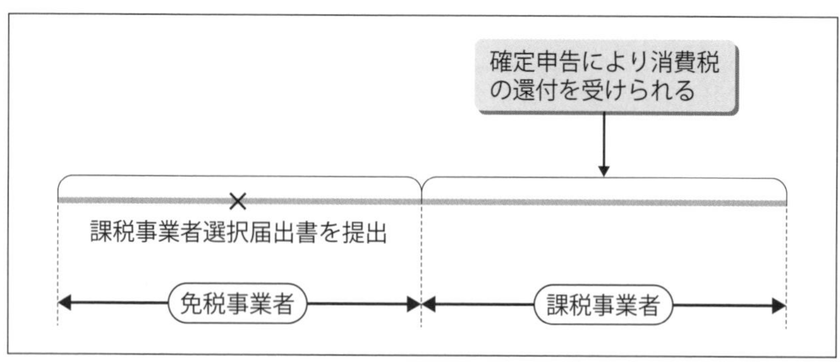

ただし、事前に提出することが不可能な場合もあるので、次の①～③のケースについては、それぞれの課税期間中に提出すれば、その課税期間から課税事業者となることができます（消令20）。

① 新規に開業（設立）をした日の属する課税期間

② 個人事業者が、相続により課税事業者を選択していた被相続人の事業を承継した場合の相続があった日の属する課税期間

③ 法人が、合併や吸収分割により、課税事業者を選択していた被合併法人や分割法人の事業を承継した場合の合併、分割があった日の属する課税期間

◆2期目からの課税事業者の選択

事業者によっては開業（設立）1期目は設備投資の予定はなく、2期目に設備投資を予定しているようなケースも考えられます。

そこで、新規開業などの場合の届出書の効力発生時期については、提出日の属する課税期間か翌課税期間かのいずれかを任意に選択できる旨が消費税法基本通達に明記されています（消基通1-4-14）。

いずれの場合にしても、届出書は1期目の課税期間中に提出することに注意してください。

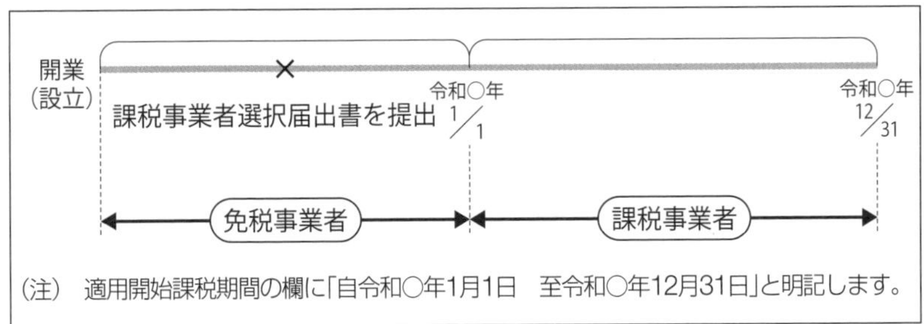

◆2年以上休業した場合の適用時期

長期間休業した後に改めて事業を再開した個人事業者や、休眠会社を買収して新たに事業を行うこととした法人などについては、基準期間の課税売上高はゼロ（1,000万円以下）であり、再開業した課税期間中は免税事業者となります。

このような場合には、再開業した課税期間中に設備投資などがあったとしても、事前に「課税事業者選択届出書」を提出することができません。そこで、その課税期間の開始の日の前日まで2年以上にわたって営業実績がない場合には、その課税期間中に「課税事業者選択届出書」を提出することにより、消費税の還付を受けることが認められています（消基通1-4-8）。

課税事業者選択不適用届出書

課税選択をした事業者が免税事業者に戻る場合には、「課税事業者選択不適用届出書」を提出すれば、その提出日の属する課税期間の翌課税期間から免税事業者となることができます（消法9⑤・⑧）。

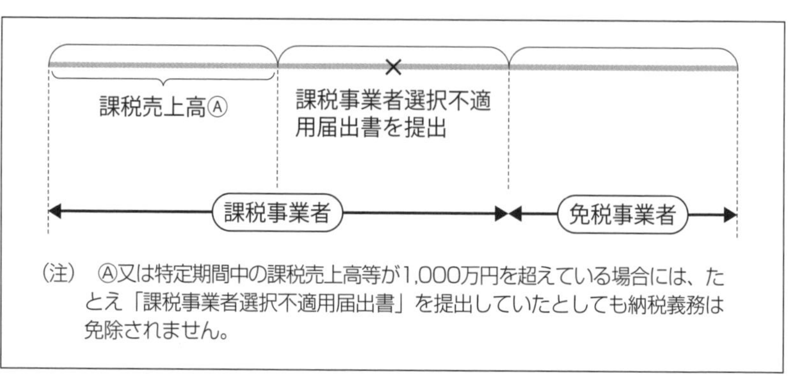

課税事業者を選択した場合の拘束期間

「課税事業者選択不適用届出書」は、新たに課税事業者となった課税期間の初日から2年を経過する日の属する課税期間の初日以降でなければ提出することができません（消法9⑥）。

つまり、課税期間が1年サイクルの場合には、いったん課税事業者となったならば、翌期も課税事業者として申告しなければいけないということです。

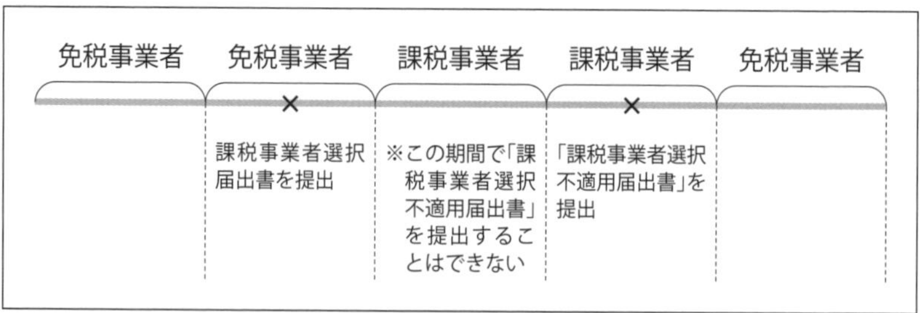

なお、廃業の場合には届出時期についての制限はないので、いつでも提出することができます。

新設法人が、設立事業年度から課税事業者を選択したとします。その後、平年の課税売上高が1,000万円以下であることから「課税事業者選択不適用届出書」を提出し、免税事業者に戻ろうとする場合には、課税事業者としての拘束期間が2年を超えるケースがあるので注意が必要です。

個人事業者の場合、年の中途で開業した場合であっても「課税事業者となった課税期間の初日」はその年の1月1日となります。つまり、「新たに課税事業者となった課税期間の初日から2年を経過する日」は翌年の12月31日であり、この12月31日の属する課税期間の初日以降（すなわち翌年中）に「課税事業者選択不適用届出書」を提出することにより、3年目から免税事業者となることができます。

これに対し、法人の場合には設立登記の日が「課税事業者となった課税期間の初日」となるので、下図の場合、「新たに課税事業者となった課税期間の初日から2年を経過する日」は3期目の6月30日となり、この6月30日の属する課税期間（3期目）の初日以降でなければ「課税事業者選択不適用届出書」は提出できないわけですから、結果的に3期目まで課税事業者として拘束されることになるのです。

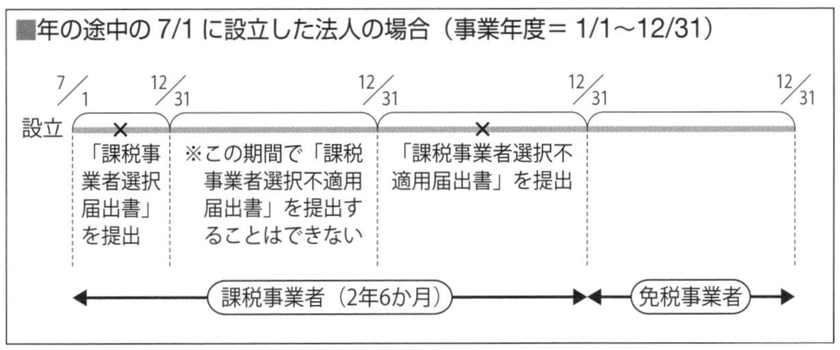

課税選択をした事業者が固定資産を取得した場合

課税選択をした事業者が、その強制適用期間中に調整対象固定資産を取得し、本則課税により仕入控除税額を計算した場合には、調整対象固定資産の取得日の属する課税期間の初日から3年を経過する日の属する課税期間までの間は課税事業者として拘束され、この期間中は簡易課税制度（第7章）の適用を受けることはできません（消法9⑦）。

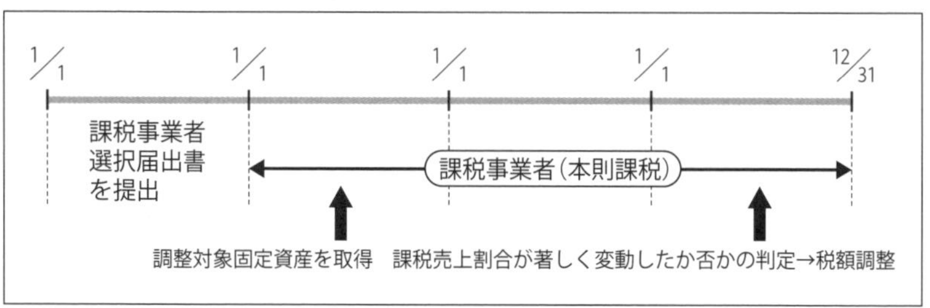

届出書が無効とされるケース

課税選択の強制適用期間中に、翌期から免税事業者となるために「課税事業者選択不適用届出書」を提出した事業者が、その後、同一の課税期間中に調整対象固定資産を取得することとなったような場合には、その届出書の提出はなかったものとみなされます（消法9⑦）。

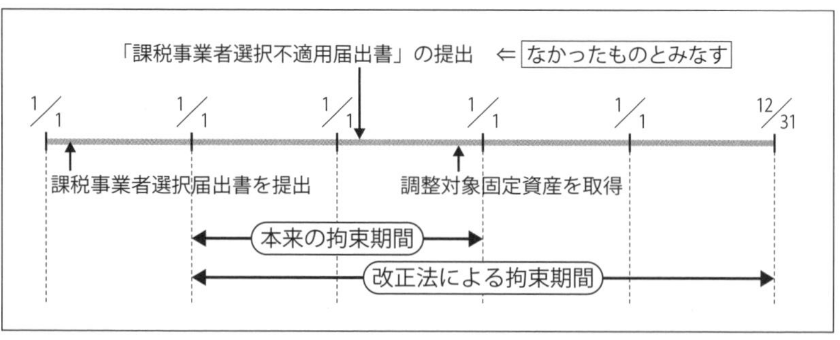

特例承認申請制度

「課税事業者選択届出書」あるいは「課税事業者選択不適用届出書」を提出期限までに提出できなかった場合において、次のような事情があるときには、承認申請をすることにより、これらの届出書を提出期限内に提出したものとして取り扱うこととしています（消法9⑨、消令20の2、消基通1-4-16～17）。

① 災害により、届出書の提出ができない状態になった場合

② その課税期間の末日前おおむね1か月以内に相続があった場合で、相続人が新たに課税事業者を選択することのできる個人事業者になった場合

③ 税務署長が認める①～②に準ずる事情がある場合

承認申請をする場合には、災害などの場合には災害等がやんだ後2か月以内に、相続の場合には翌年2月末日までに、「課税事業者選択届出書」あるいは「課税事業者選択不適用届出書」とともに「課税事業者選択（不適用）届出に係る特例承認申請書」を提出する必要があります。ただ単に提出し忘れた場合などは、承認申請は認められませんので注意してください。

◆相続があった場合の「課税事業者選択届出書」の効力

相続による事業承継があった場合には、被相続人が提出した「課税事業者選択届出書」の効力は相続人に引き継がれないので注意してください（消基通1-4-12）。

たとえば、消費税の還付を受けるために課税事業者を選択した被相続人が、建物などが完成する前に死亡したような場合には、事業を承継した相続人は、改めて「課税事業者選択届出書」を提出する必要があるということです。

相続(1) 相続発生年の判定と分割承継

相続による事業承継があった場合には、被相続人の課税売上高も考慮したうえで、相続人の納税義務を判定することとされています。

相続のあった年の取扱い

被相続人の基準期間における課税売上高が1,000万円を超える場合には、相続のあった日の翌日から年末までの期間について、相続人は課税事業者となります（消法10①)。

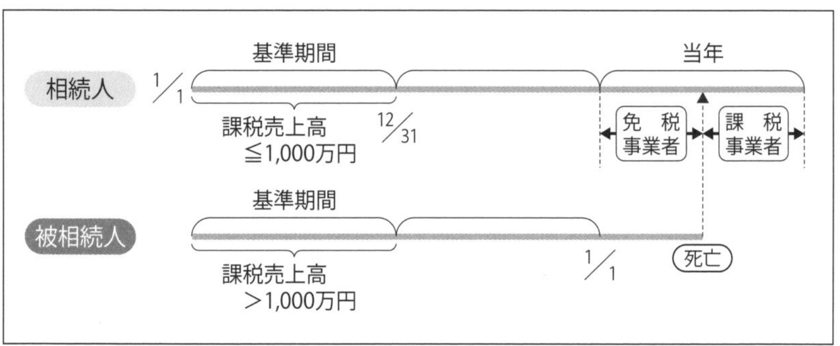

分割承継

相続人が事業場ごとに分割して事業を承継した場合には、それぞれ事業承継した部分の課税売上高についてだけを、判定計算に考慮することになっています（消令21)。

たとえば、下図のケースにおいて、各店舗を長男がすべて相続すれば長男は課税事業者となりますが、別々に相続した場合には、各相続人は消費税の納税義務を免れることができることになります。

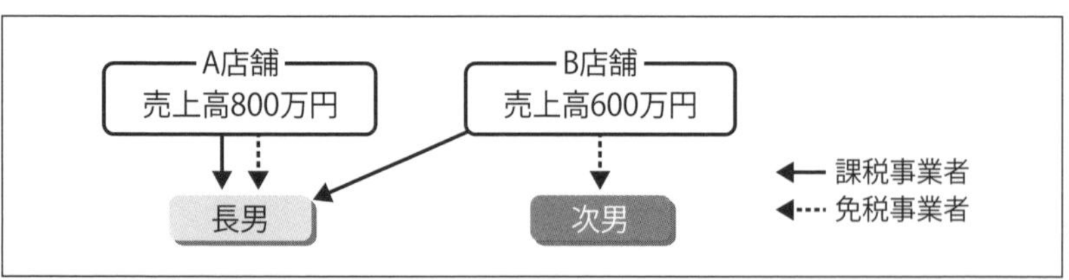

相続(2) 相続のあった年の翌年と翌々年の判定

相続のあった年の翌年及び翌々年については、相続人と被相続人の基準期間中の課税売上高の合計額が1,000万円を超える場合に、相続人は課税事業者となります（消法10②）。

相続のあった年とは異なり、相続人と被相続人の課税売上高を合算して判定することに注意してください。

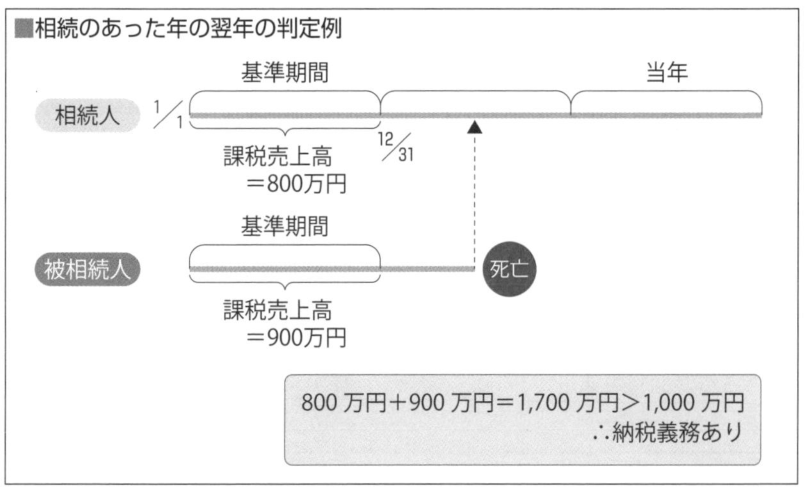

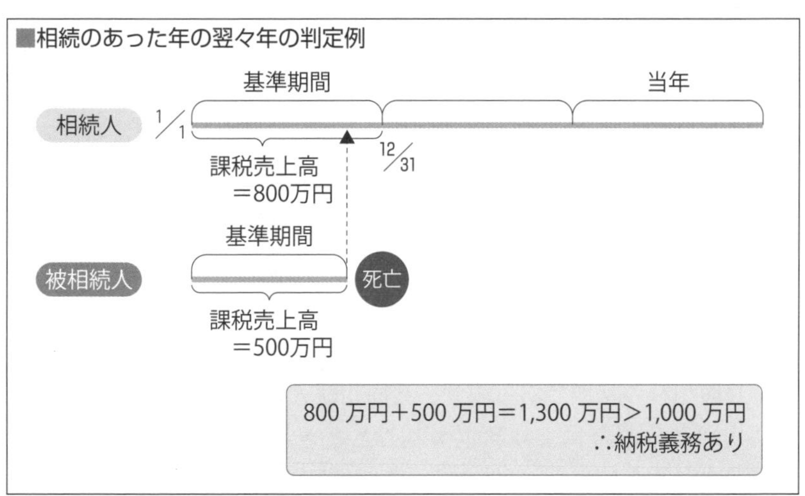

相続(3) 財産が未分割のとき

相続財産が未分割の場合には、財産の分割が実行されるまでの間は各相続人が共同して被相続人の事業を承継したものとして取り扱うこととされており、判定に用いる被相続人の基準期間における課税売上高は、各相続人の法定相続分に応じた割合を乗じた金額によることとされています（消基通1-5-5）。

被相続人（夫）が死亡し、基準期間である前々年の課税売上高（税抜）が3,200万円の場合には、妻は相続のあった日の翌日から年末までの期間について納税義務者となりますが、2人の子供については、判定に用いる金額が1,000万円以下となりますので、納税義務は免除されることになります。

遺産分割が確定した場合

前年以前に相続があった場合において、年の中途に遺産分割が確定した場合には、遺産分割が確定した年の初日時点ではまだ遺産は未分割の状態であったことから、その年の納税義務は、上記のように法定相続分割合で判定することになります（平成24.9.18東京国税局文書回答）。ただし、その翌年以降については、確定した相続分に応じて判定することとなりますのでご注意ください。

また、相続が発生した年において遺産分割が確定した場合においても、共同相続の状態である限り、共同相続人の納税義務は、各相続人の法定相続分割合により判定することとされています（平成27.3.24大阪国税局文書回答）。

相続(4)「相続」の範囲

「相続」には「包括遺贈」が含まれます。また、「相続人」には「包括受遺者」が含まれるとともに、「被相続人」には「包括遺贈者」が含まれます（消法２④）。

一方、相続の一形態である特定遺贈又は死因贈与による事業の承継は、相続税の課税範囲には含まれるものの、相続があった場合の納税義務判定の特例は適用されません。したがって、特定遺贈により事業を承継した受遺者又は死因贈与により事業を承継した遺贈者は、それぞれの基準期間中の課税売上高のみによって納税義務を判定することとなります（消基通1-5-3（注））。

「相続があった場合の納税義務判定の特例」の適用の有無
⇩

形態	用語解説	判定
包括遺贈	遺贈する財産を特定しないで、財産の全部又は財産の一定の割合として他人に遺贈することをいう（消基通１-５-２)。 （注） 包括遺贈において遺贈をする者を「包括遺贈者」といい、包括遺贈において、遺贈を受ける者として遺言で指定された者を「包括受遺者」という。「相続人」には「包括受遺者」が含まれるとともに、「被相続人」には「包括遺贈者」が含まれる（消法２④)。	○
特定遺贈	遺言によって特定の遺産を相続人その他の者に贈与することをいう。	×
死因贈与	贈与者の死亡によって効力を生ずる停止条件付贈与のことをいう（単独行為である遺贈と異なり契約の形態をとる。)。	×

生前の事業承継

生前の事業承継については、納税義務判定の特例は一切適用されません。

したがって、課税事業者が生前に事業専従者である子供などに事業を承継させる場合には、その事業承継者の基準期間における課税売上高が 1,000 万円以下である限り、事業承継後については納税義務が免除されることになります。

吸収合併

吸収合併による事業承継があった場合には、被合併法人の課税売上高も考慮したうえで、合併法人の納税義務を判定することとされています。

◆合併事業年度の取扱い

吸収合併があった場合において、合併法人の基準期間中に終了した被合併法人の各事業年度における課税売上高が1,000万円を超える場合には、合併法人は、合併があった日から合併事業年度終了の日までの期間については課税事業者となります。

合併法人の基準期間における課税売上高は、合併事業年度における納税義務の判定には考慮されないことに注意してください。もっとも、合併法人の基準期間における課税売上高が1,000万円を超えていれば、特例判定をするまでもなく、合併法人は当然に課税事業者となります。

なお、被合併法人が2社以上ある場合には、最も大きい課税売上高により判定することとされています（消法11①、消令22①）。

◆合併事業年度後の事業年度の取扱い

合併事業年度の翌事業年度については、合併法人の基準期間における課税売上高と合併法人の基準期間中に終了した被合併法人の各事業年度における課税売上高との合計額が1,000万円を超えると課税事業者になります。なお、被合併法人が2社以上ある場合には、すべての課税売上高を合計して判定することとされています（消法11②、消令22②）。

また、合併法人の基準期間中に合併があった場合には、基準期間の初日から合併があった日までの期間についてだけ、被合併法人の実績を考慮して計算することになります。

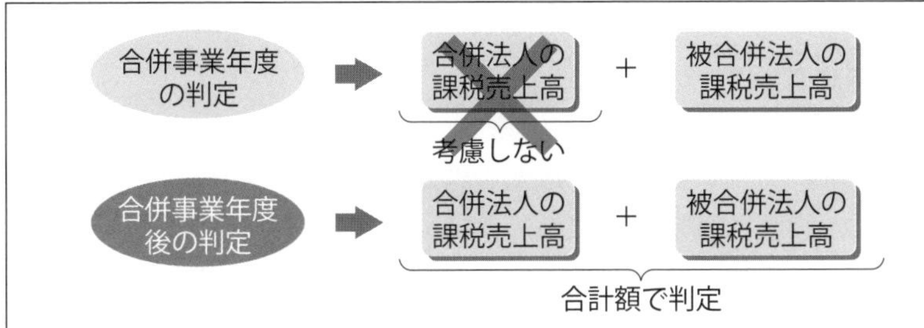

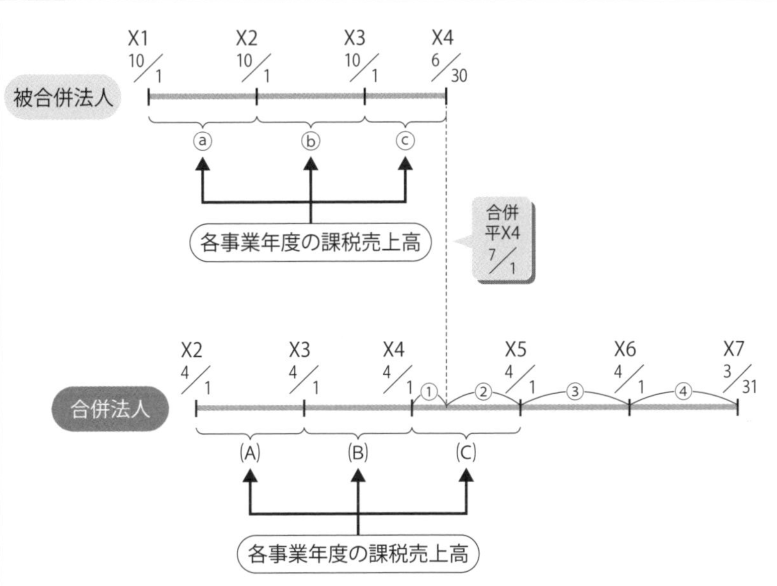

①の期間については、(A)が 1,000 万円を超える場合には納税義務は免除されません。

②の期間については、(A)が 1,000 万円以下であっても「ⓐ$\times\frac{12}{12}$」が 1,000 万円を超える場合には納税義務は免除されません。

③の期間については、(B)が 1,000 万円以下であっても「(B)＋ⓑ$\times\frac{12}{12}$」が 1,000 万円を超える場合には納税義務は免除されません。

④の期間については、(C)が 1,000 万円以下であっても、「(C)＋ⓒ$\times\frac{12}{9}\times\frac{3}{12}$」が 1,000 万円を超える場合には納税義務は免除されません。

新設合併

新設合併の場合には、被合併法人はすべて消滅し、新たに合併（新設）法人が設立されることになるわけですが、この合併により設立された法人について、単に基準期間がないという理由だけで、設立事業年度とその翌事業年度の納税義務を免除するわけにはいきません。

そこで、合併により設立された法人についても、吸収合併の場合と同様に、被合併法人の実績を考慮したうえで納税義務を判定することとしています。

設立事業年度の取扱い

設立事業年度については、合併新設法人の設立事業年度の基準期間がまるまる1年間あるものと仮定し、その仮定基準期間中に終了した被合併法人の各事業年度における課税売上高のうち、いずれかが1,000万円を超える場合には、合併新設法人は、設立事業年度においては課税事業者となります（消法11③、消令22③)。

設立事業年度後の事業年度の取扱い

設立事業年度の翌事業年度以後については、合併新設法人の基準期間における課税売上高（実額）と合併新設法人の仮定基準期間中に終了した各被合併法人の各事業年度における課税売上高との合計額が1,000万円を超えると課税事業者になります（消法11④、消令22④)。

また、合併新設法人の基準期間における課税売上高がある場合には、仮定基準期間の初日から設立日の前日までの期間についてだけ、被合併法人の実績を考慮して計算します。

具体的な判定方法については次ページでご確認ください。

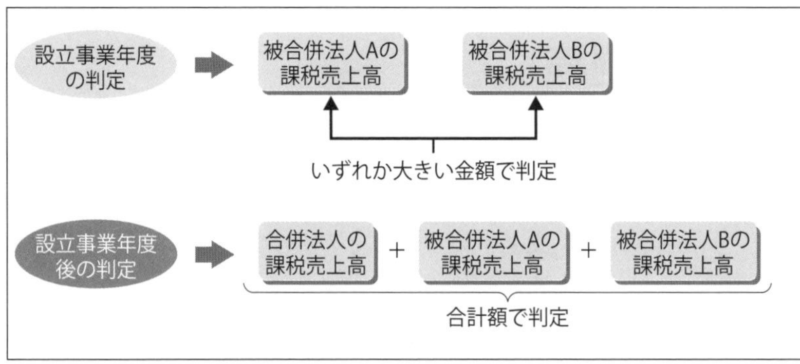

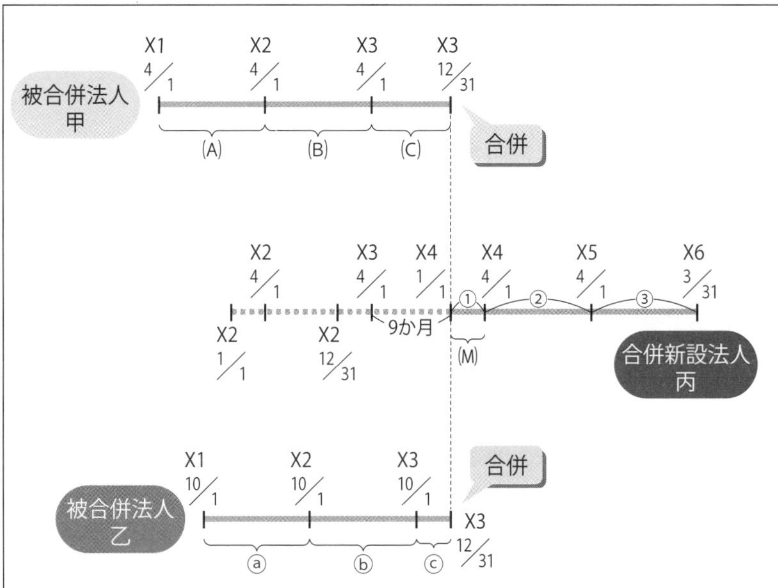

①の期間については、$\left[(A)\times\frac{12}{12}\right]$と$\left[ⓐ\times\frac{12}{12}\right]$のいずれかが 1,000 万円を超える場合には納税義務は免除されません。

②の期間については、$\left[(B)\times\frac{12}{12}+ⓐ\times\frac{12}{12}\right]$が 1,000 万円を超える場合には納税義務は免除されません。

③の期間については、$\left[(M)\times\frac{12}{3}\right]$が 1,000 万円以下であっても、$\left[(M)+(C)\times\frac{9}{9}+(ⓑ+ⓒ)\times\frac{9}{12+3}\right]$が 1,000 万円を超える場合には納税義務は免除されません。

新設分割等

新設分割子法人の判定

新設分割子法人は、設立事業年度とその翌事業年度については基準期間がないので、それぞれの基準期間がまるまる1年間あるものと仮定し、その仮定基準期間中に終了した新設分割親法人の各事業年度における課税売上高により納税義務を判定します。

なお、新設分割親法人が2社以上ある場合には、最も大きい課税売上高により判定することとされています（消法12①・②、消令23①・②）。

次に、設立3期目以降の取扱いですが、分割等の特例規定が適用されるのは、新設分割親法人の持株割合等が50%を超える場合に限定されていることに注意してください。設立3期目以降については、新設分割子法人の基準期間があるので、この基準期間における課税売上高に、新設分割子法人の仮定基準期間中に開始した新設分割親法人の各事業年度における課税売上高を合算した金額で判定します。具体的な判定方法については次ページの具体例で解説します。

なお、新設分割親法人が2社以上あるようなケースについては、分割の特例判定はする必要がありません（消法12③、消令23③～④）。

新設分割親法人の判定

新設分割親法人については、新設分割親法人の基準期間における課税売上高に、その基準期間中に開始した新設分割子法人の各事業年度における課税売上高を合算した金額で判定しますが、新設分割親法人の持株割合等が50%を超える場合に限り、特例規定が適用されることに注意してください。具体的な判定方法については次ページの具体例で解説します。

なお、新設分割親法人が2社以上あるようなケースについては、分割の特例判定は不要です（消法12④、消令23⑥）。

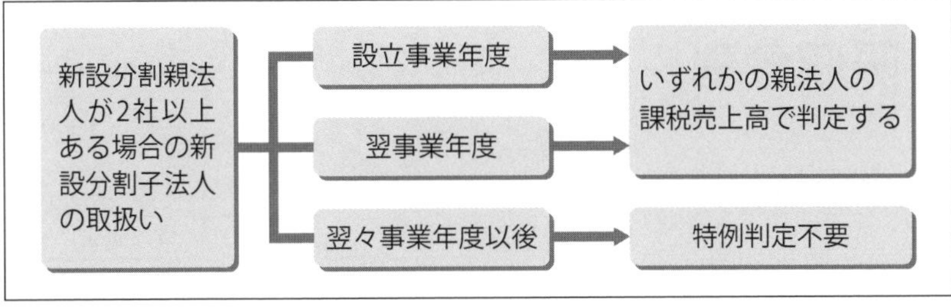

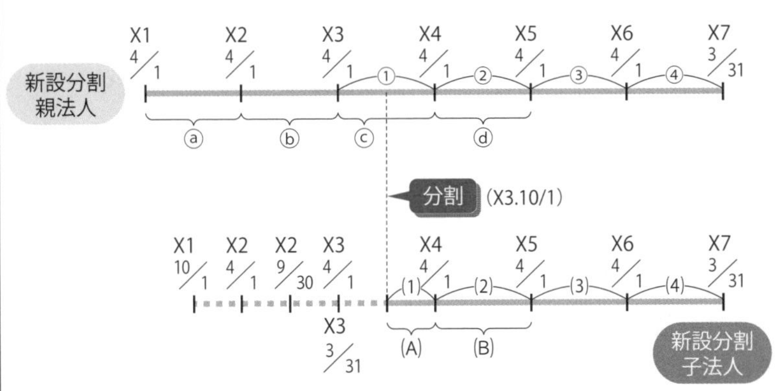

（新設分割子法人の判定）

(1)の期間については、「$ⓐ\times\frac{12}{12}$」が1,000万円を超える場合には納税義務は免除されません。

(2)の期間については、「$ⓑ\times\frac{12}{12}$」が1,000万円を超える場合には納税義務は免除されません。

(3)の期間については、「$(A)\times\frac{12}{6}$」が1,000万円以下であっても「$(A)\times\frac{12}{6}\times\frac{6}{12}+ⓒ\times\frac{12}{12}$」が1,000万円を超える場合には納税義務は免除されません。

(4)の期間については、(B)が1,000万円以下であっても、「$(B)\times\frac{12}{12}+ⓓ\times\frac{12}{12}$」が1,000万円を超える場合には納税義務は免除されません。

（新設分割親法人の判定）

①の期間については、ⓐにより判定します。

②の期間については、ⓑにより判定します。

③の期間については、ⓒが1,000万円以下であっても、「$ⓒ+(A)\times\frac{12}{6}\times\frac{6}{12}$」が1,000万円を超える場合には納税義務は免除されません。

④の期間については、ⓓが1,000万円以下であっても、「$ⓓ+(B)\times\frac{12}{12}$」が1,000万円を超える場合には納税義務は免除されません。

吸収分割

吸収分割とは

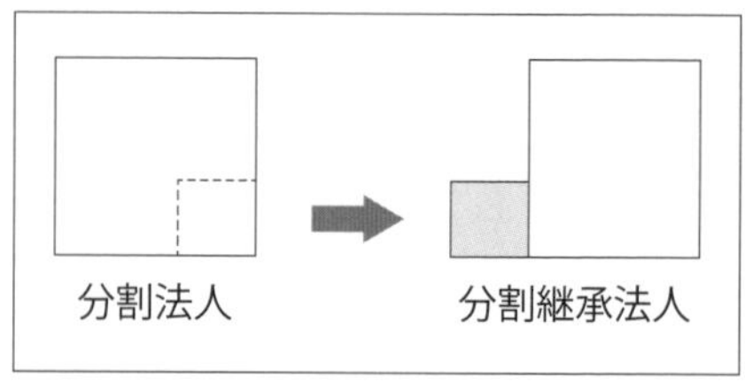

企業が組織の再編にあたり、事業の一部分を他の既存の会社に付け替えるような分割のことを「吸収分割」といいます。分割法人と分割承継法人はまったく別の法人ですから、本来であれば、たとえ吸収分割があったとしても、特例判定などする必要はありません。

しかし、大規模法人が事業の大半を切り離し、小規模法人に付け替えたような場合において、その事業を承継した小規模法人が、自社の基準期間中の課税売上高だけで納税義務を判定するのは明らかに不合理です。

こういった理由から、吸収分割については、分割承継法人の吸収分割があった事業年度とその翌事業年度、つまり、承継した事業の実績が基準期間中の課税売上高に反映されない期間についてだけ、分割法人の売上規模により、特例判定をすることとしたのです。したがって、吸収分割があった事業年度の翌々事業年度以降については特例判定はする必要はありません。また、分割法人についても、特例規定は一切適用されないことに注意してください。

判定方法

吸収分割があった事業年度においては、分割承継法人の基準期間中に終了した分割法人の各事業年度における課税売上高が1,000万円を超える場合には、分割承継法人は、吸収分割があった日からその事業年度終了の日までの期間については課税事業者となります（消法12⑤、消令23⑥）。

吸収分割があった事業年度の翌事業年度においては、分割承継法人の基準期間中に終了した分割法人の各事業年度における課税売上高が1,000 万円を超える場合には、分割承継法人は、その事業年度においても課税事業者となります（消法 12 ⑥、消令 23 ⑦）。

吸収分割の場合には、分割承継法人の基準期間における課税売上高は納税義務判定には考慮しないことに注意してください。

もっとも、分割承継法人の基準期間における課税売上高が 1,000 万円を超えていれば、特例判定をするまでもなく、分割承継法人は当然に課税事業者となります。

なお、分割法人が 2 社以上ある場合には、最も大きい課税売上高により判定することとされています。

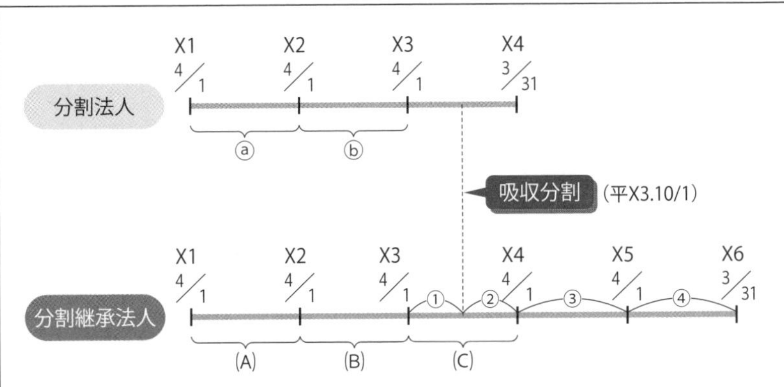

（分割承継法人の判定）

①の期間については、(A)が 1,000 万円を超える場合には納税義務は免除されません。

②の期間については、(A)が 1,000 万円以下であっても、「ⓐ×$\frac{12}{12}$」が 1,000 万円を超える場合には納税義務は免除されません。

③の期間については、(B)が 1,000 万円以下であっても、「ⓑ×$\frac{12}{12}$」が 1,000 万円を超える場合には納税義務は免除されません。

④の期間については、(C)により判定します。

高額特定資産を取得した場合の納税義務の免除の特例

本則課税の適用期間中に高額特定資産を取得した場合には、その取得の日の属する課税期間の初日から３年を経過する日の属する課税期間までの間は本則課税が強制適用となります（消法12の4・37③、消令25の5）。

高額特定資産とは、一取引単位につき、税抜の取得金額が1,000万円以上の棚卸資産又は1,000万円以上の調整対象固定資産をいいます。

（注）金地金等の課税期間中の取得金額の合計額（税抜）が、年換算して200万円以上となる場合にも、この規定が適用されます。

高額特定資産を自己建設する場合には、本則課税の適用期間中に発生した原材料費、経費などの課税仕入れの累計額が1,000万円以上となった課税期間において、その「自己建設高額特定資産」を取得したものとして取り扱うこととされています。この場合においては、自己建設高額特定資産を取得した課税期間の初日から、自己建設高額特定資産が完成した日の属する課税期間の初日から３年を経過する日の属する課税期間まで、本則課税が強制適用となります。

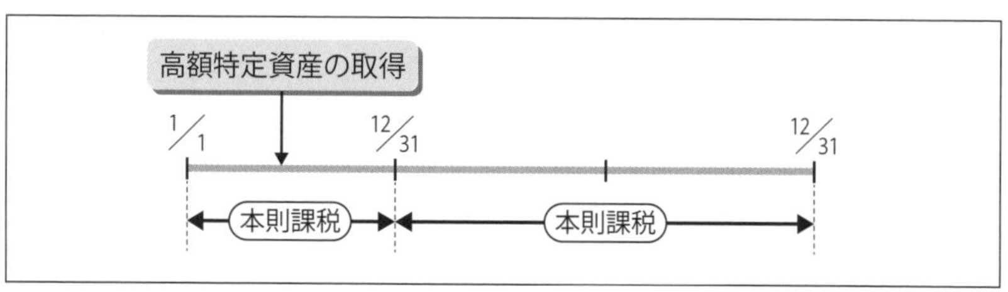

◆高額特定資産の取得に係る課税事業者である旨の届出書

高額特定資産を取得したことにより本則課税が強制される課税期間において、基準期間の課税売上高が1,000万円以下となった場合には、「高額特定資産の取得に係る課税事業者である旨の届出書」の提出が義務づけられています（消法57①二の二）。

課税標準と消費税額の調整・資産の譲渡等の時期

売上高や仕入高の計算で注意すべきことは？

売掛金が回収できないときの救済措置は？

売上げの計上時期はどうなる？

課税標準額に対する消費税額

課税標準額の計算や課税売上割合の計算に用いるのは、(課税) 資産の譲渡等の対価の額です。対価の額には取引の相手先から収受する現金だけでなく、掛取引をした場合の売掛金の額、資産を交換した場合に取得する資産の時価なども含まれます (消法28①)。

なお、課税標準額の計算においては、課されるべき消費税額及び地方消費税額は対価の額から除くこととされているので、実際の課税標準額と課税標準額に対する消費税額は、税率の区分ごとに下記の算式により求めることになります。

(1) 課税標準額

標準税率 (10%) の税込課税売上高 × $\frac{100}{110}$ = ① (千円未満切捨)

軽減税率 (8%) の税込課税売上高 × $\frac{100}{108}$ = ② (千円未満切捨)

①+②=×××

(2) 課税標準額に対する消費税額

①× 7.8%=×××

②× 6.24%=×××

×××

また、資産の譲渡等に伴い、購入者が所有する資産を下取りした場合であっても、その下取り価額を対価の額と相殺して売上高を計上することはできません (消基通10-1-17)。たとえば、自動車の販売業者が新車を販売する際に、顧客の中古車を下取りした場合には、その下取価額を控除する前の金額を売上高に計上します。

この場合において、顧客から下取りした中古車は課税仕入れに該当しますので、その下取価額を仕入控除税額の計算に取り込むことができます (消基通11-1-3)。

委託販売

委託販売その他業務代行等を行った場合の取扱いは、次のように定められています（消基通10－1－12）。

ただし、食料品などの軽減税率対象品の販売については、委託者・受託者ともに例外処理は認められませんのでご注意ください（軽減Q＆A（個）問45）。

	委託者の取扱い	受託者の取扱い
原則	その資産の販売金額を委託者の売上高に計上します。	委託者から受ける委託販売手数料が売上高となります。
例外	その資産の販売金額から受託者に支払う委託販売手数料を控除した残額を委託者の売上高に計上します。 ただし、その課税期間中に行った委託販売等のすべてについてこの方法によらなければなりません。	委託された商品の販売金額を課税売上高とし、委託者に支払う金額を課税仕入高とすることができます。 ただし、委託者から課税資産の譲渡等のみを行うことを委託されている場合に限られます。

計算例

受託者の販売代金が100で、委託販売手数料が10の場合の委託者及び受託者の売上高は次のようになります。

●委託者　①　原則　売　上　高100　課税仕入高10
　　　　　②　例外　売　上　高100－10＝90

●受託者　①　原則　課税売上高10
　　　　　②　例外　課税売上高100　課税仕入高90

みなし譲渡と低額譲渡

みなし譲渡

みなし譲渡（☞23ページ）の場合の売上金額は次のように計算します（消法28③、消基通10-1-18）。

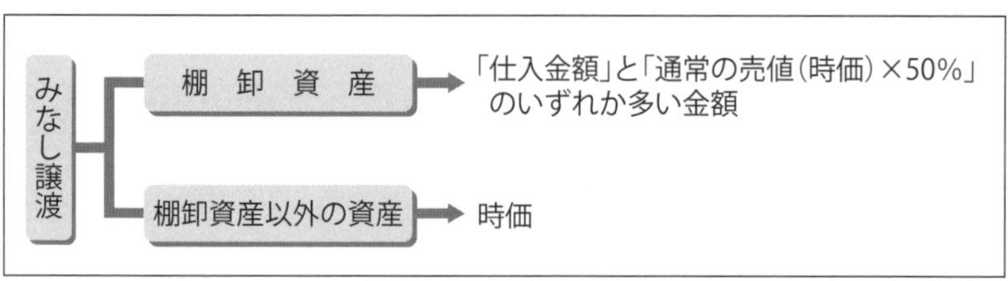

低額譲渡

消費税では実際の譲渡対価をもとに税額計算を行うこととされていますが、法人の役員に対する資産の譲渡についてだけは、例外的に次のように取り扱うこととなっています（消法28①、消基通10-1-2）。

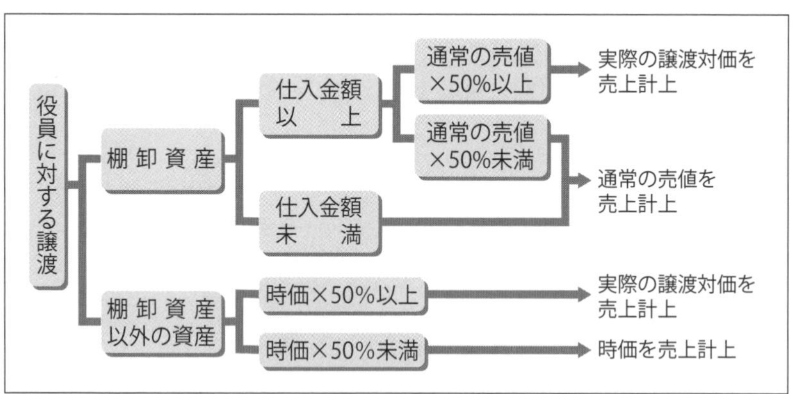

ただし、時価の50%未満の価額による譲渡であっても、役員及び使用人の全部につき、一律に又は勤続年数等に応ずる合理的な値引率に基づくものは、低額譲渡には該当しないこととされています。

未経過固定資産税等の取扱い

固定資産税等の清算金

固定資産税や都市計画税は、その年1月1日（賦課期日）の不動産などの所有者に対して1年分がまるまる課税されます。

そこで、年の中途で不動産の売買が行われた場合には、所有権が買手に移転する売却日以降の未経過期間分の固定資産税等について、売手と買手の間でこれを清算することが商慣行となっています。

この場合における固定資産税等の清算金は、売買した不動産の対価の一部として扱われるので、売手サイドでは、別途受領した固定資産税等の清算金のうち、土地部分は非課税売上高、建物部分は課税売上高として処理することになります（消基通10-1-6）。

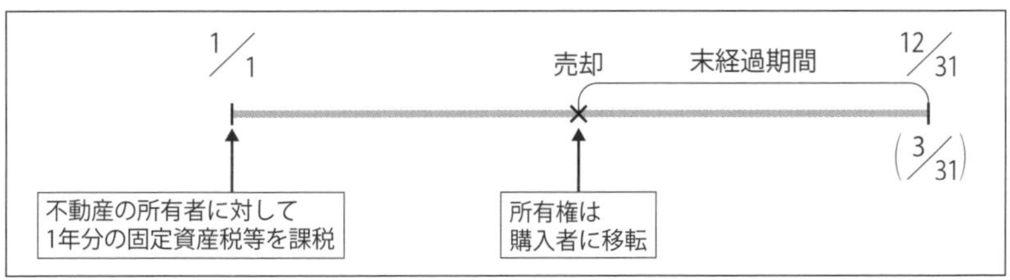

自動車税の清算金

自動車税は、毎年4月1日（賦課期日）の自動車の所有者に対して翌年3月31日までの税金が課税されることから、中古車両を売買する場合には、売手と買手の間で自動車税の清算が行われます。

この自動車税の清算金も、固定資産税等と同様に売買された中古車両の対価の一部として扱われるので、売手が収受する自動車税の清算金は課税売上高、買手が支払う自動車税の清算金は課税仕入高として処理することになります。

軽油引取税と委託販売

特定の課税物件だけを対象に課税するものを「個別消費税」といいますが、これらの個別消費税は、原則として課税資産の譲渡対価に含めるものとされています。たとえば酒税の場合、納税義務者は製造者とされており、製造者がお酒を製造場から出荷した分だけ酒税が課税されることになっているので、酒造メーカーは、酒税の負担分をコストとして考慮したうえで、お酒の売値を決定することになります。

この場合の酒税は、あくまでもコスト（原価）として認識することになるので、お酒の販売価格から酒税相当分を控除して消費税計算をすることはできません。

◆軽油引取税

軽油引取税の納税義務者は特約店から軽油を購入する者とされており、この購入者が納付すべき軽油引取税を売手である特約店が販売代金とともに預かり、都道府県に代理納付をするというシステムになっています。

つまり、特約店が相手方から受領する軽油引取税は単なる預り金であり、軽油の譲渡対価ではないということです。また、購入者が仕入税額控除の対象とできるのは当然に軽油代だけであり、軽油引取税の支払いは課税仕入れとはなりません。

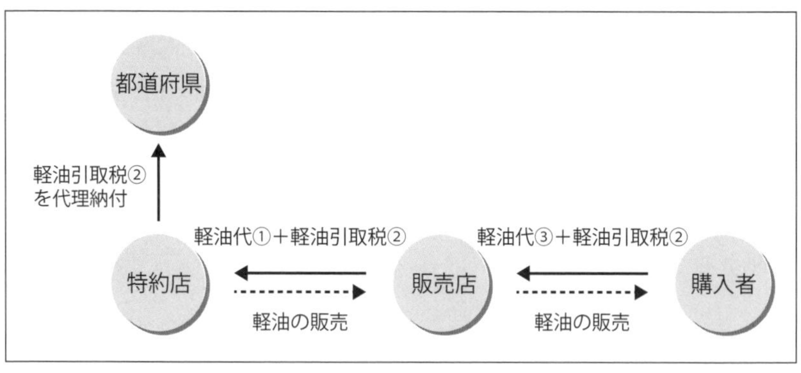

左下の図の場合には、特約店の課税売上高は①の金額となるのに対し、販売店の場合には、特約店に支払った軽油引取税②を軽油の販売代金と区分して領収したとしても、③と②の合計金額が課税売上高となります。

販売店が特約店から軽油を仕入れ、これを販売する場合には、たとえ軽油代と軽油引取税を区分して代金を収受していたとしても、その合計金額に消費税が課税されることとなるので注意が必要です。

◆委託販売方式を検討する

ガソリンスタンドなどの特約店でない販売業者の軽油の取扱いについて、業界内では委託販売方式による取引を指導しているようです。手引書によれば、軽油の販売について、販売店と特約店との間で委託販売契約を結ぶことにより、手数料（軽油の販売による粗利益）だけを課税売上高に計上することが認められるとのことなので、上記のケースが委託販売の場合であれば、販売店の課税売上高は軽油の売上高と軽油の仕入高の差額（③－①）だけ計上すればよいことになります。ただし、帳簿に委託販売である旨を明記するなどの書類の整備が必要となりますのでご注意ください。

◆軽油の購入者の取扱い

軽油の小売店が特約店と委託販売契約を結んでいない場合には、軽油引取税を含めた仕入金額の全額が課税されることになります。しかし、軽油の小売店が、特約店と委託販売契約を結んでいるかどうかということを、購入者側で判断することは不可能です。したがって、軽油引取税を軽油代とは別に請求されたような場合、軽油引取税については仕入税額控除の対象とすることはできないものと思われます。

一括譲渡

土地付建物のような課税資産と非課税資産を一括譲渡した場合には、その譲渡対価の額を時価比率などの合理的な基準により課税資産と非課税資産に区分する必要があります（消令45③）。

建売住宅などの按分方法

売買契約書に消費税等の額が明記されているような場合には、その消費税等の額から建物の譲渡対価を計算することができるので、その計算した金額を基に消費税を計算することになります。

なお、売買契約書に消費税額等の記載があるということは、建物の対価が明記されていることと実態は変わらないわけですから、その記載されている消費税額等を無視して土地と建物の譲渡対価を按分することは認められません。

具体例

売買契約書に「土地付建物の譲渡対価1億円（うち、消費税額等400万円）」と記載されているような場合には、土地と建物の譲渡対価は次のような手順で計算します。

400万円÷10%＝4,000万円……建物の対価（税抜）
4,000万円＋400万円＝4,400万円……建物の譲渡対価（税込）
1億円－4,400万円＝5,600万円……土地の譲渡対価

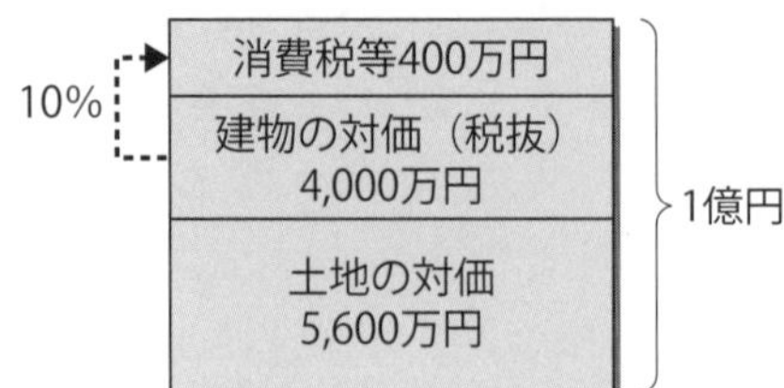

対価未確定・外貨建取引

◆対価未確定

課税期間末日において、売上（仕入）高が未確定の場合には、期末の現況により適正に見積計上することとされています。

なお、翌期以降において対価の額が確定した場合には、その確定した期の売上高（仕入高）に差額を加減算することとされているので、前期以前にさかのぼって修正する必要はありません（消基通10-1-20・11-4-5）。

◆外貨建取引

外貨建ての取引を行った場合には、所得税又は法人税の規定により円換算した金額を対価の額として認識します（消基通10-1-7・11-4-4）。この場合において、売買時と決済時の為替相場が異なることにより、為替差損益が発生した場合には、その為替差損益は消費税計算には一切関係させません。

あくまでも、売買時の為替相場により消費税計算を行うということです。

具体例

外貨建てにより課税資産を1,000ドルで販売した場合において、販売時の為替相場が1ドル100円、決済時の為替相場が1ドル80円であった場合には、課税売上高に計上するのは販売時の為替相場により換算した100,000円となります。為替差損の20,000円は消費税計算には一切関係させません。

●**販売時の仕訳**	（売 掛 金）	100,000	（売　　上）	100,000
●**決済時の仕訳**	（現　　金）	80,000	（売 掛 金）	100,000
	（為替差損）	20,000		

代物弁済

借入金の返済のために債権者に資産を引き渡すことを代物弁済といいますが、この「代物弁済」という行為は、資産を売却した代金で借金を返済することと実態は何ら変わらないことから、資産の譲渡等に含めることとされています（消法2①八）。

◆対価の額

消滅する債務の額に支払いを受ける金額を加算した金額が対価の額となります（消令45②一）。

計算例

①　金銭の授受がないケース

100の借入金の返済にあたり、時価100の資産を債権者に引き渡した場合には、消滅する債務の額100が売上高に計上する金額となります。

②　時価との差額につき、金銭を収受するケース

100の借入金の返済にあたり、時価120の資産を債権者に引き渡し、現金20を受け取った場合には、消滅する債務の額100と支払いを受ける金額20の合計額である120が売上高に計上する金額となります。

③　時価との差額につき、金銭を支払うケース

100の借入金の返済にあたり、時価80の資産を債権者に引き渡すとともに、差額の20を現金で支払った場合には、消滅する債務の額80（100－20）が売上高に計上する金額となります。

負担付き贈与

借金の肩代わりを条件として資産を贈与するような行為を「負担付き贈与」といいますが、これは相手に負担させる金銭等の額が、実質的に贈与した資産の売却代金に相当するものであり、資産の譲渡等に含めることとされています（消令2①一）。

(注) 取引先に対する広告宣伝用資産の贈与は負担付き贈与には該当しません（消基通5-1-5）。

◆対価の額

その負担付き贈与に係る受贈者の負担の価額に相当する金額が対価の額となります（消令45②二）。

計算例

① 金銭の授受がないケース

100の借入金の肩代わりを条件として、時価100の資産を贈与した場合には、受贈者に負担させる借入金の額100が売上高に計上する金額となります。

② 時価との差額につき、金銭を収受するケース

100の借入金の肩代わりを条件として、時価120の資産を贈与するとともに、時価と借入金の差額20を現金で収受した場合には、受贈者に負担させる借入金の額100が負担付き贈与に係る対価の額となり、支払いを受ける金額20との合計額である120が売上高に計上する金額となります。

③ 時価との差額につき、金銭を支払うケース

100の借入金の肩代わりを条件として、時価80の資産を贈与するとともに、時価と借入金の差額20を現金で支払った場合には、受贈者に負担させる借入金の額は実質80（100－20）であり、これが売上高に計上する金額となります。

現物出資

新設法人の株式等を取得するために、金銭の出資に代えて土地や建物などの資産を現物で出資する行為を「現物出資」といいますが、これは新設法人に資産を売却し、その売却代金で株式等を購入することと実態は何ら変わらないことから、資産の譲渡等に含めることとされています（消令２①二）。

（注）金銭出資により新設法人の株式を取得した後に、土地などの資産を譲渡して出資金銭を回収するような法人の設立形態を「事後設立」といいますが、この事後設立による資産の譲渡は現物出資とは異なるものです。
　したがって、事後設立の場合には、取得株式等の時価ではなく、現実の資産の譲渡対価が売上金額となることに注意してください（消基通5-1-6）。

◆対価の額

出資により取得する株式等の取得時の時価が対価の額となります（消令45②三）。

計算例　土地付建物を出資するケース

土地（時価1,000）及び建物（時価500）を出資し、時価1,500の株式を取得した場合には、出資により取得する株式の取得時の時価1,500が出資した土地付建物の譲渡対価となります。

$$1{,}500 \times \frac{1{,}000}{1{,}000+500} = 1{,}000$$ ……土地の譲渡対価（非課税売上高）

$$1{,}500 \times \frac{500}{1{,}000+500} = 500$$ ……建物の譲渡対価（課税売上高）

交換

「交換」は、現実の売買において金銭のやり取りを省略しただけの行為であり、資産の譲渡に該当します（消基通 5-2-1（注））。

対価の額

資産を交換した場合には、売上金額だけでなく、仕入金額の計算も忘れないように注意する必要があります（消令 45 ②四）。

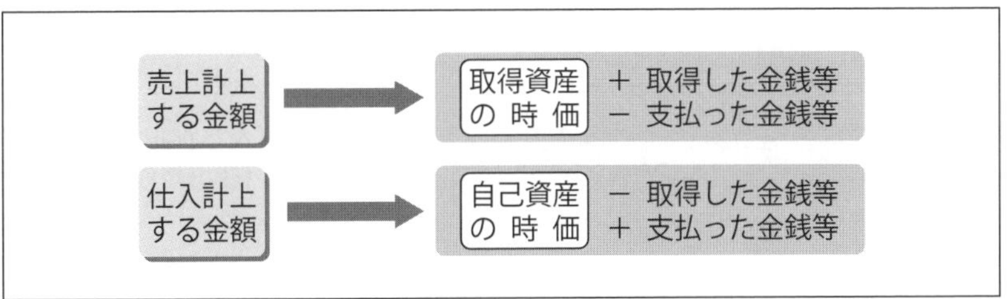

なお、当事者間で定めた資産の価額と実際の相場が異なる場合であっても、それが正常な取引条件に基づく交換であるならば、その合意した価額により売上金額、仕入金額を計上することができます（消基通 10-1-8）。

計算例

① 自己所有の資産（時価 200）と相手先所有の資産（時価 180）の交換にあたり、現金 20 を取得した場合には、売上高は 200（180＋20）、仕入高は 180（200－20）となります。

② 自己所有の資産（時価 180）と相手先所有の資産（時価 200）の交換にあたり、現金 20 を支払った場合には、売上高は 180（200－20）、仕入高は 200（180＋20）となります。

返品、値引きなどの税額控除

課税売上げに係る返品、値引きなど（売上げに係る対価の返還等）がある場合には、課税標準額は総売上高ベースで計算し、返品、値引きなどに対する消費税は、別枠で税額控除することとされています（消法38①）。

ただし、返品、値引高などを売上高から減額する会計処理を行っている場合には、減額後の売上高を用いて課税標準額を計算することができますが、この場合には当然に税額控除の規定は適用されません（消基通14-1-8）。

$$控除税額＝課税売上げに係る返品等の金額（税込）\times \frac{7.8}{110}\left(\frac{6.24}{108}\right)$$

◆適用要件

課税標準額にカウントされた売上げにつき、返品や値引きなどがあった場合に税額控除するものですから、輸出免税売上げや非課税売上げにつき、返品や値引きがあったとしても当然に税額控除はできません。

また、税額控除の適用を受けようとする事業者は、その明細を帳簿に記録して、確定申告期限から7年間保存することが義務づけられています（消法38②、消令58）。

◆範囲

税額控除ができるのは、返品、値引き、割戻しの他、売上割引や販売奨励金も対象となります（消基通14-1-2・4）。売上割引は、会計学では支払利息と同質の扱いをするのですが、消費税の世界では、売上げに起因する項目として、課税標準額に対する消費税額の調整項目として扱われます。

◆控除時期

返品、値引きなどに対する税額控除のタイミングですが、その返品や値引きが発生した課税期間で控除することになっています。したがって、下図のように免税事業者であったときの課税売上げについて、課税事業者になってから返品や値引きが発生したとしても、その対価は申告納税をしたものではないので税額控除はできません（消基通 14-1-6）。

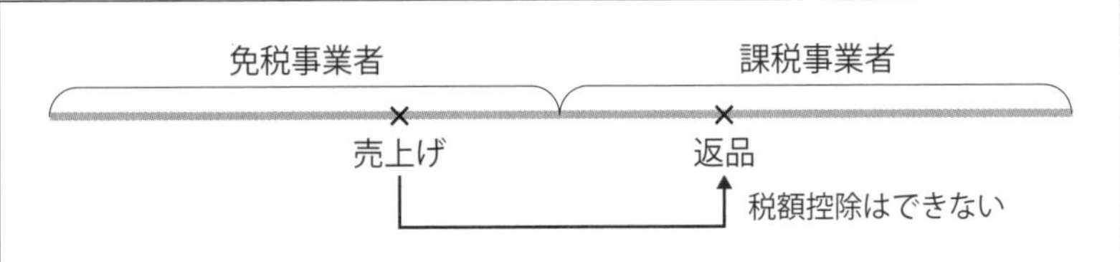

◆ココが実務の落とし穴◆

雑貨品の卸売業を営む当社では、取引先に金銭で支払った販売奨励金を販売促進費として処理し、仕入税額控除の対象としています。

正しい処理とアドバイス●

取引先に金銭で支払った販売奨励金は課税仕入れではなく、課税売上高のマイナス項目として税額控除の対象にするとともに、課税売上割合の計算上、課税売上高から控除することとなります。

なお、購入した課税物品を取引先に贈呈し、販売促進費として処理した場合には、金銭による販売奨励金ではないのでこのような取扱いはされず、課税対象外取引として処理することになります。

また、取引先から金銭で収受した販売奨励金は課税売上高ではなく、課税仕入高のマイナス項目として処理することとなりますので注意が必要です（消法 32、消基通 12-1-2）。

貸倒れの税額控除

課税売上げに係る売掛債権が回収不能となった場合には、その貸倒債権に対する消費税について税額控除をすることができます（消法39①)。また、貸倒債権につき、税額控除をした後にこれを回収したような場合には、貸倒れに係る税額控除を取り消すという意味で、その回収した債権に対する消費税を、課税標準額に対する消費税額に加算することとされています（消法39③)。

控除（調整）税額＝課税売上げに係る貸倒（回収）債権の金額×$\frac{7.8}{110}$ $\left(\frac{6.24}{108}\right)$

適用要件

課税標準額にカウントされた売上げにつき、貸倒れが発生した場合に税額控除をするものですから、輸出免税売上げや非課税売上げに係る売掛債権が貸倒れになったとしても税額控除はできません。

貸付金が貸倒れになった場合にも、貸付債権は課税売上げに伴い発生した債権ではないので、当然に税額控除はできないことになります。

また、税額控除の適用を受けようとする事業者は、貸倒れの事実を証明する書類を確定申告期限から７年間保存することが義務づけられています（消法39②、消規19)。

範囲

貸倒れの範囲は、所得税法、法人税法に規定する貸倒損失の計上基準とほぼ同一となっています（消法39①、消令59、消規18)。

したがって、手形交換所の取引停止など、貸倒引当金の設定要件を具備するだけでは、消費税の世界では税額控除はできないことに注意してください。

控除時期

貸倒債権については、貸倒れが確定した課税期間で税額控除をすることになっています。したがって、下図のように、免税事業者であったときの課税売上げについて、課税事業者になってから貸倒れが確定したとしても、その対価は申告納税をしたものではないので税額控除はできません（消基通14－2－4）。

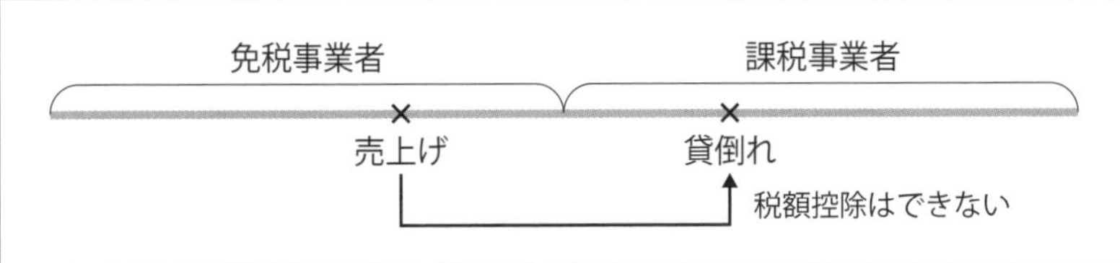

ココが実務の落とし穴

再生計画認可の決定があったことにより、決算において、取引先に対する売掛金の50%を貸倒引当金として損金経理しました。これに伴い、消費税の申告においては、債権金額の50%を税額控除の対象としています。

正しい処理とアドバイス

会社更生法や民事再生法などの法律に基づく債権の切り捨てが確定した場合など、所得税や法人税の世界で貸倒損失の計上が認められる状態になった場合には、消費税についても貸倒れの税額控除ができることになっています。

したがって、再生計画認可の決定時点ではまだ債権の切捨額は確定していませんので、この段階では消費税の税額控除は認められません。

貸倒れの範囲

貸倒れの範囲は下表のとおりです。基本的には、所得税の申告で必要経費への計上が認められる場合、法人税の申告で損金算入が認められる場合に、消費税でも税額控除が認められることになります。

消費税の計算は所得税や法人税の申告（決算）と連動しますので、双方に配慮する必要があります。

<table>
<tr><th colspan="4">貸倒れの範囲</th><th>貸倒金額</th></tr>
<tr><td rowspan="5">法律上の貸倒れ</td><td>会社更生法</td><td colspan="2">更生計画認可の決定</td><td rowspan="4">切捨額</td></tr>
<tr><td>会　社　法</td><td colspan="2">特別清算の協定認可</td></tr>
<tr><td>民事再生法</td><td colspan="2">再生計画認可の決定</td></tr>
<tr><td>関係者協議決定</td><td colspan="2">●債権者集会の協議決定（合理的なもの）
●公正な第三者（金融機関など）のあっせんで切捨てを契約</td></tr>
<tr><td>債務免除</td><td colspan="2">債務者の債務超過が相当期間継続し、債務を弁済できないと認められる場合において、その債務者に対し書面により債務免除</td><td>免除額</td></tr>
<tr><td>事実上の貸倒れ</td><td colspan="3">債務者の財産の状況、支払能力等からみて全額回収できないことが明らか</td><td>債権の全額</td></tr>
<tr><td rowspan="2">形式上の貸倒れ</td><td colspan="2">取引停止以後1年以上経過したとき
（注）1　継続取引で、債務者の資産状況や支払能力等が悪化した際の取引停止をいい、たまたま行われた取引等は適用しない
2　債務者と取引停止をしたとき、最後の弁済期又は最後の弁済時のうち最も遅いときから1年以上経過したとき（担保物がある場合を除く）</td><td rowspan="2">債権額から備忘価額（1円）を控除した残額を貸倒れとして経理することが条件</td><td rowspan="2">債権額と備忘価額（1円）の差額</td></tr>
<tr><td colspan="2">同一地域の債権の総額が回収費用に満たない場合で、支払いを督促しても弁済がないとき</td></tr>
</table>

資産の譲渡等の時期（原則）

売上げの計上時期については、資産の譲渡であれば引渡しのとき、役務の提供であれば完了日の属する課税期間で認識することが原則とされています。つまり、所得税における収入金額の計上時期及び法人税における収益の計上時期と連動させて、消費税についても売上げを認識すればよいということになります（消基通9-1-1～29）。

売上げの計上基準のうち、主なものは次のとおりです。

事　項	資産の譲渡等の時期
棚卸資産	引渡しのあった日に認識するのが原則ですが、継続して、出荷基準、検収基準などの合理的な基準により計上している場合にはこれも認められます（消基通9-1-1～2）。
請負工事等	建築工事等の物の引渡しを要する請負契約については、目的物の全部を完成して相手方に引き渡した日、技術指導など、物の引渡しを要しない請負契約については、約した役務の全部を完了した日となります。 建設工事等における引渡しの日の判定については、継続して、作業結了日、検収完了日などの合理的な基準により引渡し日を認識しているときはこれによることとされています。 なお、値増金や部分完成基準による特例などについては、通達にそれぞれ個別にその取扱いが定められています（消基通9-1-5～8）。
不動産の仲介	売買等の契約の効力発生日に認識するのが原則ですが、取引完了日あるいは手数料を収受した日のいずれか早い日によることも認められています（消基通9-1-10）。
固定資産	引渡しのあった日に認識するのが原則ですが、土地、建物などについては譲渡に関する契約の効力発生日によることも認められています（消基通9-1-13）。
保証金等	保証金などについては、返還しないことが確定した日に償却費として対価を認識します（消基通9-1-23）。
前受金	前受金、仮受金などは、現実に資産の譲渡等を行ったときに対価を認識します（消基通9-1-27）。

資産の譲渡等の時期の特例

所得税、法人税では、リース譲渡や長期請負工事などについては、「リース延払基準」「工事進行基準」「現金主義会計」による所得計算が認められています。消費税計算にあたっては、所得税、法人税の計算でこのような特例規定を適用している場合に限り、特例による計算が認められているのですが、所得税、法人税の計算方法と一致させる必要はなく、あくまでも選択適用とされていることに注意してください(消法16～18)。

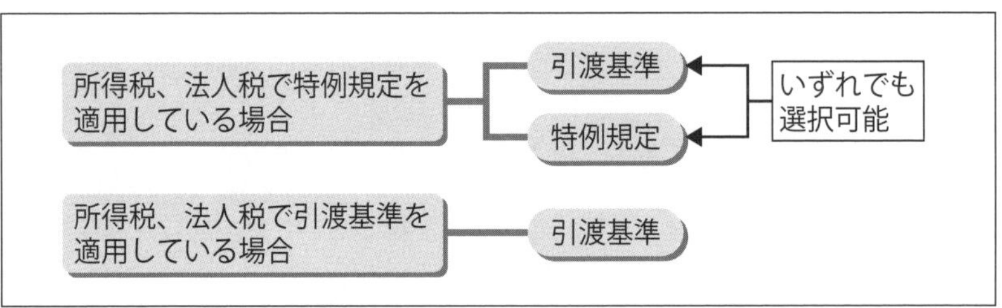

リース譲渡

所得税や法人税の計算でリース延払基準を適用する場合には、売上げとともにこれに対応する原価についても調整しなければなりませんが、消費税の世界では、あくまでも売上げの計上時期に関する規定であり、仕入れについては、特別な計算は必要ありません。リース物件の取得価額については、未払金の額にかかわらず、購入時点でその全額が仕入税額控除の対象となります(消基通11-3-2)。

工事進行基準

長期大規模工事については、所得税、法人税では工事進行基準が強制適用となりますが、この場合であっても、消費税では工事完成基準により課税標準額を計算することができます。

第5章

インボイス制度

インボイス制度とは？

電子インボイスって何だ？

税額計算はどうなる？

適格請求書等保存方式(インボイス制度)

インボイスを発行するためには登録が必要です。「適格請求書発行事業者」として登録をしなければインボイスを発行することはできません。

また、令和5年10月1日以降の取引については、原則として「適格請求書発行事業者」から交付を受けたインボイスの保存が仕入税額控除の要件となります（消法30⑦～⑨)。

インボイスには、税率ごとの消費税額と登録番号を記載することが義務づけられています。

請求書

(株)○○御中　　令和○年11月30日

11月分　131,200円（税込）

日付	品名	金額
11/1	小麦粉　※	5,000円
11/1	キッチンペーパー	2,000円
:	:	:
合計 消費税		120,000円 11,200円
(10％対象 80,000円 消費税 8,000円) (8％対象 40,000円 消費税 3,200円)		

※は軽減税率対象品目

△△商事㈱　　登録番号T－×××××

免税事業者がインボイスの登録申請をする場合には、「適格請求書発行事業者」になろうとする課税期間の初日から起算して15日前の日までに登録申請書を提出しなければなりません（消法57の2②、消令70の2）。

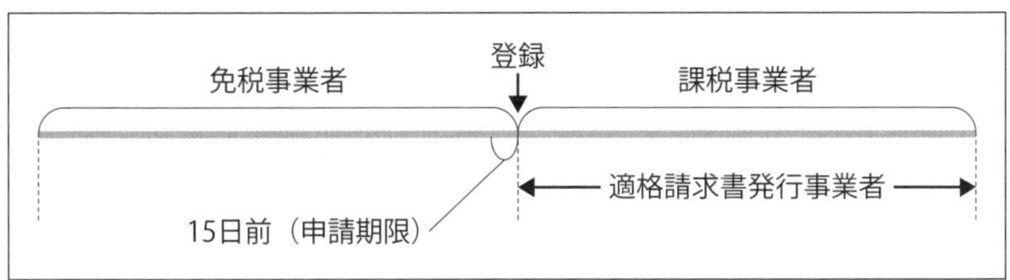

よって、個人事業者が翌年1月1日から登録する場合には、当年12月17日までに登録申請書を提出する必要があります。

（注）課税事業者でも、登録申請をしなければ「適格請求書発行事業者」になることはできません。

また、インボイスの登録を受けた適格請求書発行事業者は、登録取消届出書を提出しない限り、課税事業者として申告義務が発生します。

登録取消届出書を税務署長に提出した場合には、インボイスの登録が取り消され、インボイスの効力が失効します（消法57の2⑩一）。

適格請求書発行事業者が翌年又は翌事業年度から登録を取り止めようとする場合には、その課税期間の初日から起算して15日前の日までに登録取消届出書を提出しなければなりません（消法57の2⑩一、消令70の5③）。

よって、個人事業者が翌年1月1日から登録を取り消す場合には、当年12月17日までに登録取消届出書を提出する必要があります。

この場合において、「課税事業者選択届出書」を提出した事業者は、「登録取消届出書」だけでなく、「課税事業者選択不適用届出書」も提出しないと免税事業者になることはできません（消基通1-4-1の2）。

登録申請期限に関する経過措置

免税事業者が令和5年10月1日から令和11年9月30日までの日の属する課税期間中に登録を受ける場合には、「課税事業者選択届出書」の提出はせずに、課税期間の中途から適格請求書発行事業者になることができます。ただし、令和5年10月2日以後に開始する課税期間については、登録開始日から2年を経過する日の属する課税期間までの間は免税事業者になることができません（平成28年改正法附則44④、⑤）。

また、登録日の属する課税期間中に「簡易課税制度選択届出書」を提出することにより、簡易課税により仕入控除税額を計算することができます（平成30年改正令附則18）。

具体例

個人事業者（免税事業者）が令和6年10月1日から適格請求書発行事業者となる場合は、令和6年9月16日までに登録申請書を提出することにより「適格請求書発行事業者」となることができます（平成28年改正法附則44④、消基通21-1-1）。

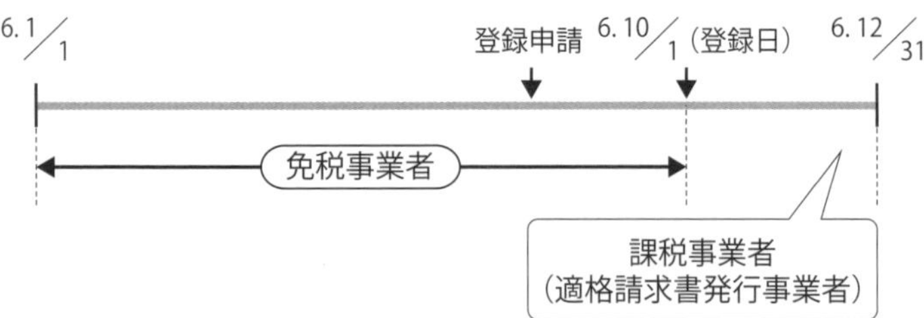

（注）令和5年10月2日以降に登録する場合には、「登録希望日」の欄に、登録申請書の提出日から15日を経過する日以後の日を記載します（平成30年改正令附則15②③）。

インボイスの記載事項

適格請求書等の記載事項は下記のとおりです。なお、適格請求書発行事業者が、あらかじめ取引先である他の事業者の承諾を得たときは、適格請求書又は適格簡易請求書を交付することに代えて、これらの書類の記載事項に係る電子データを提供することができます（消法57の4⑤）。

●適格請求書（消法57の4①、消令70の10）

「適格請求書」とは……次に掲げる事項を記載した請求書、納品書その他これらに類する書類をいいます。

（記載事項）

① 適格請求書発行事業者の氏名又は名称
② **登録番号(注)**
③ 取引年月日
④ 取引内容（軽減対象品目である場合にはその旨）
⑤ **税抜取引価額又は税込取引価額を税率区分ごとに合計した金額**
⑥ **⑤に対する消費税額等及び適用税率**
⑦ 請求書等受領者の氏名又は名称

（太字が追加項目）

（注） 請求書等への表記に当たっては、半角か全角かは問いません。記載例としては、「T1234567890123」あるいは「T-1234567890123」といったような表記方法が想定されます（消基通1-7-2・インボイスQ&A問18）。

法人（法人番号を有する課税事業者）	個人事業者・人格のない社団等
「T」（ローマ字）＋法人番号（13桁）	「T」（ローマ字）＋数字（13桁）

・法人番号と重複しない事業者ごとの番号を用いる
・個人事業者についてはマイナンバーは使用しない

●適格簡易請求書（消法57の4②、消令70の11）

小売業、飲食店業、写真業、旅行業、タクシー業又は駐車場業等のように不特定多数を取引先とする事業を営む場合には、適格請求書に代えて「適格簡易請求書」を交付することができます。

「適格簡易請求書」には、⑦の「請求書等受領者の氏名又は名称」を記載する必要がありません。また、⑥については消費税額等又は適用税率のいずれかの記載でよいこととされていますので、スーパーやタクシーなどのレシートに登録番号、税率などを記載して、適格簡易請求書として利用することができます。

●適格返還請求書（消法57の4③、消令70の9③二）

売上げに係る対価の返還等を行う「適格請求書発行事業者」は、取引先に対して「適格返還請求書」の交付が義務づけられています。

ただし、税込価額が1万円未満の少額取引については「適格返還請求書」の交付義務が免除されています。

※取引先は、受領したインボイスに記載された税額から「適格返還請求書」に記載された税額を控除して仕入税額を計算します。

「売上げに係る対価の返還等」には、課税売上げに対する返品や値引、割戻金だけでなく、売上割引や販売奨励金、協同組合が組合員に支払う事業分量配当金も含まれます（消法38①、消基通14-1-2～4）。

「適格返還請求書」とは…次に掲げる事項を記載した請求書、納品書その他これらに類する書類をいいます。

（記載事項）

① 適格請求書発行事業者の氏名又は名称
② 登録番号
③ 売上げに係る対価の返還等を行う年月日
④ ③の売上年月日
⑤ 取引内容（軽減対象品目である場合にはその旨）
⑥ 税抜取引価額又は税込取引価額を税率区分ごとに合計した金額
⑦ ⑥に対する消費税額等又は適用税率

両方記載することもできます（インボイスQ&A問60）

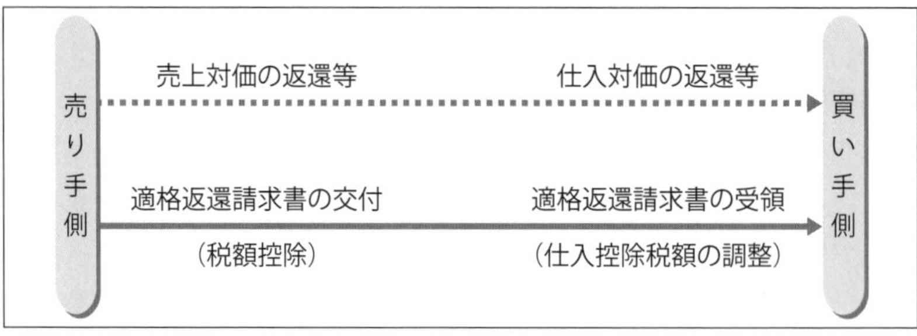

電子インボイスとは？

適格請求書発行事業者は、インボイスなどの交付に代えて、電磁的記録（電子インボイス）を提供することができます。また、取引先に交付する書類について、書面と電子データによる提供を併用することも認められます。

ただし、提供した電子インボイスに誤りがあった場合には、修正した電子インボイスを提供することが義務づけられています（消法57の4⑤）。

電子インボイスの受領者は、電子帳簿保存法に定める方法によりデータを保存する必要がありますが、電子データの保存に代えて、出力した書面で保存することもできます（インボイスQ&A問85）。

（注）データのダウンロードの求めに応じることができるようにしておくことを条件に、出力書面や電子データによる保存を可能とする猶予措置が令和5年度改正で設けられました。

■電磁的記録による提供方法の例示

① 光ディスク、磁気テープ等の記録用の媒体による提供

② EDI取引における電子データの提供

（注） EDI（Electronic Data Interchange）取引とは、異なる企業・組織間で商取引に関するデータを通信回線を介してコンピュータ間で交換する取引等をいいます。

③ 電子メールによる電子データの提供

④ インターネット上にサイトを設け、そのサイトを通じた電子データの提供

（消基通1-8-2・インボイスQ&A問31、72）

適格請求書発行事業者の義務

◆インボイスの交付義務

適格請求書発行事業者は、取引先から要求されたときは、インボイスを交付しなければなりません。また、交付したインボイスなどの記載事項に誤りがあった場合には、修正したものを交付することが義務づけられています。ただし、当初に交付したインボイスなどとの関連性を明らかにした上で、修正した事項を明示した書類で代用することもできます（消法57の4①前文、④・消基通1-8-21）。

<インボイスの修正>

記載事項に誤りのあるインボイスの交付を受けた事業者（買手）は、自らが追記や修正を行うことはできませんので、売手に修正したインボイスの交付を求める必要があります。

仕入明細書等についても、売手の確認を受けた上で、発行者（買手）が修正した書類を発行することができます（インボイスQ&A問92）。

◆委託（受託）販売の特例

委託販売取引については、受託者（媒介者）が委託者の名称や登録番号などを記載したインボイスを交付することが認められています（代理交付）。また、次の①及び②の要件を満たすことにより、受託者の名称や登録番号などを記載したインボイスを、委託者に代わって交付することができます（媒介者交付特例）。

① 委託者と受託者のいずれもが適格請求書発行事業者であること

② 書面又は契約書などにより、委託者が適格請求書発行事業者である旨を受託者に通知すること

（消令70の12、消基通1-8-10・1-8-11・インボイスQ&A問48）

◆交付義務の免除

次の①～⑤の取引については、インボイスの交付義務が免除されます（消法57の4①ただし書、70の9、消規26の6）。

番号	取引内容	交付義務が免除される者
①	税込３万円未満の公共交通料金	JR・バス会社など
②	卸売市場での、せり売又は入札による販売	販売者（出荷者）
③	卸売市場、農協、漁協などで、受託者が販売する生鮮食料品や農林水産物等 委託者 → 受託者 → 購入者 インボイスの交付義務を免除 （注）農業協同組合又は漁業協同組合等については、販売方法や売値を組合に一任すること（無条件委託方式・共同計算方式）が要件とされている（消令70の9②二ロ、インボイスQ&A問46）	委託者（出荷者や生産者）
④	３万円未満の自動販売機での販売	自動販売機の設置者（販売者）
⑤	郵便ポストに投函される郵便物	郵便局

◆インボイスの保存義務

インボイスなどを交付した適格請求書発行事業者は、交付した書類の写しや電子インボイスの保存義務があります（消法57の4⑥）。

保存書類は、コピー、レジのジャーナルなどでも構いません。電子データについては、データによる保存も認められます（インボイスQ&A問78、79）。

◆インボイス類似書類の交付禁止

適格請求書発行事業者は、偽りの記載をした（電子）インボイスを発行することはできません。また、インボイスの登録をしていない免税事業者などは、インボイスに類似する書類や電子データを発行することはできません（消法57の5）。

売上（仕入）税額の計算方法

◆売上税額の計算

(1) 原則：総額割戻方式

課税標準額に対する消費税額は、税率の異なるごとに区分した税込課税売上高を割り戻して課税標準額を計算し、それぞれに税率を乗じて課税標準額に対する消費税額を計算します（消法45①）。

(2) 特例：適格請求書等積上方式

適格請求書発行事業者が、交付したインボイスの写しを保存している場合には、これらの書類に記載した消費税額等を積み上げて課税標準額に対する消費税額を計算することができます（消法45⑤、消令62）。

なお、上記の「総額割戻方式」と「適格請求書等積上方式」は、取引先単位又は事業単位で併用することもできます（消基通15-2-1の2）。

◆仕入税額の計算

(1) 原則：請求書等積上方式

課税仕入れに係る消費税額は、インボイスに記載された消費税額等を積み上げて計算します（消法30①、消令46①一～五）。

ただし、税込金額の記載だけで消費税額等の記載がない簡易インボイス、帳簿の保存だけで仕入税額控除が認められる旅費や中古建物の取得などについては、支払金額を割り戻して消費税額等を計算する必要があります（消令46①二かっこ書、六）。

（注） 簡易インボイスの端数処理は任意ですので切上げ処理ができます。
ただし、旅費や中古建物などについては、円未満の端数を切捨て又は四捨五入により計算します（切上げ処理はできません）。

(2) 特例 1：帳簿積上方式

取引の都度、税込課税仕入高を割り戻し、1 円未満の端数を切捨て又は四捨五入した消費税額等を帳簿に記載している場合には、帳簿に記載した消費税額等の合計額を基に仕入税額を計算することができます（消令 46 ②）。

この「帳簿積上げ方式」は、上記の「請求書等積上方式」と併用することができます（消基通 11-1-9、11-1-10）。

(3) 特例 2：総額割戻方式

売上税額の計算で「総額割戻方式」を採用している事業者は、税込課税仕入高を割り戻して仕入税額を計算することができます（消令 46 ③）。

この「総額割戻方式」は、売上税額の計算で「総額割戻方式」を採用している場合に限り認められます。したがって、売上税額の計算で「適格請求書等積上方式」を採用した場合はもちろんのこと、「適格請求書等積上方式」と「総額割戻方式」を併用した場合であっても、仕入税額の計算で「総額割戻方式」を採用することはできません。

また、「総額割戻方式」は、「請求書等積上方式」や「帳簿積上方式」と併用することができません（消基通 15-2-1 の 2（注）2、11-1-9）。

売上税額	仕入税額	要否
総額割戻方式	総額割戻方式	○
	帳簿積上方式	○
	請求書等積上方式	○
適格請求書等積上方式	請求書等積上方式	○
	帳簿積上方式	○
	総額割戻方式	×

売上税額の計算で「適格請求書等積上方式」と「総額割戻方式」を併用した場合であっても採用することはできない

売上税額の計算	●原則 ➡ 割戻計算 税込売上高 × $\frac{100}{110}\left(\frac{100}{108}\right)$ ＝ 課税標準額（千円未満切捨） 課税標準額×7.8(6.24)％ ＝ 売上税額
	○特例 ➡ 積上計算 適格請求書等に記載された10％（8％）の消費税額等の合計額 × $\frac{78}{100}$ ＝ 売上税額 ※割戻計算と積上計算は取引先単位又は事業単位で併用することができる
仕入税額の計算	●原則 ➡ 積上計算 適格請求書等に記載された10％（8％）の消費税額等の合計額 × $\frac{78}{100}$ ＝ 仕入税額 ※消費税額等の記載がない簡易インボイスや旅費などについては割戻計算を併用する必要がある
	○特例1 ➡ 帳簿積上計算 取引ごとの税込仕入高 × $\frac{10}{110}\left(\frac{8}{108}\right)$ ＝ 消費税額等…帳簿へ記載 消費税額等の合計額 × $\frac{78}{100}$ ＝ 仕入税額 ※消費税額等の1円未満の端数は切捨て又は四捨五入が条件（切上げにすることはできない）
	○特例2 ➡ 割戻計算 税込仕入高の課税期間中の合計額 × $\frac{7.8}{110}\left(\frac{6.24}{108}\right)$ ＝ 仕入税額 ※売上税額で割戻計算をしている場合に限り適用することができる

仕入税額控除

課税仕入れの時期はどうなる？

課税売上割合の計算方法は？

帳簿と請求書ってどんなもの？

個別対応方式の計算は？

居住用賃貸建物ってなんだ？

仕入税額控除の計算体系

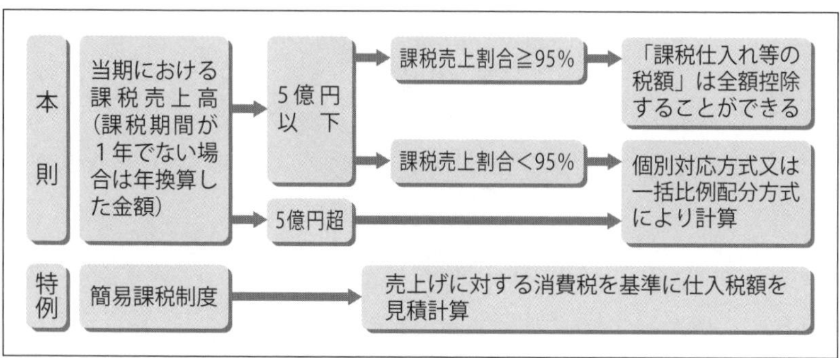

仕入控除税額の計算の基礎となる「**課税仕入れ等の税額**」は次の計算式により求めます。（消法30①）。

> 国内における税込課税仕入高 $\times \frac{7.8}{110}\left(\frac{6.24}{108}\right)$ ＋輸入貨物に課された消費税額
> ＝課税仕入れ等の税額

具体例

下記の設例により、「課税仕入れ等の税額」を計算してみましょう（標準税率・単位：省略）。

国内における課税仕入高（税込）	1,100
国外における課税仕入高	400
課税貨物の輸入仕入高	1,500
通関時に納付した消費税 156、地方消費税 44、関税 290	

① 課税仕入れに係る消費税額　$1{,}100 \times \frac{7.8}{110} = 78$

② 課税貨物に係る消費税額　156

③ 課税仕入れ等の税額の合計額　①＋②＝234

課税仕入れの時期（原則）

売上げと仕入れは表裏一体ですので、課税仕入れの計上時期は、基本的に資産の譲渡等の時期（☞99ページ）と連動することになります（消基通11-3-1）。

事　項	課税仕入れの時期
割賦購入資産	割賦で課税資産を購入した場合であっても、その課税仕入れの時期は引渡しを受けた日となります。したがって、未払金の額に関係なく、購入時点でその取得価額の全額を仕入税額控除の対象とすることができます（消基通11-3-2）。
減価償却資産	建物などの減価償却資産を購入した場合には、その取得価額を減価償却費として毎期費用配分するわけですが、消費税の計算においては、取得価額や耐用年数に関係なく、購入時点で取得価額の全額を仕入税額控除の対象とすることになります（消基通11-3-3）。
繰延資産	創業費、開発費、試験研究費などの繰延資産を取得した場合には、繰延資産の性質に応じて取得金額を償却することになりますが、消費税の計算においては、減価償却資産と同様に、取得（課税仕入れ）の時点で全額を仕入税額控除の対象とすることになります（消基通11-3-4）。
建設仮勘定	建物などの完成前に支払った手付金や中間金は単なる前払金です。したがって、支払った手付金や中間金を建設仮勘定として経理しても、その時点では仕入税額控除はできません。建物が完成し、建物勘定に振り替えた時点でまとめて仕入税額控除の対象とすることになります。 ただし、建設仮勘定に計上している時点であっても、設計図面が完成するなど、部分的に課税仕入れが行われていれば、その時点で仕入税額控除の対象とすることも認められます（消基通11-3-6）。
短期前払費用	翌期分の家賃などを前払費用として資産に計上せずに、継続して費用処理している場合には、所得税、法人税の計算上、これを認めることとしています。そこで、消費税の計算においても、所得税、法人税の計算で短期前払費用として必要経費や損金に計上したものについては、その支出した時点において仕入税額控除の対象とすることが認められています（消基通11-3-8）。

6 仕入税額控除

建設業の外注費

外注費のうち、人工（にんく）、手間賃などの人的役務の提供であれば、日数などに基づく出来高の請求月の属する課税期間において、また、出来高精算書に基づく外注費であれば、その請求月の属する課税期間において、それぞれ仕入税額控除の対象とすることができます（消基通11-6-6）。

一方、出来高精算書に基づかない外注費で、引渡しを要するものについては現実に引渡しを受けたときが課税仕入れの時期となります。

目的物の引渡し前に支払ったお金を外注費勘定で処理していたとしても、その外注費の実態は単なる前払金であり、仕入税額控除はできませんので注意してください。

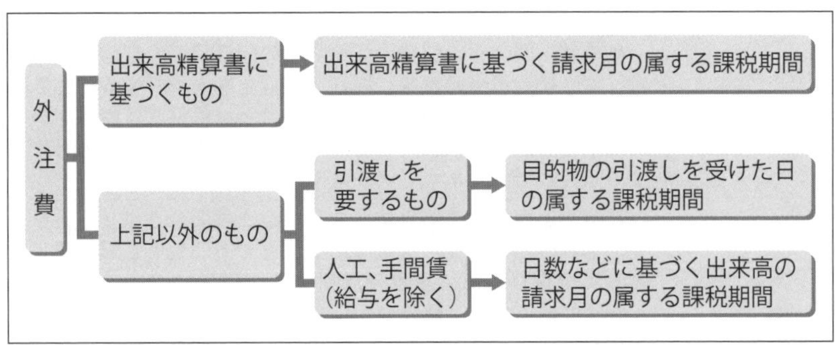

控除時期の特例

工事原価のうち、材料費や外注費などの課税仕入れについては、原則として課税仕入れを行ったときに仕入税額控除の対象とすることになりますが、工事が完成し、完成工事高を計上した時点でまとめて税額控除をすることも認められています。つまり、未成工事支出金から完成工事原価に振り替えた時点で、その完成工事原価のうち、課税仕入れに該当するものを抽出し、完成工事高の計上と同時に税額控除をするということです（消基通11-3-5）。

郵便切手類などの取扱い

郵便切手類等又は物品切手等の譲渡は非課税とされているので、郵便切手類や商品券などを購入したときは課税仕入れには該当せず（非課税仕入れ）、使用時、引換時に課税仕入れとして仕入税額控除の適用を受けることになります。

しかし購入した郵便切手類について、課税期間末に未使用分の棚卸しをすることや、業務用のテレホンカードなどについて、課税期間末に残り度数をチェックするのは非常に困難であることから、継続適用を条件として、購入日の属する課税期間でその全額を仕入税額控除の対象とすることが認められています（消基通11-3-7）。

印紙、証紙については、これらを使用した時点で税金や行政手数料の支払いをしたものとして認識されるため、購入時、使用時ともに税額控除はできません。

テレホンカードなどについては、贈答用として購入する場合と業務用として購入する場合があります。たとえば今では少なくなりましたが、事業者が無地のテレホンカードを購入し、社名を印刷して取引先に贈るような場合には、無地のテレホンカードの購入代金は贈答用として税額控除はできず、社名印刷代だけが課税仕入れとして認識され、仕入税額控除の対象となります。業務用として従業員に支給するようなものについては、郵便切手類と同様にその購入時点での税額控除が認められています。

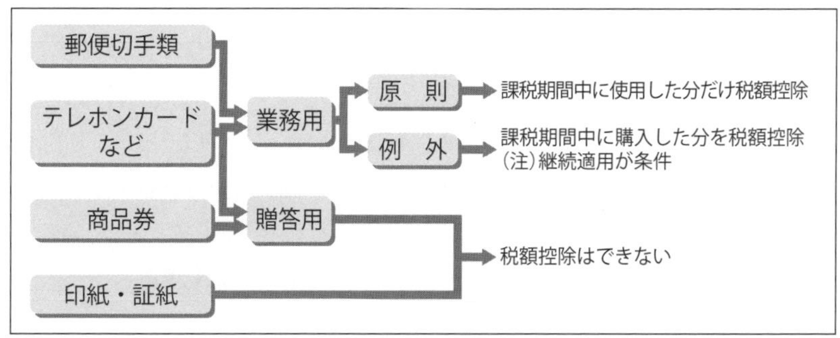

リース料の取扱い

◆リース取引の体系

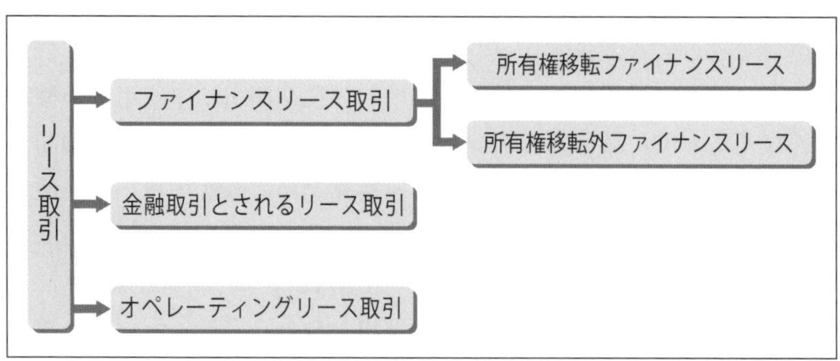

◆ファイナンスリース取引

ファイナンスリース取引については、「所有権移転ファイナンスリース」だけでなく、「所有権移転外ファイナンスリース」についても、引き渡しを受けた時にリース資産を取得したものとして取り扱うこととされています。

したがって、賃借人は、リース資産の取得時にリース料の総額を仕入税額控除の対象とすることが原則とされているのです（消基通5-1-9（注)(1)・11-3-2（注))。

●一括控除と分割控除

所得税、法人税では、リース資産を減価償却資産として認識せずに、支払リース料を賃借料として経費（損金）処理することが例外的に認められていることから、賃借人は、右図のいずれかの方法により課税仕入れを認識することも認められています（国税庁・質疑応答事例／仕入税額控除（課税仕入れの範囲）「23 所有権移転外ファイナンス・リース取引について賃借人が賃貸借処理した場合の取扱い」)。

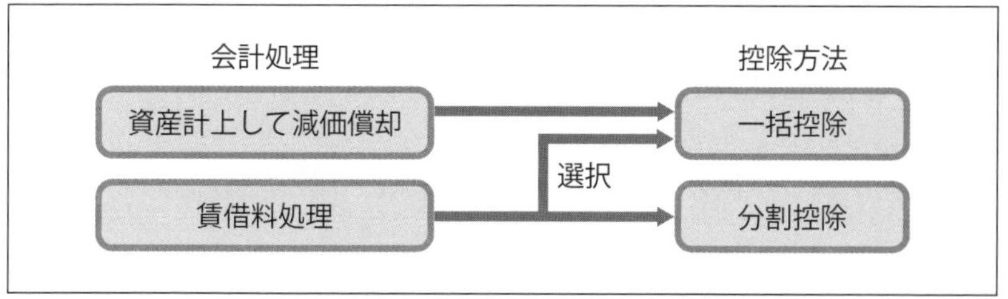

なお、リース物件を資産計上し、減価償却する場合には、分割控除は認められないこととされていますので注意が必要です。

●分割控除から一括控除への変更

上記のように、所有権移転外ファイナンスリース取引については一括控除が原則とされているところ、賃借料処理をした場合に限り、分割控除を例外的に認めるというものです。

したがって、リース物件について初年度に分割控除を採用した場合には、リース期間終了時まで分割控除を継続適用しなければならず、翌事業年度（課税期間）以降に一括控除に変更することは認められません。

◆ 金融取引とされるリース取引

実質的に金銭の貸し付けと認められるリース取引については、リース資産の賃借はなかったものとして扱われます。

したがって、賃借人サイドでは、リース料を仕入税額控除の対象とすることはできません（消基通 5-1-9（注)(2))。

◆ オペレーティングリース取引

オペレーティングリース取引は、発生したリース料をその都度仕入税額控除の対象とすることになります。

課税売上割合の計算方法

課税売上割合は次の算式により計算します（消令48）。

$$\text{課税売上割合}=\frac{\text{課税売上高（税抜）}+\text{免税売上高}}{\text{課税売上高（税抜）}+\text{非課税売上高}+\text{免税売上高}}$$

●計算上の注意点

(1) 受取利息などの非課税売上高は分母に計上するのに対し、受取配当金のような課税対象外収入は計算には一切関係させません。輸出免税売上高は分母、分子ともに算入します

(2) 課税売上高は税抜きの金額です

ただし、非課税売上高や輸出免税売上高には消費税は含まれていないので税抜きにしてはいけません。

(3) 純売上高で計算します

計算に用いる売上高は、返品、値引き、売上割引、金銭による割戻金や販売奨励金をマイナスした後の純売上高です（消基通14-1-2・14-1-4）。免税事業者であったときの課税売上げについて、課税事業者となってから返品や値引きが発生した場合には、その全額（税抜きにしない金額）を総売上高からマイナスします（消基通11-5-2）。

(4) 貸倒れとなった売上げも含めたところで計算します

課税売上割合は、事業者の売上実績に基づき算定するものですから、貸倒金額を売上高からマイナスすることはできません。

(5) 有価証券の譲渡については、原則として「売却金額×5%」を非課税売上高にカウントします

有価証券の譲渡については、売却金額の5%相当額だけを非課税売上高として認識し、財テクにより税制上不利になることがないように配慮がされています。

ただし、合同会社の社員の持分などのように、一般に売買されない有価証券については、その売却金額をそのまま非課税売上高にカウントします。

また、売上代金として取得した売掛債権を信販会社に譲渡するような場合には、売上げの二重計上を防ぐ意味から、その譲渡対価は課税売上割合の計算には関係させないこととしています。

(6) 事業者単位で計算します

課税売上割合は事業者単位で計算します。したがって、本店、支店ごとの課税売上割合とか、個人事業者で、不動産所得、事業所得ごとの課税売上割合の算定などは認められません。

計算例

下記の設例により、「課税売上割合」を計算してみましょう（標準税率・単位：省略）。

国内における課税売上高（税込）	4,730
上記のうち、返品、値引高（税込）	330
輸出売上高	1,000
受取利息	100
受取配当金	200
株券の売却収入	58,000

① 課税売上高（税抜）

$$(4{,}730-330)\times\frac{100}{110}=4{,}000$$

② 免税売上高

1,000

③ 非課税売上高

100＋58,000×5%＝3,000

④ 課税売上割合

$$\frac{①+②}{①+②+③}=\frac{5{,}000}{8{,}000}=62.5\%$$

実務上、課税売上割合の計算は「第 4- ⑽号様式　付表 2-3　課税売上割合・控除対象仕入税額等の計算表」の雛型に沿って計算します。

法定帳簿と法定書類の保存義務

仕入税額控除の適用を受けるためには、次の①～③の要件を満たす必要があります（消法30①⑦）。

① 課税事業者であること

② 国内において行う課税仕入れ・特定課税仕入れ（☞249ページ）・保税地域からの課税貨物の引取りであること

③ 法定帳簿及び法定書類を確定申告期限から7年間保存すること

法定帳簿とは

現金出納帳、預金出納帳、仕入帳、経費帳、総勘定元帳だけでなく、営業日誌、仕訳帳なども法定帳簿に該当します。帳簿には、次の4つの事項を記載することとされています（消法30⑧）。

① 課税仕入れの相手方の氏名又は名称

② 課税仕入れの年月日

③ 課税仕入れの内容（軽減税率対象品目である旨）

④ 課税仕入れの金額

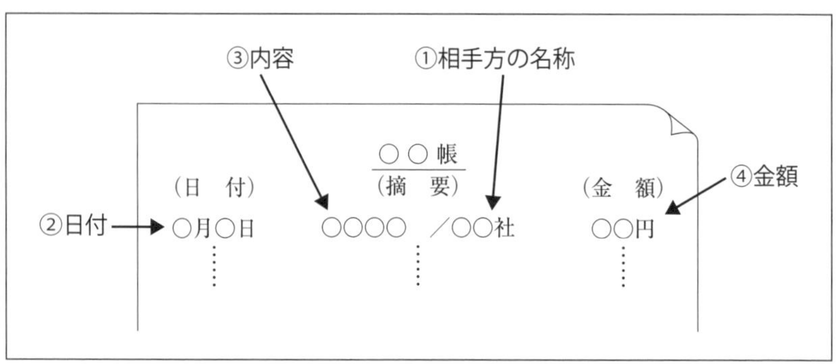

法定書類とは

法定書類とは、下記①～⑤の書類をいいます（消法30⑨）。

① インボイス（適格請求書）
② 簡易インボイス（適格簡易請求書）
③ 事業者が課税仕入れについて作成する仕入明細書、仕入計算書等の書類で、適格請求書の記載事項が記載されているもの（適格請求書発行事業者の確認を受けたものに限る）
④ 卸売市場、農業協同組合又は漁業協同組合等が作成する書類

委託者（生産者等）の登録番号の記載は不要
※農業協同組合又は漁業協同組合等については、販売方法や売値を組合に一任すること（無条件委託方式・共同計算方式）が要件とされている（消令49⑤）

⑤ ①～④の記載事項に係る電子データ

なお、次に掲げる課税仕入れについては、その課税仕入れを行った事業者において適格請求書等の保存を省略することができるので、下記の①～⑥に該当する旨などを記載した帳簿のみの保存により、仕入税額控除が認められることになります（消令49①⑦、消規15の4）。

① インボイスの交付義務が免除される公共交通料金（3万円未満のものに限る）
② 簡易インボイスの要件を満たす入場券等が使用の際に回収されるもの
③ 適格請求書発行事業者でない消費者などから買い受ける販売用の古物・質草・建物・スクラップ
④ 自動販売機から購入したもの（3万円未満のものに限る）
⑤ 郵便ポストを利用した配達サービス料金
⑥ 出張旅費、宿泊費、日当、転勤支度金、通勤手当

インボイス制度の導入に伴う経過措置

◆免税事業者などからの仕入れ

適格請求書発行事業者でない免税事業者や消費者などからの課税仕入れについては、令和5年10月1日～令和8年9月30日までの期間については「課税仕入れ等の税額の80％」、令和8年10月1日～令和11年9月30日までの期間については「課税仕入れ等の税額の50％」を仕入控除税額の計算に取り込むことができます。

ただし、同一の者からの課税仕入れが年又は事業年度中に10億円を超える場合には、超える部分に対する80％（50％）控除はできません（平成28年改正法附則52、53）。

◆少額特例

基準期間における課税売上高が1億円以下又は特定期間における課税売上高が5,000万円以下である事業者が国内において行う課税仕入れについては、その課税仕入高（税込）が1万円未満である場合、一定の事項が記載された帳簿のみの保存により仕入税額控除が認められます（平成28年改正法附則53の2、平成30年改正令附則24の2）。

1万円と比較する課税仕入高（税込）は、取引ごとに発行される納品書や請求書の単位で判定します（消基通11-6-2）。月まとめ請求書のように、複数の取引をまとめた単位により判定することはできないことに留意する必要があります（インボイスQ＆A問112）。

少額特例は課税期間単位ではなく、令和5年10月1日から令和11年9月30日までの間に国内において行う課税仕入れについて適用することができます。よって、個人事業者の令和11年の取引であれば、1月1日から9月30日までの間は少額特例が適用できるのに対し、10月1日以降の取引については、たとえ1万円未満の経費でも原則としてインボイスの保存が必要となります。

◆2割特例

「2割特例」とは、小規模事業者がインボイスの登録をした場合には、仕入税額を売上税額の8割とする制度です。結果、納税額は課税標準額に対する消費税額の2割となるので、簡易課税制度の適用を受け、第2種事業として申告する場合と納税額は同額になります（平成28年改正法附則51の2）。

売上税額×80%＝特別控除税額（仕入控除税額）

「2割特例」は、令和5年10月1日から令和8年9月30日までの日の属する各課税期間において適用することができます。

よって、個人事業者であれば令和8年まで、3月決算法人であれば令和9年3月決算期まで「2割特例」が適用できることになります。

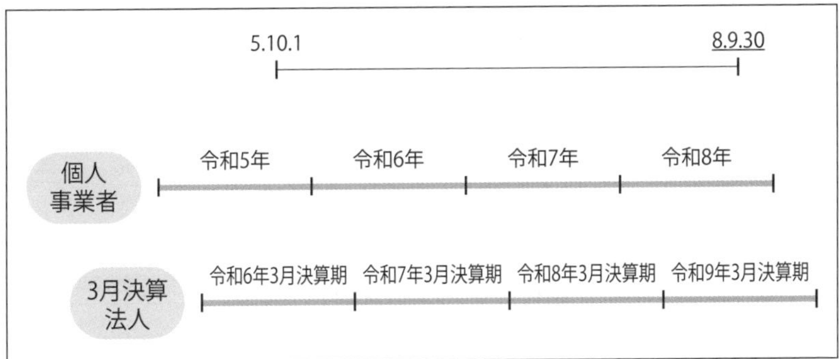

「2割特例」は、インボイスの登録をしなければ免税事業者となるような小規模事業者を対象とするものなので、適用対象期間中であっても、基準期間における課税売上高が1,000万円を超えたような場合には適用できません。

また、第3章で説明した新設法人（特定新規設立法人）の特例、「納税義務の免除の特例」が適用される合併や会社分割などのほか、課税期間を短縮している場合についても「2割特例」の適用はありません。

●「2割特例」に関する届出書の提出義務

「2割特例」については届出書の提出義務はありません。ただし、「2割特例」の適用を受けようとする場合には、確定申告書にその旨を付記することが義務づけられています。

●「簡易課税制度選択届出書」と「2割特例」の関係

簡易課税制度選択届出書が提出済みであったとしても、申告時に簡易課税によるか2割特例によるかを選択することができます。

「簡易課税制度選択届出書」を提出していない場合には、申告時に本則課税によるか2割特例によるかを選択することができます。

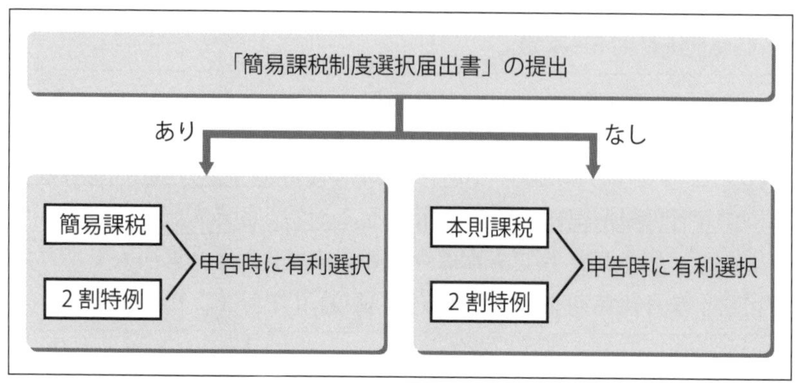

また、「2割特例」の適用を受けた「適格請求書発行事業者」が、その翌課税期間中に「簡易課税制度選択届出書」を提出した場合には、その提出日の属する課税期間から簡易課税により申告することができます。

●「課税事業者選択届出書」と「2割特例」の関係

「課税事業者選択届出書」を提出している事業者がインボイスの登録をしている場合には、次の①と②のいずれの要件も満たす場合について、「2割特例」の適用が認められます。

① インボイスの登録をしなければ免税事業者となれる課税期間であること

② 「課税事業者選択届出書」を提出しなければ免税事業者となれる課税期間であること

ただし、「課税事業者選択届出書」の提出により、令和5年10月1日前から引き続き課税事業者となっている事業者は、令和5年10月1日の属する課税期間についてだけは「2割特例」を適用することができません。

個別対応方式と一括比例配分方式

◆個別対応方式

個別対応方式とは、課税仕入れ等の税額を、下図のように３つのグループに区分し、課税売上対応分はその全額を控除し、共通対応分は課税売上割合を乗じた分だけ控除する方法です（消法30②一）。

したがって、非課税売上対応分は税額控除はできません。

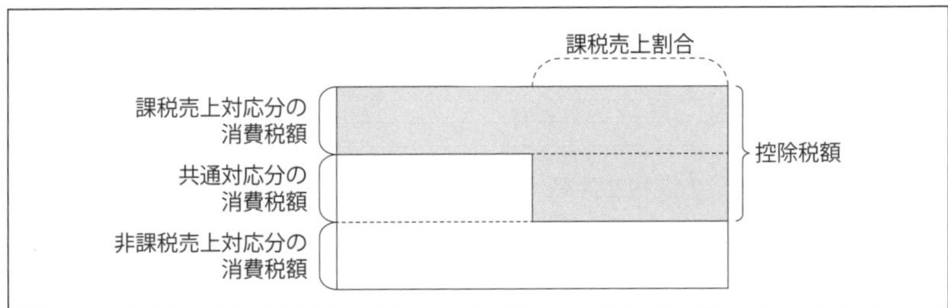

◆一括比例配分方式

一括比例配分方式とは、課税仕入れ等の税額の内訳を区分しないで、課税仕入れ等の税額の全額に課税売上割合を乗じて仕入税額を計算する方法です。したがって、一括比例配分方式を適用する場合には、課税売上対応分であっても課税売上割合を乗じた分しか控除ができない反面、非課税売上対応分であっても、課税売上割合を乗じた分だけは控除できることになります（消法30②二）。

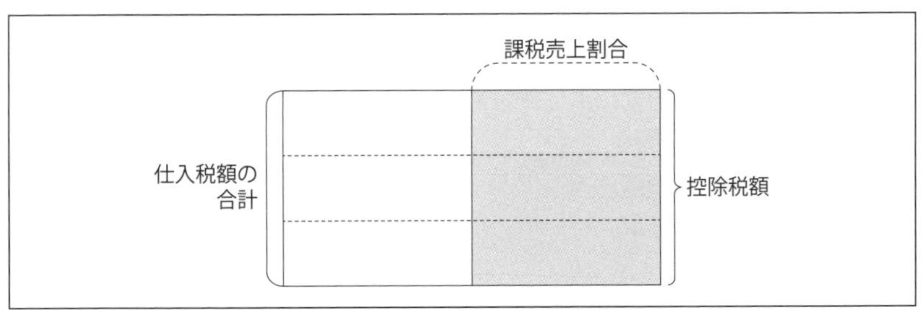

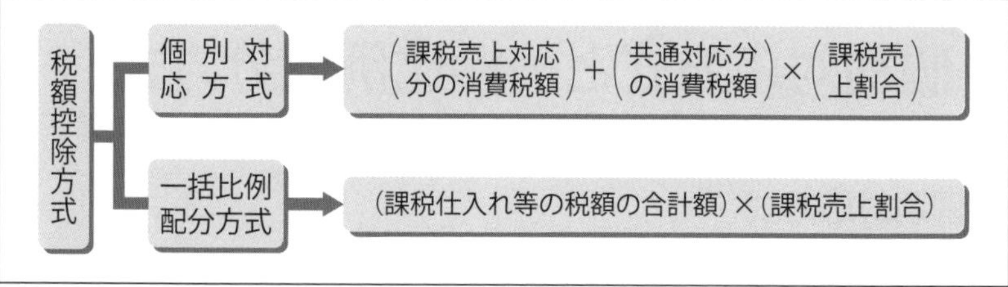

計算例

国内における課税仕入高（税込）の内訳が次のとおりである場合の「控除対象仕入税額」を計算してみましょう（課税売上割合＝50％　標準税率・単位：省略）。

課税売上対応分の課税仕入高	5,500
共通対応分の課税仕入高	4,400
非課税売上対応分の課税仕入高	1,100

(1)　課税仕入れ等の税額の合計額

5,500＋4,400＋1,100＝11,000

$11{,}000\times\frac{7.8}{110}=780$

(2)　個別対応方式

①　課税売上対応分

$5{,}500\times\frac{7.8}{110}=390$

②　共通対応分

$4{,}400\times\frac{7.8}{110}=312$

③　個別対応方式により控除する課税仕入れ等の税額

①＋②×50%＝ 546

(3)　一括比例配分方式により控除する課税仕入れ等の税額

(1)×50%＝ 390

(4)　控除対象仕入税額

(2)＞(3)　　546

個別対応方式への変更制限

一括比例配分方式を採用した事業者は、その採用した課税期間の初日から2年を経過する日までの間に開始する各課税期間における継続適用が義務づけられています。したがって、課税期間が1年の場合には、2年間は継続して一括比例配分方式を適用しなければならないことになります（消法30⑤）。

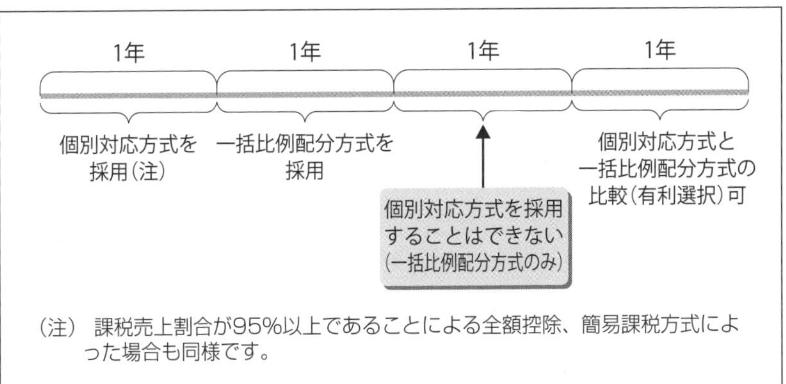

（注）課税売上割合が95%以上であることによる全額控除、簡易課税方式によった場合も同様です。

ただし、一括比例配分方式を採用した課税期間の翌課税期間において課税売上割合が95%以上となったことにより、課税仕入れ等の税額の全額が控除された場合には、その翌課税期間においては、個別対応方式と一括比例配分方式の有利選択は可能となります（消基通11-2-21）。

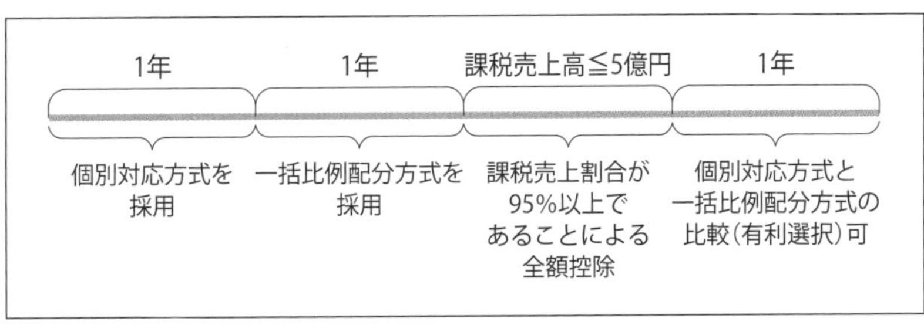

課税仕入れ等の用途区分

課税仕入れ等の用途区分は、事業者の業種、経営方針、収入項目などを基準に決定されるものであり、単純に勘定科目により区分できるものではありません。用途区分にあたっては、まず支出項目から課税仕入れ等の金額をピックアップします。国際航空運賃や国際電話料金などの免税仕入れ、土地の購入費や支払利息などの非課税仕入れ、寄付金、見舞金などの課税対象外支出は、この時点ですべて計算から除外されることになります。

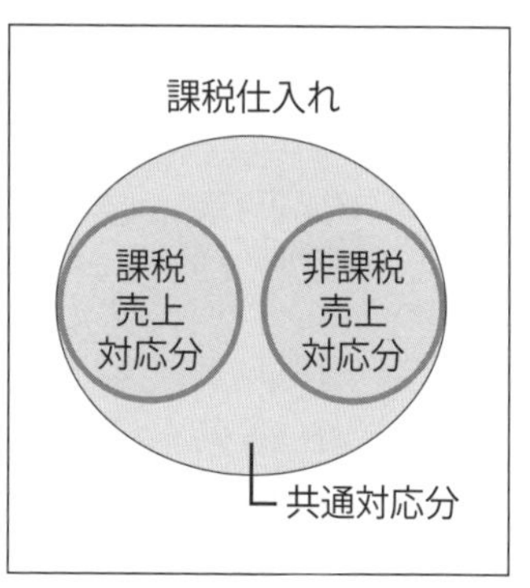

次に、支出項目から抽出した課税仕入れ等の金額から、課税売上対応分と非課税売上対応分を拾い出せば、必然的に余ったものが共通対応分の課税仕入れとなります。つまり、売上げと明確な対応関係のないものは、すべて「共通対応分」と考えるのです。

贈与、寄付をした課税資産の用途区分

個別対応方式を適用する場合、課税仕入れ等の税額は、

① 課税売上対応分

② 共通対応分

③ 非課税売上対応分

のいずれかに区分しなければいけないわけですから、贈与、寄付をした課税資産の課税仕入れのように、どの売上げとも明確な対応関係のないような課税仕入れ（不課税取引に対応する課税仕入れ）については、結果的に「共通対応分」に区分せざるを得ないことになります（消基通 11-2-16～17）。

■用途区分の具体例（消基通 11-2-12～15）

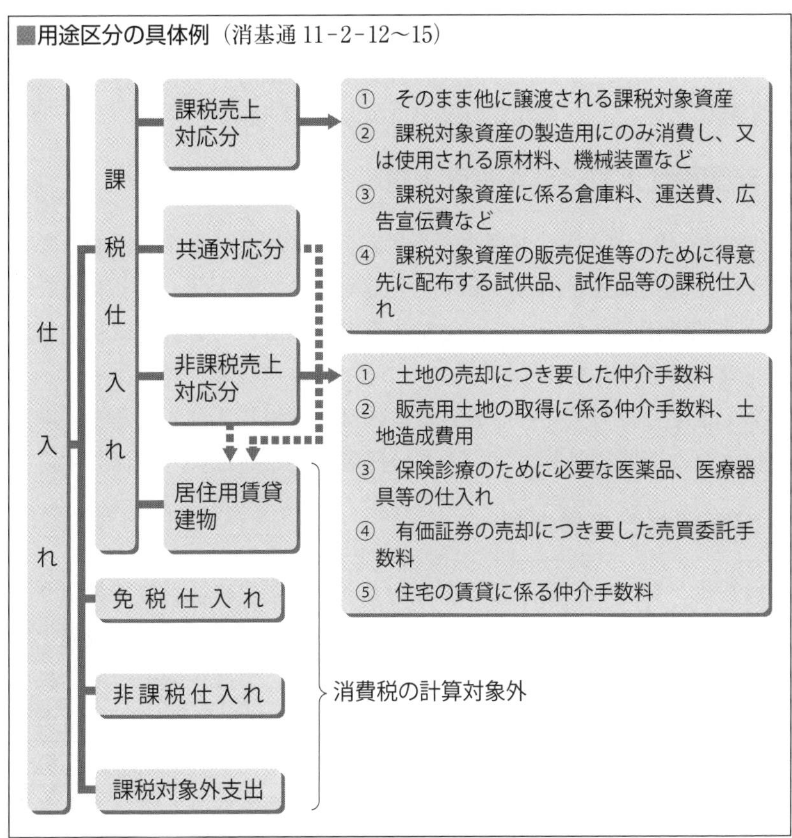

用途区分の判定時期

課税仕入れ等の用途区分については、原則として課税仕入れ等をした時の状況により判定することになります。この場合において、課税仕入れ等を行った日あるいは課税期間末においてその用途区分が明らかでないときは、その課税仕入れ等は、課税売上げと非課税売上げのどちらとも直接的な対応関係はないものであり、結果として「共通対応分」に区分することになります。

ただし、仕入れの時点で用途区分が不明の場合には、課税期間末の状況により区分することも認められます。

なお、用途区分の判定にあたっては、同一の課税期間中にその課税仕入れとひも付きとなる売上げが発生する必要はありません。あくまでも、課税仕入れ等を行った日、あるいは課税期間末の現況により区分すればよいこととされています（消基通 11-2-20）。

◆非課税仕入れと非課税売上対応分の課税仕入れ

「非課税仕入れ」と「非課税売上対応分の課税仕入れ」を混同しないように注意する必要があります。土地や株券の購入費、支払利息などは「非課税仕入れ」であり、いかなる場合においても絶対に税額控除の対象とはなりません！

あくまでも税額控除の対象となるのは「課税仕入れ」であり、非課税仕入れは消費税計算にはいっさい関係させないということです。

◆保養所などの賃借料

保養所、レジャー施設などを借り上げ、従業員に低料金で利用させている場合のその借上料は、従業員から収受する利用料が課税売上げであることから、これに直接対応するものとして課税売上対応分に区分されます。これらの施設を従業員に無料で利用させている場合には、売上げと明確な対応関係のないものとして、共通対応分に区分することになります。つまり、従業員から利用料を収受しているか否かにより、借上料の用途区分が決定されるということです。

なお、従業員用の社宅を借り上げ、従業員に低料金で利用させている場合のその借上料は非課税仕入れであり、消費税計算には一切関係ないことに注意してください（従業員から収受する社宅使用料は非課税売上げとなります）。

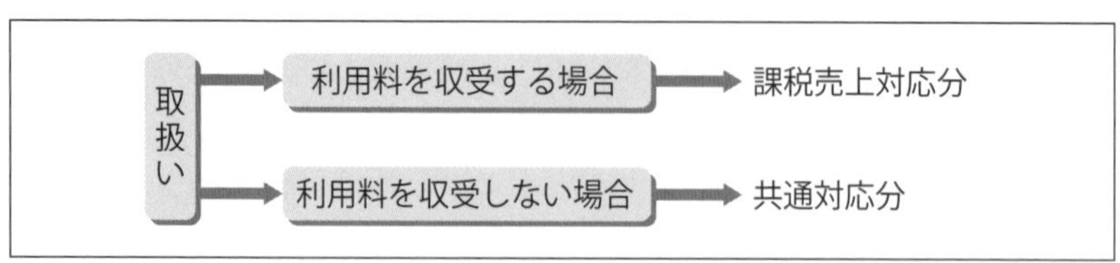

◆広告宣伝費

課税資産の販売業者が、商品の販売目的で支出した広告宣伝費は、課税売上対応分に区分することができます。しかし、企業名の宣伝目的で支出したものについては、企業の営業活動全体に対応するものであり、課税売上げと直接的な対応関係はないので共通対応分に区分することになります。つまり、勘定科目だけで、課税仕入れ等の用途区分は判断できないということに注意する必要があるのです。

不動産業者が支出する広告宣伝費の場合、主たる収入に課税のものと非課税のものが混在しているため、その内容に応じて個別に判断する必要があります。

たとえば、自らが所有する土地を売るための宣伝であれば、土地の売上げに直接対応するものとして非課税売上対応分に区分するのに対し、他者の所有する土地の販売に係るものであれば、仲介手数料収入に対応するものとして課税売上対応分に区分することになります。不動産業の場合には、土地の他にも建売住宅の販売や不動産の賃貸による収入などがあるわけですが、これらの売上げに対応する広告宣伝費の用途区分は次のように考えます。

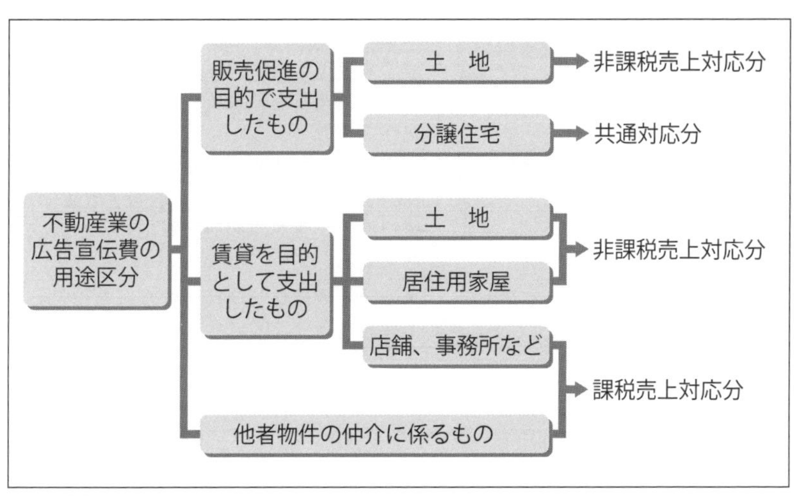

土地購入に係る仲介手数料など

土地を売却する際に支払う仲介手数料や、販売用の土地につき要した土地造成費用は、土地の売上げに直接対応するものとして非課税売上対応分に区分します。注意してほしいのは、土地に関連する課税仕入れだから非課税売上対応分に区分するのではないということです。その購入した土地を事業者がどのように利用するのか、その利用方法により、土地の購入に要した仲介手数料や造成費の用途区分を判断するのです。つまり、事業者の経営方針により、その用途区分が決定されるということです。

土地の購入に係る仲介手数料や土地造成費について、土地の利用方法に応じた用途区分の考え方を確認してみましょう。

利用方法	課税仕入れの用途区分
① 販売用の土地の場合	土地の売上高に直接対応するものなので、非課税売上対応分に区分されます。
② 購入した土地の上に建物を建て、分譲住宅として販売する場合	土地の売上げと建物の売上げに対応するものなので、共通対応分に区分されます。なお、建物の建築費は建物の売上げに直結するものなので、課税売上対応分に区分されることになります。
③ 購入した土地の上に建物を建て、賃貸住宅として貸し付ける場合	住宅家賃収入に直接対応するものなので、非課税売上対応分に区分されます。建物の建築費も非課税売上対応分に区分されます。
④ 購入した土地の上に建物を建て、店舗として貸し付ける場合	住宅以外の家賃収入に直接対応するものなので、課税売上対応分に区分されます。建物の建築費も課税売上対応分に区分されます。
⑤ 用途未確定の場合	売上げと明確な対応関係のないものとして共通対応分に区分されます。

なお、土地の購入費は非課税仕入れであり、いかなる場合においても絶対に税額控除の対象とはなりません。

◆預金利子がある場合の用途区分（国税庁 Q&A）

平成 23 年度税制改正により、課税売上割合が 95％以上であることによる仕入税額の全額控除制度（95％ルール）は、課税売上高が 5 億円以下の事業者に限定されました。この改正に伴い、課税仕入れ等の用途区分や課税売上割合の計算などについて、相当なボリュームのQ＆Aが国税庁から公表されています。

法人税などの他の税目もそうですが、最近は大きな改正などがあると、国税庁から無料でQ＆Aが公表されることが多くなりました。出版社にしてみれば営業妨害かもしれませんが、職業会計人にしてみれば、こんなありがたいことはありません。

このQ＆Aの中で、改正当時に物議を醸しだしたのが、「預金利子がある場合の課税仕入れの用途区分」です。

預金利子しかない場合の課税仕入れの用途区分については、実務家の間でも見解が割れており、また、情報が錯綜していました。こういった実務上の混乱に配慮したのでしょうか、国税庁から公表された「『95％ルール』の適用見直しを踏まえた仕入控除税額の計算方法等に関するQ＆A〔1〕【基本的な考え方編】の問 19（預金利子がある場合の用途区分）」では、非課税売上高が預金利子しかない場合の課税仕入れの用途区分の考え方について、次のような解説を掲載しています。

> （問）
>
> 非課税資産の譲渡等については預金利子しかなく、この預金利子を得るためにのみ必要となる課税仕入れ等はありません。このような場合は、その課税期間における課税仕入れ等の全てを課税売上対応分として区分できますか。
>
> （答）
>
> …（略）…預金利子が事業者の事業活動に伴い発生し、事業者に帰属するものであることからしても、例えば、総務、経理部門等における事務費など、課税売上対応分として特定されない課税仕入れ等については、共通対応分として区分することとなります。

共通用の課税仕入れ等の分解

共通対応の課税仕入れ等の税額について、課税売上対応分と非課税売上対応分とに合理的に区分できる場合には、これを区分したところで個別対応方式を適用することが認められています（消基通11-2-19）。

共通対応の課税仕入れ等の税額を区分した場合、課税売上対応分はその全額が控除対象となり、非課税売上対応分はいっさい控除することはできません。つまり、課税仕入れの区分の方法により、控除税額が変わってくるわけです。

具体例

たとえば、土地付建物を譲渡し、仲介手数料を支払った場合には、その仲介手数料は土地の売上げと建物の売上げのどちらにも関係するものですから共通用に区分します。しかし、この仲介手数料は、土地を売るための仲介手数料と建物を売るための仲介手数料が合体したものと考えることもできるので、これを土地と建物の時価の比率により分解することも認められます。

仲介手数料を共通対応分に区分した場合には、課税売上割合を乗じた分だけが税額控除の対象となります。時価の比で分解した場合には、建物の譲渡に係る部分は全額が控除できる反面、土地の譲渡に係る部分はいっさい控除ができません。つまり、課税売上割合と建物の時価比率を比較して、いずれか有利な方法で用途区分を決定すればよいわけです。

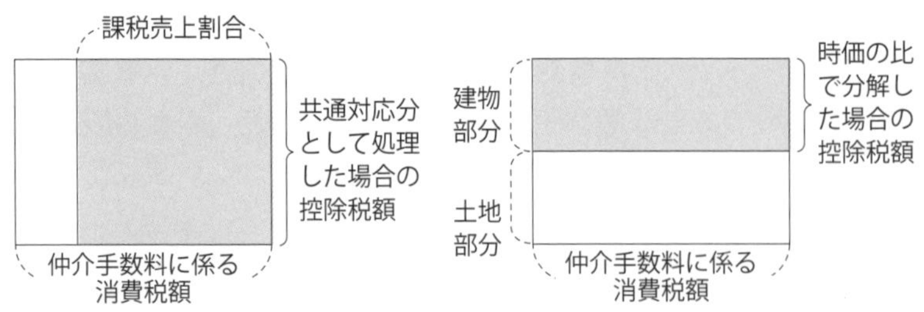

課税売上割合に準ずる割合

個別対応方式で仕入れに係る消費税額を計算する際に、共通対応の税額を計算する場合には、税務署長の承認を受けることにより、課税売上割合以外の合理的な割合（課税売上割合に準ずる割合）を採用できます（消法30③）。

◆承認申請

「課税売上割合に準ずる割合の適用承認申請書」を納税地の所轄税務署長に提出し、翌課税期間から1か月以内に承認が下りた場合には、その申請日の属する課税期間から承認を受けた割合を適用することができます（消令47⑥）。

なお、課税売上割合に準ずる割合は、個別対応方式により共通対応分の税額を計算する場合に適用するものですから、たとえ承認申請を受けていたとしても、一括比例配分方式により仕入税額を計算する場合には、課税売上割合しか使えないことに注意してください。

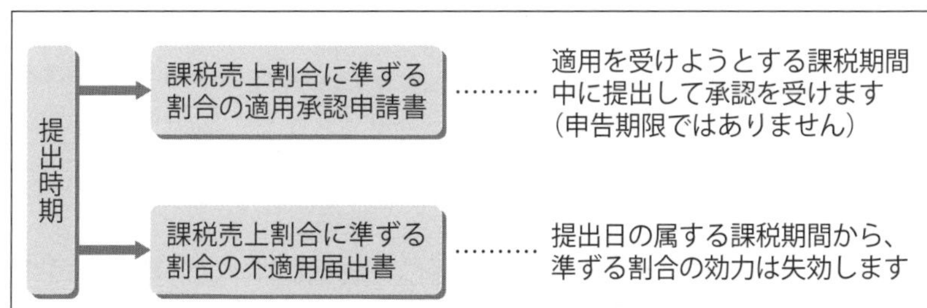

◆適用方法

課税売上割合に準ずる割合は、事業の種類の異なるごと、費用の種類の異なるごと、事業場の単位ごとにバラバラに適用することができますし、また、課税売上割合との併用も認められています（消基通11-5-8）。

計算例

物品販売業と不動産賃貸業を営んでいる事業者について、課税売上割合に準ずる割合の承認を受けた場合と受けない場合とで比較検討してみましょう。なお、賃貸物件はすべて居住用の貸室です（標準税率・単位：省略)。

(1) 収入	
① 商品売上高（税抜）	40,000
② 家賃収入	60,000
	100,000
(2) 支出（税込）	
① 商品仕入高、運送費など課税売上対応の課税仕入高	22,000
② 水道光熱費など共通対応の課税仕入高	11,000
③ 貸家の修繕費など非課税売上対応の課税仕入高	5,500
	38,500

【課税売上割合に準ずる割合の承認を受けない場合】

(1) 課税売上割合

$$\frac{40{,}000}{40{,}000+60{,}000}=40\%$$

(2) 個別対応方式

$$22{,}000\times\frac{7.8}{110}+11{,}000\times\frac{7.8}{110}\times40\%=1{,}872$$

(3) 一括比例配分方式

$$38{,}500\times\frac{7.8}{110}\times40\%=1{,}092$$

(4) (2)＞(3)　　∴ 1,872

【販売部門の従業員が 9 人、不動産賃貸部門の従業員が 1 人で、課税売上割合に準ずる割合として、従業員の割合を採用することにつき、承認を受けた場合】

(1) 個別対応方式

$$22{,}000\times\frac{7.8}{110}+11{,}000\times\frac{7.8}{110}\times\frac{9}{9+1}=2{,}262$$

(2) 一括比例配分方式

$$38{,}500\times\frac{7.8}{110}\times40\%=1{,}092$$

(3) (1)＞(2)　　∴ 2,262

居住用賃貸建物に対する仕入税額控除の制限

居住用賃貸住宅の取得費は、非課税となる住宅家賃に対応するため、本来仕入税額控除の対象とすることはできないのですが、作為的な金の売買などの手法により課税売上げを発生させ、物件取得時の消費税の還付を受けるとともに、課税売上割合の変動による税額調整の規定を回避しようとする事例が散見されました。そこで、建物の用途の実態に応じて計算するよう、「居住用賃貸建物」について、仕入税額控除を制限することとしたものです。

◆居住用賃貸建物とは？

「居住用賃貸建物」とは、住宅の貸付けの用に供しないことが明らかな建物（附属設備を含む）以外の建物で、高額特定資産（☞ 80 ページ）に該当するものをいいます（消法 30 ⑩）。

したがって、店舗などの事業用施設や建売住宅など、建物の構造や設備の状況などにより、住宅の貸付けの用に供しないことが客観的に明らかな建物でなければ仕入税額控除はできません。店舗兼用賃貸住宅や用途未定の賃貸物件は居住用賃貸建物に該当するため、仕入税額控除は認められないことになります（消基通 11-7-1）。

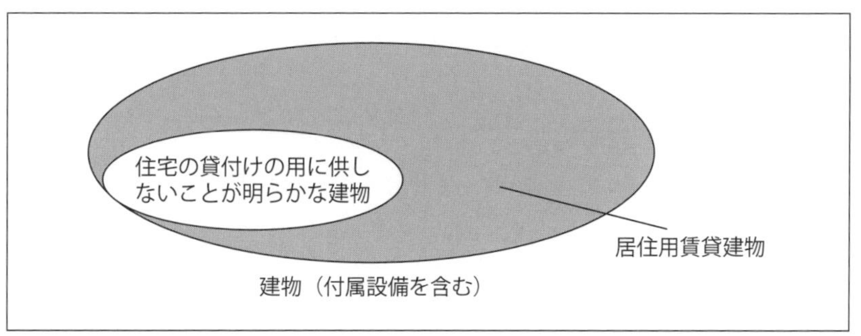

◆店舗兼用賃貸住宅などの取扱い

居住用賃貸建物を、建物の構造や設備の状況などにより、商業用部分と居住用賃貸部分とに合理的に区分しているときは、居住用賃貸部分についてのみ、仕入税額控除が制限されることになります。具体的には、建物の一部が店舗用の構造等となっている居住用賃貸建物などについて、使用面積割合や使用面積に対する建設原価の割合など、その建物の実態に応じた合理的な基準により区分することになります(消基通 11-7-3)。

◆資本的支出

居住用賃貸建物に対する 1,000 万円以上の資本的支出がある場合には、その金額も「居住用賃貸建物に係る課税仕入れ等の税額」に含まれます。

◆自己建設高額特定資産の取扱い

高額特定資産を自己建設する場合には、原材料費や経費となる課税仕入高（税抜）の累計額が 1,000 万円以上となった課税期間において、その「自己建設高額特定資産」を仕入れたものとして取り扱います(消法 12 の 4 ①)。そこで、自己建設高額特定資産が居住用賃貸建物に該当する場合には、その仕入日の属する課税期間（原材料費や経費となる課税仕入高（税抜）の累計額が 1,000 万円以上となった課税期間）以後の課税期間中に発生した課税仕入れについてのみ、仕入税額控除を制限することとしています（消令 50 の 2 ②)。

よって、課税仕入高（税抜）の累計額が 1,000 万円以上となる課税期間より前に発生した課税仕入れ等の税額については、仕入税額控除の制限はありません（消基通 11-7-4)。

◆調整税額の計算

居住用賃貸建物の仕入日から第 3 年度の課税期間の末日までの間（調整期間）に、居住用賃貸建物の全部（一部）を課税賃貸用に供した場合又は譲渡した場合には、それまでの賃貸料収入と売却価額を基礎として計算した額を、第3年度の課税期間又は譲渡日の属する課税期間の仕入控除税額に加算して調整することとされています（消法35の2）。

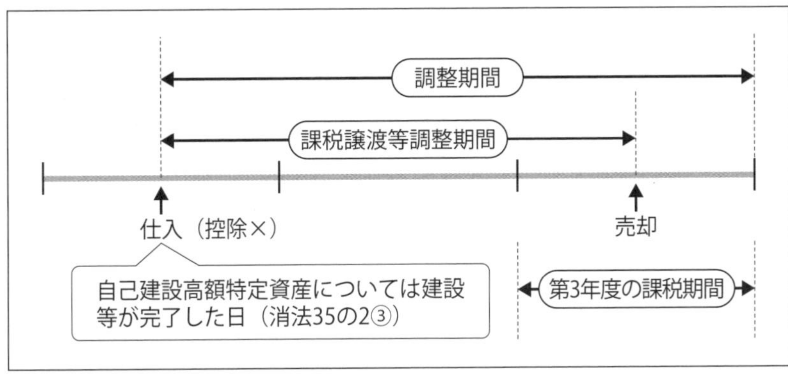

計算例1　物件を調整期間の末日まで保有している場合

x1年度中に110,000千円（税込）で賃貸物件を取得した場合のx3年度における調整税額は次のように計算する。なお、x1年度からx3年度までの家賃収入（税抜）は下記のようになっており、入居者の募集広告は「居住用・事務所…」としていることから、当該物件についてはx1年度において仕入税額控除の対象とはしていない。

（年度）	（課税される家賃収入）	（家賃収入合計）
x1年度	1,600千円	2,000千円
x2年度	3,000千円	10,000千円
x3年度	800千円	8,000千円

(1) 課税賃貸割合

$$\frac{1{,}600+3{,}000+800}{2{,}000+10{,}000+8{,}000}=27\%$$

(2) 調整税額

① 賃貸物件に課された消費税額

$$110{,}000\text{千円}\times\frac{7.8}{110}=7{,}800\text{千円}$$

② x3 年度の調整前の税額に加算する税額

7,800 千円× 27% = 2,106 千円

計算例2 物件を調整期間中に売却した場合

x1 年度中に 110,000 千円（税込）で販売用の居住用現住建造物を取得し、x3 年度において 209,000 千円（税込）で売却した場合の x3 年度における調整税額は次のように計算する。なお、物件の取得時から売却時までの家賃収入は 10,000 千円である。

(1) 課税譲渡等割合

$$209{,}000\text{ 千円}\times\frac{100}{110}=190{,}000\text{ 千円}\qquad\frac{190{,}000}{190{,}000+10{,}000}=95\%$$

(2) 調整税額

① 賃貸物件に課された消費税額

$$110{,}000\text{ 千円}\times\frac{7.8}{110}=7{,}800\text{ 千円}$$

② x3 年度の調整前の税額に加算する税額

7,800 千円× 95% = 7,410 千円

■居住用賃貸建物（例示）

用途	構造・目的	判定
事業用	店舗などの事業用施設	×
販売用	居住用として賃貸している現住建造物	○
	事業用として賃貸している現住建造物	×
	棚卸資産（所有期間中に住宅として賃貸しないことが明らかなもの）	×
賃貸用	すべてが居住用の賃貸物件	○
	1 階が事業用で 2 階が居住用の賃貸物件	○
	すべてが事業用の賃貸物件（貸店舗・貸事務所・ホテルなど）	×
	用途未定の賃貸物件	○

↓

課税仕入れを行った日の属する課税期間の末日において住宅の貸付けの用に供しないことが明らかにされたときは、居住用賃貸建物に該当しないものとすることができる（消基通 11-7-2）。

返品、値引きなどの税額調整

課税仕入れについて、返品や値引きなどがあった場合には、その返品、値引きなどに対する消費税は、課税仕入れ等の税額から控除することになります。

つまり、返品、値引分などを控除した後の純仕入高についてだけしか税額控除は認められないということです（消法32①）。

範囲

具体的には、国内において行った課税仕入れにつき、返品、値引き、割戻しがあった場合のほか、仕入割引や販売奨励金収入についても税額調整が必要となります（消基通12-1-2・4）。

仕入割引とは、買掛金を支払期日よりも前に支払ったことにより取引先から収受するもので、会計学では受取利息と同質の扱いをするようですが、消費税の世界では仕入税額控除の調整項目として扱われます。したがって、当然に非課税売上げにも該当しません。金銭による割戻金や販売奨励金収入も仕入税額控除の調整項目として扱われます。会計処理上、雑収入勘定に計上していたとしても、当然に「売上げ」とはならないので注意してください。

債務免除益については、返品や値引きとは本質的に異なるものであり、税額調整は要しないこととされています（消基通12-1-7）。

調整時期

返品、値引きなどに対する税額調整は、その返品や値引きが発生した課税期間で税額調整をすることになっています。したがって、免税事業者であったときの課税仕入れについて、課税事業者になってから返品や値引きが発生したとしても、これは仕入税額控除の適用を受けたものではないので税額調整は必要ありません（消基通12-1-8）。

◆ココが実務の落とし穴

当社では、前事業年度末に貸ビルを建築するための敷地を購入し、仲介手数料を支払いました。消費税の確定申告では、個別対応方式を採用し、仲介手数料は、ビルの家賃収入（課税）に対応するものとして、課税売上対応分に区分して全額を控除しています。

当期になってから建築確認申請をする際に、建物の建築制限や近隣住民とのトラブルなどの諸事情により建物の建築が困難となったため、やむなくこれを更地のまま転売しました。

これに伴い、前期の消費税の確定申告で、全額を仕入税額控除の対象とした仲介手数料について、非課税売上対応分に用途区分を変更した上で、修正申告書を提出する必要はありますか？

正しい処理とアドバイス●

課税仕入れの用途区分の判定については、課税仕入れを行った日の状況により行うことを原則としつつ、課税仕入れを行った日において、当該区分が明らかにされておらず、その日の属する課税期間の末日までに用途区分が明らかにされた場合には、その区分によって仕入控除税額の計算をすることが認められています。

ご質問の事例では、仲介手数料支払時の用途が貸ビルを建築するための敷地の取得に対するものなので、その後に土地の用途が変更になったとしても、当初の用途区分を変更し、修正申告をする必要はありません（参考文献：『DHC コンメンタール消費税法』3231 頁（第一法規））。

ただし、用途を変更したことにつき正当な理由がなければ、当然のことながらその処理は認められないことになります。したがって、本事例のように、納税者に有利に作用するような用途変更をした場合には、税務調査に備え、その根拠となる証明書類などを保存しておくことが必要かと思われます。

（注） 土地の購入に係る仲介手数料の用途区分については 134 ページをご参照ください。

第7章 仕入税額控除の特例と調整

棚卸資産の税額調整のやり方は？

変動率・変動差って何？

輸出とみなされる取引ってどんなもの？

公益法人の計算方法は？

期首棚卸資産の税額調整

免税期間中に仕入れた棚卸資産は仕入税額控除の対象としていませんが、これを課税事業者になってから販売すると、売上げについて消費税が課税されます。そこで、免税事業者が課税事業者となる場合には、期首の在庫についての税額控除が認められています（消法36①）。

課税仕入れ等の税額に加算する金額は、

「期首棚卸資産の取得価額 × $\frac{7.8}{110}\left(\frac{6.24}{108}\right)$」により計算します。

ただし、簡易課税を適用する場合には、税額の調整はできません。

◆新設法人の3期目に注意する

期首の資本金が1,000万円未満の新設法人が、下図のように、3期目から課税事業者となる場合には、1期目と2期目に仕入れた棚卸資産のうち、3期目の期首に在庫として保有しているものについて、税額調整ができることになります。

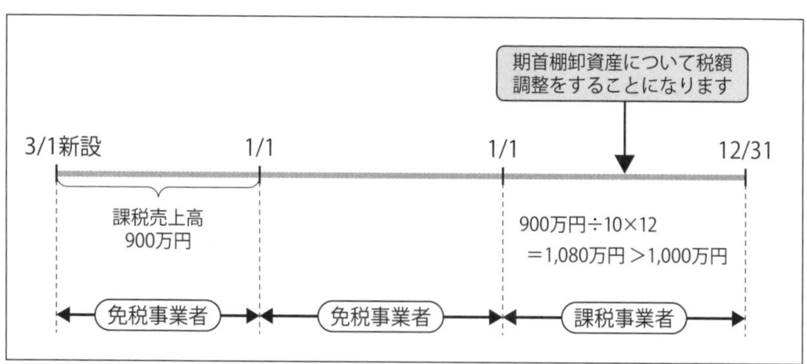

期末棚卸資産の税額調整

課税事業者が翌期から免税事業者となる場合には、期末の在庫は免税事業者となってから販売するものであり、税額控除の必要はありません。そこで、期末在庫のうち、当期中に仕入れた棚卸資産についてだけ、税額控除を制限することとしています（消法36⑤)。

課税仕入れ等の税額から控除する金額は、

「期末棚卸資産の取得価額 × $\frac{7.8}{110}$ $\left(\frac{6.24}{108}\right)$」により計算します。

◆新設法人の２期目に注意する

期首の資本金が1,000万円以上の新設法人は、基準期間のない１期目と２期目は課税事業者となります。設立３期目は設立事業年度が基準期間となるので、基準期間中の課税売上高を年換算し、これが1,000万円以下の場合には３期目は免税事業者となります（下図参照)。

したがって、２期目に仕入れた棚卸資産のうち、期末に在庫として保有しているものについて、税額控除が制限されることになります。

(注) ２期目の上半期（特定期間）の課税売上高と給与等の支払額のいずれもが1,000万円を超える場合には３期目は課税事業者となります。

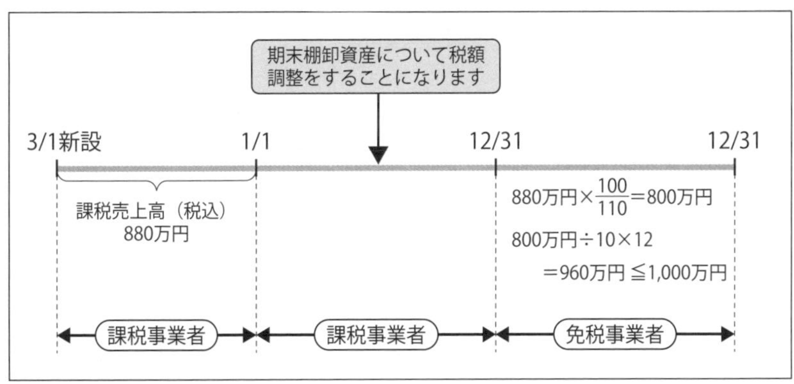

適用要件と棚卸資産の範囲・取得価額

◆適用要件（書類の保存義務）

期首棚卸資産の税額調整（146 頁）の規定の適用を受ける場合には、棚卸資産の明細を記録した書類を確定申告期限から７年間保存することが義務づけられています（消法 36 ②、消令 54 ③）。

◆棚卸資産の範囲・取得価額

棚卸資産とは、商品、製品、仕掛品、原材料、貯蔵中の消耗品などで棚卸をすべき資産をいいます（消法２①十五、消令４）。

（注）棚卸資産の取得価額には、引取運賃、荷役費などの付随費用と販売準備費用が含まれます（消令 54 ①・②）。

◆仕入れの返品、値引等と棚卸資産の税額調整の関係

免税事業者であったときの課税仕入れについて、課税事業者になってから返品や値引きが発生したとしても、税額調整は必要ありません。ただし、期首棚卸資産の税額調整をしたものについては、返品等の金額についても税額調整が必要となります（消基通 12-1-8）。

◆納税義務の免除の特例との関係

相続、吸収合併、吸収分割があったことにより、年又は事業年度の中途から相続人や合併法人、分割承継法人が課税事業者となる場合にも免税期間中の在庫棚卸資産について税額調整ができます。

また、相続人や合併法人、分割承継法人が、免税事業者のときに仕入れた棚卸資産を保有している場合には、売上げに対する消費税とのバランスをとるために、その保有する棚卸資産について、税額調整ができることになります（消法 36 ①）。

相続、吸収合併、吸収分割があった場合の納税義務の免除の特例については 68～79 ページを参照してください。

調整対象固定資産の範囲と税額調整

企業利益を計算する場合、建物、機械などの固定資産の取得価額については、耐用年数に応じ、減価償却費として毎期費用配分するわけですが、消費税の世界では、固定資産を購入した時に負担した消費税は、その取得した課税期間において、その全額が仕入税額控除の計算に取り込まれることになります。

しかし、固定資産のように長期間にわたり使用するものについてまでも、購入時の状況やその用途により税額控除を完結させてしまうことには問題があります。そこで、課税売上割合が著しく変動した場合や、固定資産の用途を変更したような場合には、その固定資産の当初の控除税額について後から調整を加えることとしたものです。

◆調整対象固定資産

対象となる資産は、建物、構築物、機械装置などで、一取引単位の税抜きの取得価額が100万円以上の固定資産（調整対象固定資産）です（消法2①十六、消令5)。したがって、国内での課税仕入れである固定資産についてはその税抜の支払対価の額により、輸入貨物の場合には課税標準である金額が100万円以上かどうかにより判定します。

なお、土地などの非課税資産や棚卸資産は、たとえ取得価額が100万円以上であったとしても調整対象固定資産とはなりません。

◆調整対象固定資産の取得価額

100万円と比較する固定資産の取得価額には、引取運賃などの付随費用は含まれません。したがって、税抜きの本体価額により調整対象固定資産の判定をすることになります（消基通12-2-2)。

一方、棚卸資産の税額調整に用いる棚卸資産の取得価額には、引取運賃などの付随費用が含まれることとされています。つまり、資産に関する税額調整であっても、棚卸資産と調整対象固定資産では取得価額に関する取扱いが異なっているということです。

課税売上割合が増加した場合

課税売上割合が著しく増加した場合には、当初の少なすぎた控除税額を取り戻すという意味で、後から控除税額を再計算することとされています。

要件

課税売上割合が増加した場合の調整計算は、調整対象固定資産の控除税額を**一括比例配分方式、あるいは個別対応方式で共通対応分に区分して計算した場合に限り行う**ものです。したがって、個別対応方式で課税（非課税）売上対応分に区分して計算した場合には適用されません。課税売上割合が税額計算に関係していないわけですから、課税売上割合が変動したとしても調整する必要がないわけです。

また、固定資産を長期にわたり保有するために税額調整が必要になるわけですから、売却などにより**3期目（第三年度の課税期間）の末日に保有していない**場合には、調整計算は必要ありません。

課税売上割合が著しく増加した場合とは、**変動率が50%以上であり、かつ、変動差が5%以上**の場合とされています。変動率、変動差の計算など、具体的な計算手順については次の計算例で確認してください（消法33、消令53）。

計算例

次の設例により、X1年度中に1,100万円（税込）の調整対象固定資産を取得したケースについて、具体的な計算方法を確認してみましょう（標準税率・1年決算法人）。

（年度）	（税抜課税売上高）	（税抜総売上高）	（課税売上割合）
X1年度	1,000万円	5,000万円	20%
X2年度	3,000万円	6,000万円	50%
X3年度	7,200万円	9,000万円	80%

(1) まず、課税売上割合が著しく変動したかどうかを判定するわけですが、これは、「変動率」が50％以上で、かつ、「変動差」が5％以上の場合に、著しい変動があったものとして取り扱うこととされています。

「仕入れ等の課税期間の課税売上割合（X）」と「通算課税売上割合（Y）」の差のことを「変動差」といい、「仕入れ等の課税期間の課税売上割合」のうちに占める「変動差」の割合のことを「変動率」といいます。

$$変動率 = \frac{Y - X}{X} \geqq 50\% \quad かつ \quad 変動差 = Y - X \geqq 5\%$$

具体的には、X1年度（仕入れ等の課税期間）の課税売上割合と、X1年度からX3年度までの売上げのトータルで計算した「通算課税売上割合」を用いて以下の手順により判定します。

① 通算課税売上割合

$$\frac{1{,}000万円 + 3{,}000万円 + 7{,}200万円}{5{,}000万円 + 6{,}000万円 + 9{,}000万円} = 56\%$$

② 著しく変動したか否かの判定

$$変動率 = \frac{0.56 - 0.2}{0.2} \geqq 50\% \qquad 変動差 = 0.56 - 0.2 \geqq 5\%$$

(2) X3年度において調整する税額は、通算課税売上割合により再計算した税額と、X1年度において実際に控除した税額との差額です。

$1{,}100万円 \times \frac{7.8}{110} = 78万円$

78万円×56％＝43万6,800円……再計算した税額

78万円×20％＝15万6,000円……実際に控除した税額

つまり、43万6,800円から15万6,000円を控除した残額の28万800円が、X3年度において追加で控除できる税額ということになるわけです。

◆第三年度の課税期間とは

通算課税売上割合とは、仕入れ等の課税期間から第三年度の課税期間までの売上高を通算して計算した割合とされています。さらに、「第三年度の課税期間」とは、「仕入れ等の課税期間の開始の日から3年を経過する日の属する課税期間」と定められているので、課税期間が1年サイクルの場合には、固定資産を取得した期の翌々期で税額調整をすることになります。ただし、新設法人が設立事業年度で調整対象固定資産を取得したような場合には、下図のように「第三年度の課税期間」が4期目となることもあるので注意が必要です。

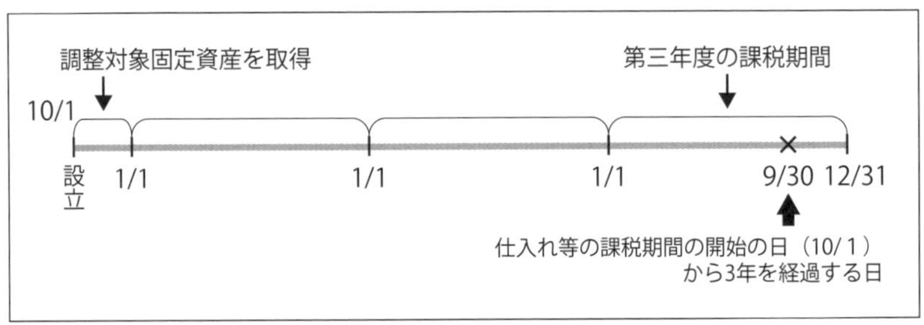

◆仕入れ等の課税期間において売上高がゼロの場合

新設法人の設立事業年度においては、開業準備行為だけで課税期間が終了し、結果として売上高がゼロの課税期間が発生することがあります。このような場合には、設立事業年度において取得した共通用の調整対象固定資産について、その後、課税売上割合の変動による税額調整の規定により消費税の取り戻しをしようとしても、変動率の分母がゼロとなるので判定ができません。

このようなケースでは、通算課税売上割合が5%以上であれば、「課税売上割合が著しく増加した場合」に該当するものとして取り扱うこととされていますので、結果、第三年度の課税期間において税額調整ができることになります（消基通12-3-2)。

課税売上割合が減少した場合

課税売上割合が著しく減少した場合には、当初の課税売上割合が95%以上であることによる全額控除の場合であっても、変動率、変動差などの要件を満たせば税額調整は必要となります。

計算例

次の設例により、X1年中に1,100万円（税込）の調整対象固定資産を取得したケースについて、具体的な計算方法を確認してみましょう（標準税率・1年決算法人）。

（年度）	（税抜課税売上高）	（税抜総売上高）	（課税売上割合）
X1年度	1,600万円	2,000万円	80%
X2年度	3,000万円	10,000万円	30%
X3年度	800万円	8,000万円	10%

① 通算課税売上割合

$$\frac{1{,}600\text{万円}+3{,}000\text{万円}+800\text{万円}}{2{,}000\text{万円}+10{,}000\text{万円}+8{,}000\text{万円}}=27\%$$

② 著しく変動したか否かの判定

$$\text{変動率}=\frac{0.8-0.27}{0.8}\geqq 50\% \qquad \text{変動差}=0.8-0.27\geqq 5\%$$

X3年度において調整する税額は、通算課税売上割合により再計算した税額と、X1年度において実際に控除した税額との差額です。

$1{,}100\text{万円}\times\frac{7.8}{110}=78\text{万円}$　$78\text{万円}\times 27\%=21\text{万}600\text{円}$…再計算した税額

$78\text{万円}\times 80\%=62\text{万}4{,}000\text{円}$…実際に控除した税額

つまり、62万4,000円から21万600円を控除した残額の41万3,400円が、X3年度の調整前の仕入れに係る消費税額からカットされる税額ということになるわけです。

7 仕入税額控除の特例と調整

転用した場合

課税業務用の調整対象固定資産を取得し、個別対応方式により控除税額の計算をすれば、その固定資産に課された消費税は全額が控除できることになります。ところが、この固定資産をその後に非課税業務用に転用したとしたらどうでしょうか？

当初から非課税業務用としていれば、まったく税額控除はできなかったわけですから、固定資産について、購入時の用途だけで税額控除を完結させることには問題があるわけです。

そこで、調整対象固定資産を取得の日から３年以内に転用した場合には、次のような調整計算をすることとしています（消法34①・35）。

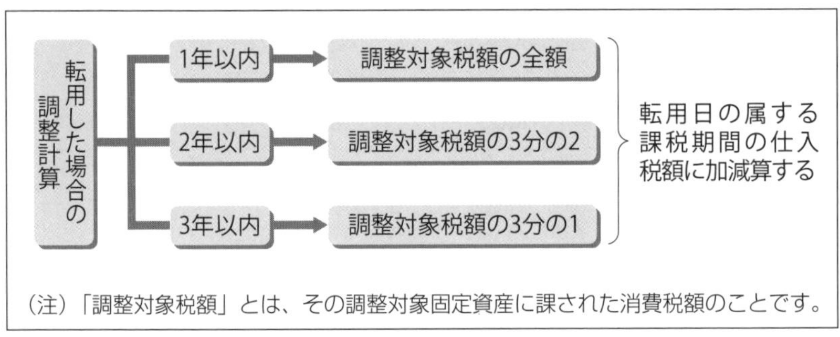

（注）「調整対象税額」とは、その調整対象固定資産に課された消費税額のことです。

調整計算の要件

転用による調整計算は、**個別対応方式**により仕入税額を計算した場合に限り行うものですが、たとえ個別対応方式を適用した場合であっても、**共通用に区分したものを転用した場合や共通用に転用したような場合には適用されません**（消基通12-4-1・12-5-1）。

調整対象固定資産を取得した期において、課税売上割合が95％以上の場合や一括比例配分方式を適用した場合についても、もちろん適用除外です。なお、３年を超えてからの転用も調整は不要です。

非課税資産の輸出取引等

非課税売上対応分の課税仕入れ等については、原則として税額控除はできないため、身体障害者用物品や教科用図書などの非課税資産を輸出した場合には、その製造や販売に要した課税仕入れ等については税額控除ができないこととなってしまい、課税資産を輸出した場合と比較し、負担する税額が増加してしまいます。

そこで、非課税資産を輸出するような場合には、輸出取引等に該当することが証明されたときに限り、その取引を課税資産の輸出取引等とみなすこととしたものです（消法31①）。

適用対象取引

この取扱いは、身体障害者用物品などの非課税資産を輸出した場合だけでなく、非居住者に対する貸付金利息や外国国債の利子などの金融取引も対象になります（消令17③）。

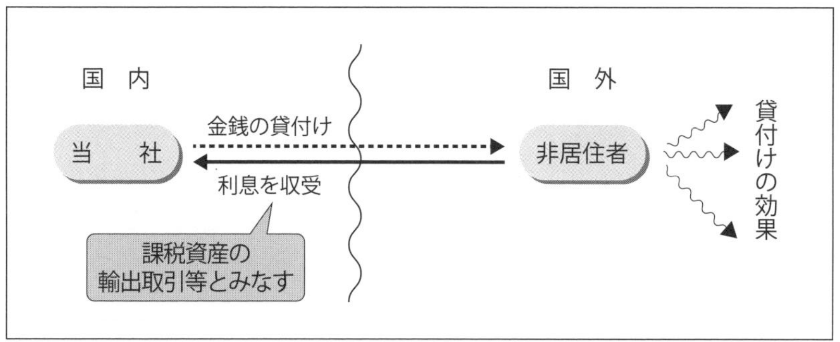

計算方法

個別対応方式を適用する場合には、非課税資産の輸出額に対応する課税仕入れ等は、課税売上対応分に区分することができます。また、課税売上割合の計算にあたっては、非課税資産の輸出額を、分母と分子にカウントします（消令51②）。

国外移送

海外支店等への資産の移送については、輸出免税取引とのバランスをとるために、輸出証明がされたときに限り、その取引を課税資産の輸出取引等とみなすこととしています（消法31②）。

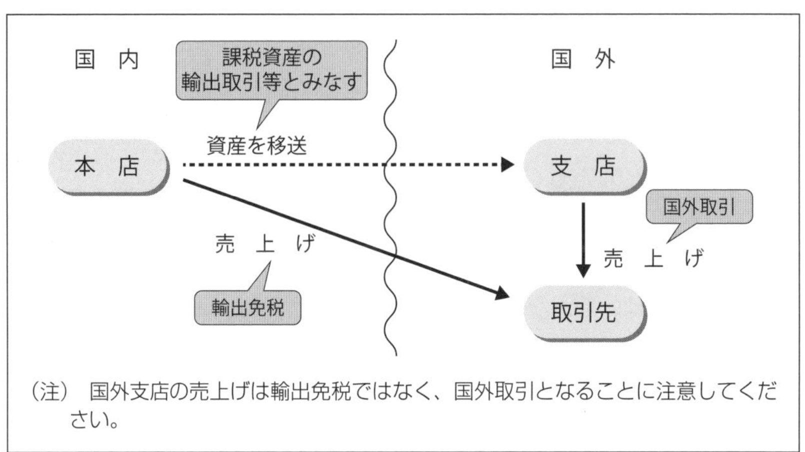

（注）国外支店の売上げは輸出免税ではなく、国外取引となることに注意してください。

適用対象取引

海外支店での販売用商品や、海外支店で使用するための事務機器などを移送する場合にこの規定が適用されます（消基通11-7-1）。

計算方法

個別対応方式を適用する場合の課税仕入れ等の用途区分について、国外へ移送した資産に対応する課税仕入れ等を、課税売上対応分に区分するとともに、課税売上割合の計算にあたっては、移送した資産のFOB価格を、分母と分子にカウントします（消令51③・④）。

（注）FOB価格とは、輸出許可証などに記載する貿易条件価格のことで、正式名称を「本船甲板渡し価格」といいます。

公益法人等の特例計算とは

公益法人のように補助金収入などを多く受け取る企業は、収入に対して消費税が課されないばかりか、補助金などを元手に行った課税仕入れについては税額控除ができることとなり、民間企業と比較してみても、明らかに不公平であることがわかります。

そこで、**消費税法別表第三に掲げる公益法人など、特定の企業**については、次の**「特定収入割合」が5%を超える場合**には、特定収入に対応する課税仕入れ等の税額について、税額控除を制限することとしています（消法60④、消令75)。

$$特定収入割合 = \frac{特定収入}{資産の譲渡対価(税抜) + 特定収入}$$

分母の「資産の譲渡対価」の金額は、「収入」をベースに計算するものです。したがって、有価証券の譲渡などについては5%を乗ずるのではなく、売却金額の総額を計上することになるので注意が必要です。

特定収入

補助金や寄付金などの**資産の譲渡等の対価以外の収入で、その収入により課税仕入れ等を行うことができるような収入**を「特定収入」といいます。したがって、特定収入割合を計算するためには、今まで消費税計算とは無関係であった補助金や寄付金などの対価性のない収入を、特定収入と特定収入以外の収入に区分する必要があるわけです。

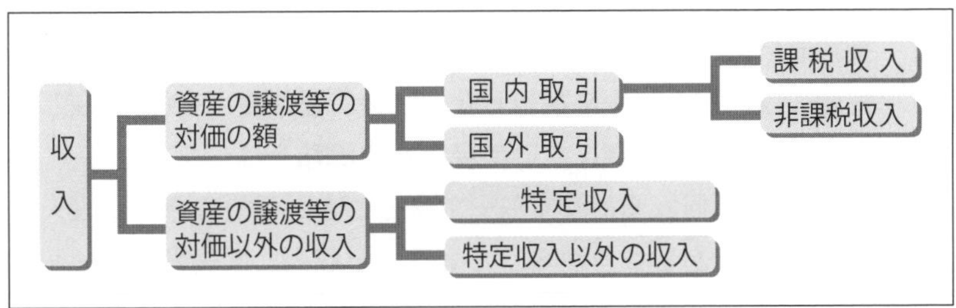

特定収入の範囲

(1)　補助金、交付金、資産の譲渡等の対価に該当しない負担金

ただし、補助金などであっても、人件費の補助として交付されるようなものは、課税仕入れ等が発生しないことから特定収入には該当しません。また、借入金などの返済に充てることが指示されている補助金などは、その借入金収入（特定の借入金）が特定収入に該当することになるため、その返済に充てるための補助金収入は特定収入とはなりません。

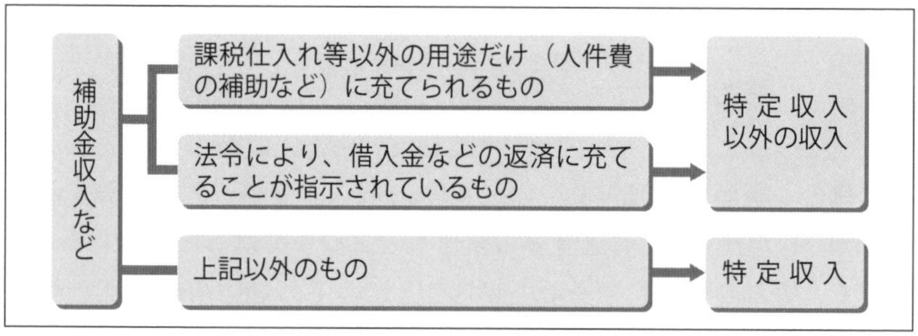

(2)　借入金収入、社債の発行などによる収入

一般の借入金、あるいは、法令などの定めにより、人件費などの課税仕入れ等以外の用途だけに充てられる特定の借入金は、特定収入とはなりません。

(3)　寄付金

(4)　受取配当金

(5)　保険金

(6)　損害賠償金

(7)　資産の譲渡等の対価に該当しない会費、喜捨金、その他の収入

(8)　借入金等に係る債務について受けた免除額

なお、貸付金の回収額は資本取引であること、租税の還付金収入は租税公課の戻りであることから、ともに特定収入には該当しません。

公益法人等の調整税額の計算

調整税額は、特定収入の内容を、課税仕入れ等にのみ充てる旨の定めがあるもの（使途特定収入）と、そうでないもの（使途不特定収入）に区分したうえで計算することになります。

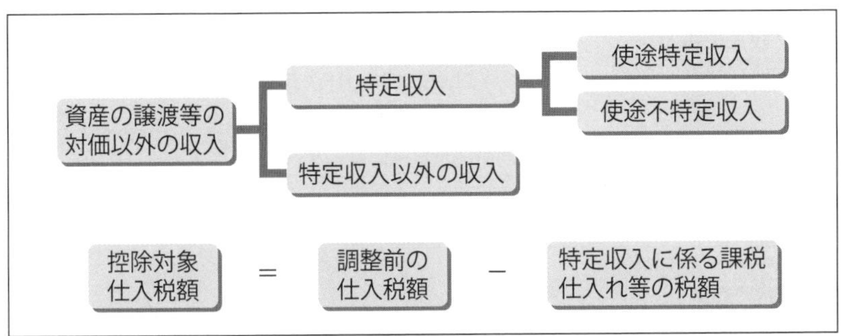

なお、簡易課税制度の適用を受ける場合には、特定収入の拾い出しや面倒な税額計算は必要ありません。

◆使途特定収入

建物や機械などの課税資産を購入することを条件として交付される補助金などが使途特定収入となります。使途特定収入は、まさに課税仕入れ等の税額とひも付きになっていることから、「使途特定収入× $\frac{7.8}{110}$ $\left(\frac{6.24}{108}\right)$」が「特定収入に係る課税仕入れ等の税額」となります。

◆使途不特定収入

受取配当金などのようにその使途が定められていないものはすべて使途不特定収入に該当します。使途不特定収入により賄った税額については、調整前の仕入税額から使途特定収入により賄った税額を控除した残額に下記の「調整割合」を乗じて計算します。

$$\text{調整割合} = \frac{\text{使途不特定収入}}{\text{資産の譲渡対価（税抜）} + \text{使途不特定収入}}$$

課税売上割合が 95%以上の場合

課税売上高が5億円以下で、かつ、課税売上割合が95%以上の場合の「特定収入に係る課税仕入れ等の税額」は次の算式により計算します（消令75④一）。

特定収入に係る課税仕入れ等の税額 ＝①＋②

①使途特定収入 × $\frac{7.8}{110}$ $\left(\frac{6.24}{108}\right)$

②（調整前の仕入税額－①）× 調整割合

（注）「特定収入割合」と「調整割合」の算式は非常に似ていますが、「特定収入割合」の算式は特定収入の合計額を分母と分子に算入するのに対し、「調整割合」の算式は、使途不特定収入だけを分母と分子に算入することに注意してください。

計算例

次の設例により、控除対象仕入税額の計算方法を確認してみましょう（標準税率・単位：省略）。

●収入	課税収入（税抜）	10,000
	非課税収入	200
	使途特定収入	2,200
	使途不特定収入	1,000
●課税仕入高（税込）		5,500

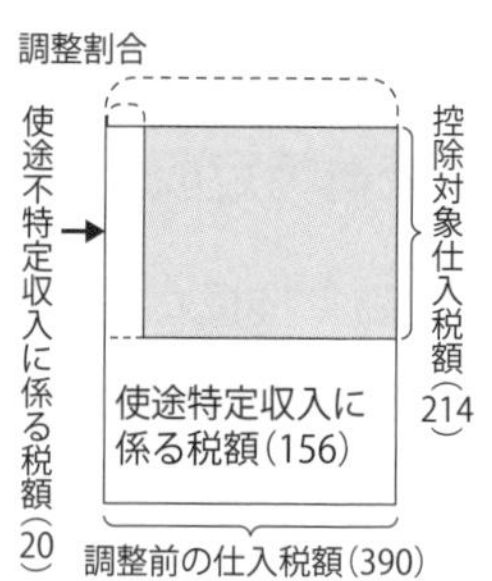

(1)　課税売上割合

$\frac{10,000}{10,000+200}$ ≒98.0%≧95%

(2)　課税仕入れ等の税額

$5,500\times\frac{7.8}{110}=390$

(3)　特定収入割合

$\frac{2,200+1,000}{(10,000+200)+(2,200+1,000)}$ ≒23.8%＞5%

(4)　特定収入に係る課税仕入れ等の税額

①　$2,200\times\frac{7.8}{110}=156$

②　$(390-156)\times\frac{1,000}{(10,000+200)+1,000}$ ≒20

③　①＋②＝176

(5)　仕入れに係る消費税額

(2)－(4)＝214

課税売上割合が 95%未満の場合

個別対応方式を適用する場合には、使途特定収入について、その使途の内容によりさらに細分したところで税額計算を行うこととされています。

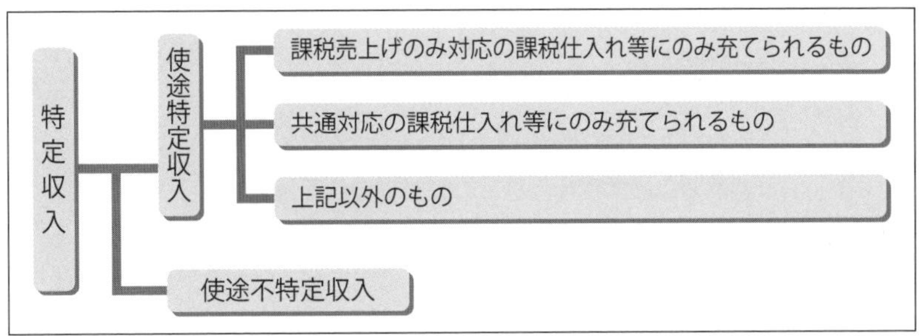

特定収入に係る課税仕入れ等の税額（標準税率）は次の算式により計算します（消令 75 ④二・三）。

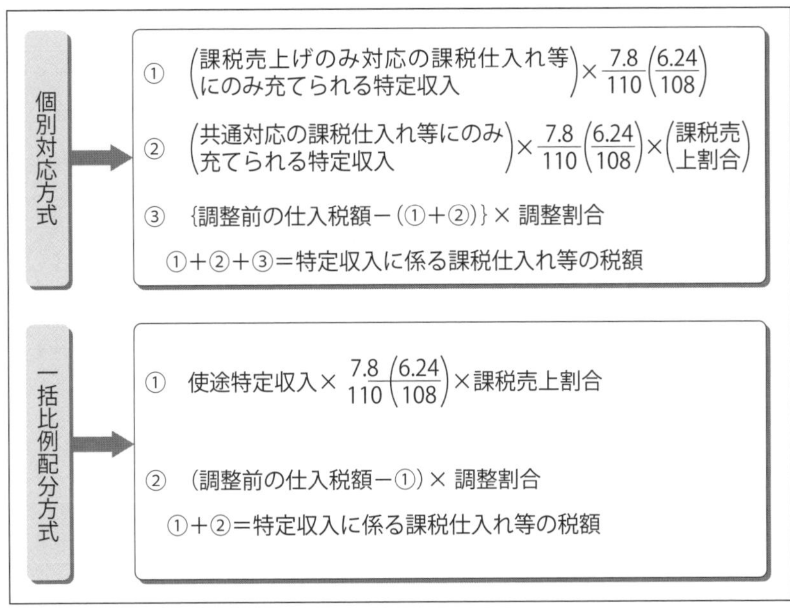

計算例

次の設例により、控除対象仕入税額の計算方法を確認してみましょう（標準税率・単位：省略）。

●収入

①	課税収入（税抜）	10,000
②	非課税収入	9,300
③	特定収入	(8,530)
	課税収入に係る課税仕入れにのみ充てられる特定収入	1,100
	共通対応の課税仕入れにのみ充てられる特定収入	880
	上記以外の使途特定収入	550
	使途不特定収入	6,000
④	特定収入以外の収入	500

●課税仕入高（税込） (5,940)

①	課税収入のみ対応分	2,200
②	共通対応分	3,300
③	非課税収入のみ対応分	440

(1) 課税売上割合

$$\frac{10,000}{10,000+9,300}=\frac{10,000}{19,300}\fallingdotseq 51.8\%<95\%$$

(2) 個別対応方式による仕入税額

① 調整前の仕入税額

$$2,200\times\frac{7.8}{110}+3,300\times\frac{7.8}{110}\times\frac{10,000}{19,300}\fallingdotseq 277$$

② 特定収入割合

$$\frac{8,530}{19,300+8,530}\fallingdotseq 30.6\%>5\%$$

③ 特定収入に係る課税仕入れ等の税額

(イ) $1,100\times\frac{7.8}{110}=78$

(ロ) $880\times\frac{7.8}{110}\times\frac{10,000}{19,300}\fallingdotseq 32$

(ハ) $\{①-((イ)+(ロ))\}\times\frac{6,000}{19,300+6,000}\fallingdotseq 39$

(ニ) (イ)+(ロ)+(ハ)=149

④　調整後の仕入税額

①−③＝128

(3)　一括比例配分方式による仕入税額

①　調整前の仕入税額

$$5{,}940\times\frac{7.8}{110}\times\frac{10{,}000}{19{,}300}\fallingdotseq 218$$

②　特定収入に係る課税仕入れ等の税額

(イ)　$(1{,}100+880+550)\times\frac{7.8}{110}\times\frac{10{,}000}{19{,}300}\fallingdotseq 92$

(ロ)　$((①-(イ))\times\frac{6{,}000}{19{,}300+6{,}000}\fallingdotseq 29$

(ハ)　(イ)＋(ロ)＝121

③　調整後の仕入税額

①−②＝97

(4)　仕入れに係る消費税額

(2)＞(3)　　∴ 128

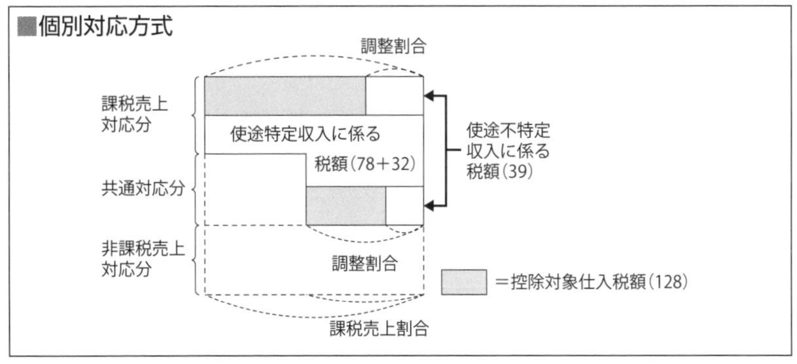

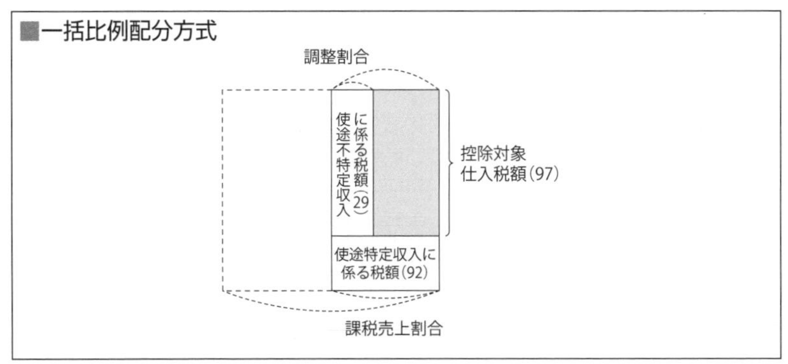

収益事業と非収益事業の関係

公益法人等が行う本来の事業（非収益事業）については、法人税は非課税とされています。したがって、たとえば宗教法人が信者から収受するお布施収入については法人税は課税されません。

しかし、公益法人等であっても物品の販売や不動産賃貸などの法人税法で定める「収益事業」を営む場合には、民間企業と同じようにその収益事業から生じた所得については法人税が課税されます。そこで、公益法人等は、収益事業と非収益事業に関する経理を区分することが義務づけられています。

消費税の世界では、納税義務の判定や税額計算はあくまでも事業者単位で行うこととされています。したがって、公益法人等が収益事業と非収益事業を区分経理していたとしても、これらの事業から生ずる売上げや仕入れをすべて合算したところで納税義務の判定や税額計算をする必要があることに注意してください。

法人税法と消費税法はまったく別物であり、法人税の課税範囲と消費税の課税範囲は完全に切り離して理解する必要があるということです。

具体例

宗教法人が次のような事業を営んでいる場合に、課税売上割合と特定収入割合は次のように計算します。

収入科目	収益事業	非収益事業
地代収入（非課税）	1,000	—
駐車場の賃貸収入（課税）	6,000	—
受取利息（非課税）	400	600
お布施収入（特定収入）	—	12,000

$$\frac{6{,}000}{6{,}000+(1{,}000+400+600)}=75\%\cdots\text{課税売上割合}$$

$$\frac{12{,}000}{6{,}000+(1{,}000+400+600)+12{,}000}=60\%\cdots\text{特定収入割合}$$

簡易課税制度

簡易課税制度の適用要件って何？

簡易課税制度の計算方法は？

事業区分はどのように判断する？

簡易課税制度の適用要件と計算方法

簡易課税制度とは、実際の課税仕入れ等の税額を無視して、課税売上高から仕入控除税額を計算する方法です。

適用要件

簡易課税を適用することができるのは、次の①と②のいずれの要件も満たす事業者です（消法 37 ①）。

① **簡易課税により計算しようとする課税期間の基準期間における課税売上高が 5,000 万円以下であること**

② **「簡易課税制度選択届出書」を所轄税務署長に提出すること**

基本的な計算方法

事業者が１種類のみの事業を営む場合の控除対象仕入税額は、次の算式により求めた「控除対象仕入税額計算の基礎となる消費税額」に、下図の「事業区分」に掲げるそれぞれの仕入率を乗じて計算します（消法 37 ①、消令 57 ①、消基通 13-1-6）。

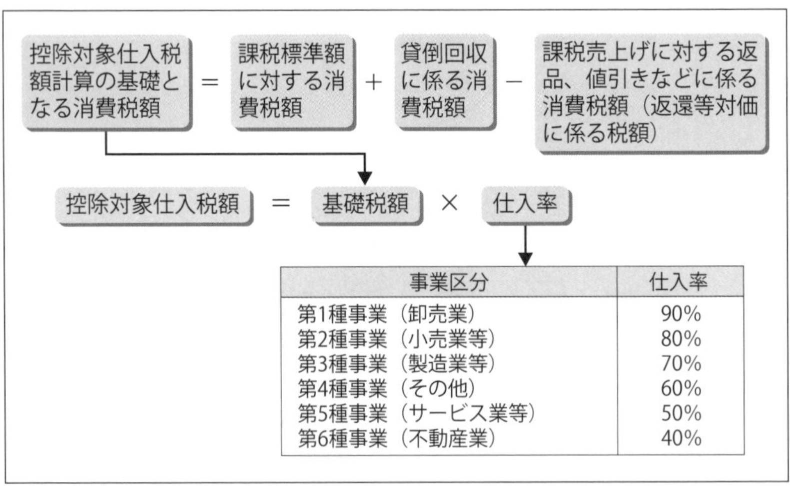

事業区分	仕入率
第1種事業（卸売業）	90%
第2種事業（小売業等）	80%
第3種事業（製造業等）	70%
第4種事業（その他）	60%
第5種事業（サービス業等）	50%
第6種事業（不動産業）	40%

控除対象仕入税額の計算

2種類以上の売上げがある場合には、原則として、業種別の税額にそれぞれの仕入率を適用して計算した税額を、業種別の税額の合計で除した割合（平均みなし仕入率）を用いて計算します（消令57②）。

ただし、1種類の事業の売上高の合計が全体の75%以上を占める場合には、その特定1事業の仕入率によることが認められています（消令57③一）。また、2種類の事業の売上高の合計が全体の75%以上を占める場合には、事業の種類がその特定2事業だけと考えて、計算することも認められています（消令57③二）。

仕入控除税額の計算は、下記のうち、最も有利な方法（控除税額の最も多くなる方法）によることになります。

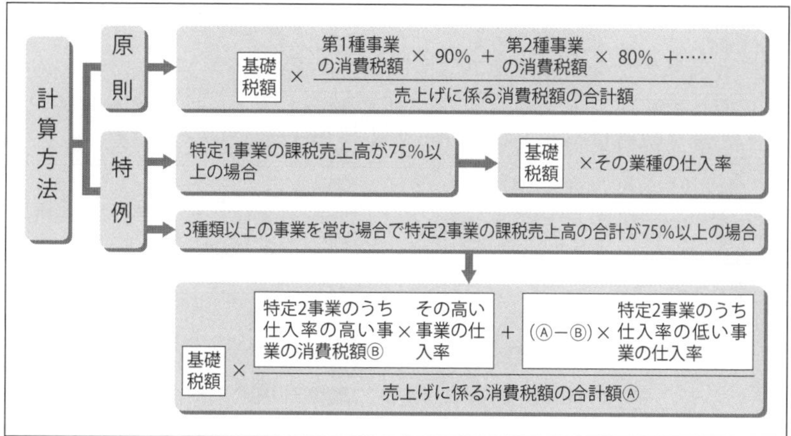

●計算上の留意点

- 「○○事業の消費税額」は、返品等に係る税額（返還等対価に係る税額）を控除した純売上高に対する税額です。
- 75%以上かどうかの判定をする場合には、非課税売上高や輸出免税売上高は含みません。なお、売上高は返品、値引き、割戻しなどの金額（売上げに係る対価の返還等の金額）をマイナスした後の税抜きの純課税売上高です。

計算例 1

下記の設例により、原則計算と特例計算について具体的に確認してみましょう（標準税率・単位：省略）。

（種類）	（税込売上）	（消費税）	（地方消費税）	（税抜売上）	（売上割合）
第 1 種事業	22,000	1,560	440	20,000	20%
第 2 種事業	88,000	6,240	1,760	80,000	80%
	110,000	7,800	2,200	100,000	

① 課税標準額に対する消費税額の計算

$$110{,}000 \times \frac{100}{110} = 100{,}000 \qquad 100{,}000 \times 7.8\% = 7{,}800$$

② 原則計算による控除対象仕入税額の計算

$$7{,}800 \times \frac{1{,}560 \times 90\% + 6{,}240 \times 80\%}{7{,}800} = 6{,}396$$

③ 第 2 種事業の仕入率による特例計算

第 2 種事業の売上割合が 75%以上（80%）であることから、第 2 種事業の仕入率（80%）を適用することができます。

$7{,}800 \times 80\% = 6{,}240$

④ 控除対象仕入税額

②>③　　∴ 6,396

簡易課税制度は、計算の簡便化を目的として設けられたものです。しかし、売上げが複数ある場合には、原則計算による按分が必要となり、いたずらに計算を複雑にしてしまうことが危惧されます。そこで、特定 1 事業の売上高が全体の 75%以上を占めているような場合には、残りの売上高はすべて特定 1 事業の仕入率により計算することを認めたものです。

また、卸売と小売を兼業しているような事業者は主たる売上げが 2 種類あることもあるので、このような事業者に配慮して、特定 2 事業の売上高合計で 75%以上となる場合にも特例計算の適用を認めたということです。

計算例2

下記の設例により、特定２事業の仕入率による特例計算について具体的に確認してみましょう（標準税率・単位：省略）。

（種類）	（税込売上）	（消費税）	（地方消費税）	（税抜売上）	（売上割合）
第１種事業	33,000	2,340	660	30,000	30%
第２種事業	66,000	4,680	1,320	60,000	60%
第４種事業	11,000	780	220	10,000	10%
	110,000	7,800	2,200	100,000	

① 課税標準額に対する消費税額の計算

$$110{,}000 \times \frac{100}{110} = 100{,}000 \qquad 100{,}000 \times 7.8\% = 7{,}800$$

② 原則計算による控除対象仕入税額の計算

$$7{,}800 \times \frac{2{,}340 \times 90\% + 4{,}680 \times 80\% + 780 \times 60\%}{7{,}800} = 6{,}318$$

③ 第１種事業と第２種事業の仕入率による特例計算

$$7{,}800 \times \frac{2{,}340 \times 90\% + (7{,}800 - 2{,}340) \times 80\%}{7{,}800} = 6{,}474$$

④ 控除対象仕入税額

②＜③　　∴ 6,474

■特例計算の考え方

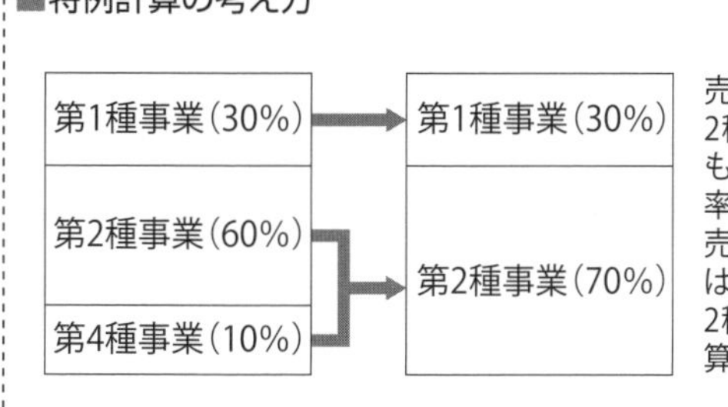

売上高の内訳を第1種事業と第2種事業だけで構成されているものと考えて、このうち、仕入率の高い事業（第1種事業）の売上高は区分し、残りの売上高はすべて仕入率の低い事業（第2種事業）であるものとして計算するということです。

8 簡易課税制度

計算例３

下記の設例のように、特定２事業の仕入率による特例計算は、特定１事業の売上高が75％以上であっても適用可能となります（単位省略）。

（種類）	（税込売上）	（消費税）	（地方消費税）	（税抜売上）	（売上割合）
第１種事業	11,000	780	220	10,000	10%
第２種事業	88,000	6,240	1,760	80,000	80%
第４種事業	11,000	780	220	10,000	10%
	110,000	7,800	2,200	100,000	

① 課税標準額に対する消費税額の計算

$$110{,}000 \times \frac{100}{110} = 100{,}000 \qquad 100{,}000 \times 7.8\% = 7{,}800$$

② 原則計算による控除対象仕入税額の計算

$$7{,}800 \times \frac{780 \times 90\% + 6{,}240 \times 80\% + 780 \times 60\%}{7{,}800} = 6{,}162$$

③ 第２種事業の仕入率による特例計算

$7{,}800 \times 80\% = 6{,}240$

④ 第１種事業と第２種事業の仕入率による特例計算

$$7{,}800 \times \frac{780 \times 90\% + (7{,}800 - 780) \times 80\%}{7{,}800} = 6{,}318$$

⑤ 第２種事業と第４種事業の仕入率による特例計算

$$7{,}800 \times \frac{6{,}240 \times 80\% + (7{,}800 - 6{,}240) \times 60\%}{7{,}800} = 5{,}928$$

⑥ 控除対象仕入税額

②～⑤のうち最も多い金額　　∴ 6,318

実務上、控除対象仕入税額の計算は「第４-⑿号様式　付表５-３　控除対象仕入税額等の計算表」の雛型に沿って計算します。

簡易課税制度選択届出書

簡易課税制度選択届出書

「簡易課税制度選択届出書」は、適用を受けようとする課税期間が始まる前までに提出しなければなりません（消法37①）。

ただし、次の①～③のケースについては、それぞれの課税期間中に届出書を提出すれば、その課税期間から簡易課税によることができます（消令56①）。

① 新規に開業（設立）をした日の属する課税期間

② 相続があった場合の納税義務の免除の特例規定により、年の中途から新たに課税事業者となった個人事業者が、簡易課税を選択していた被相続人の事業を承継した場合の相続があった日の属する課税期間

③ 合併や吸収分割があった場合の納税義務の免除の特例規定により、事業年度の中途から新たに課税事業者となった合併法人や分割承継法人が、簡易課税を選択していた被合併法人や分割法人の事業を承継した場合の合併や吸収分割があった日の属する課税期間

（注） もともと課税事業者であった個人事業者や法人は、相続、合併、吸収分割により簡易課税制度の適用を受けていた被相続人や被合併法人、分割法人の事業を承継したとしても、その事業承継をした年又は事業年度中に届出書を提出して簡易課税制度の適用を受けることはできません（消基通13-1-3の2～13-1-3の4ただし書）。

2期目からの簡易課税の選択

資本金が1,000万円以上の新設法人や設立事業年度から課税事業者を選択した法人などの届出書の効力発生時期については、提出日の属する課税期間か翌課税期間かのいずれかを任意に選択することができます（消基通13-1-5）。

簡易課税制度選択不適用届出書

簡易課税制度選択不適用届出書

簡易課税の最大のデメリットは、還付を受けることができないということです。したがって、簡易課税を選択している事業者が、設備投資などの予定があるため本則課税により還付を受けようとする場合には、「簡易課税制度選択不適用届出書」を所轄税務署長に提出する必要があるわけです（消法 37 ⑤）。「簡易課税制度選択不適用届出書」を提出した場合には、その提出日の属する課税期間の翌課税期間からその効力は失われ、原則課税となります（消法 37 ⑦）。

納税義務の免除と届出書の関係

簡易課税を適用している事業者が、基準期間の課税売上高が 1,000 万円以下となったため、消費税の納税義務が免除されたとします。その後、基準期間の課税売上高が 1,000 万円を超えたため、再び課税事業者となった場合の仕入れに係る消費税額の計算は、「簡易課税制度選択不適用届出書」を提出していない限りは簡易課税によることになります（消基通 13-1-3）。

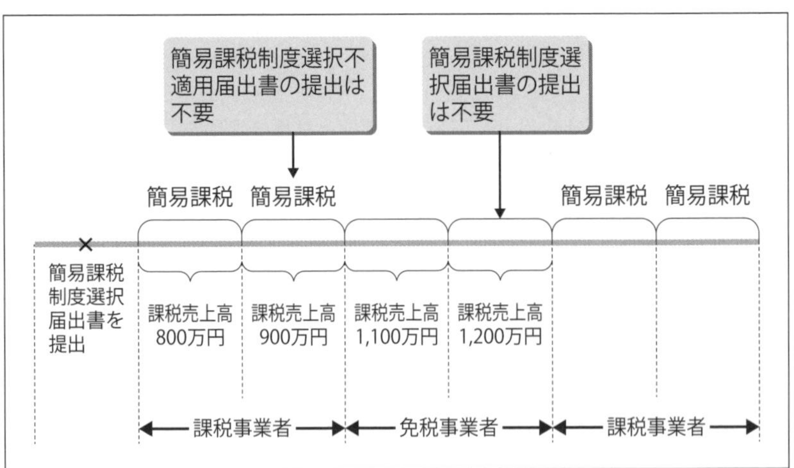

適用上限額と届出書の関係

基準期間における課税売上高が5,000万円を超える場合には、簡易課税により計算することはできません。

「簡易課税制度選択不適用届出書」は、簡易課税を適用している事業者が自らの意思でこれを取り止める場合に提出するもので、基準期間の課税売上高が5,000万円を超えたことにより、いわば強制的に本則課税によるような場合についてまで提出するものではありません。

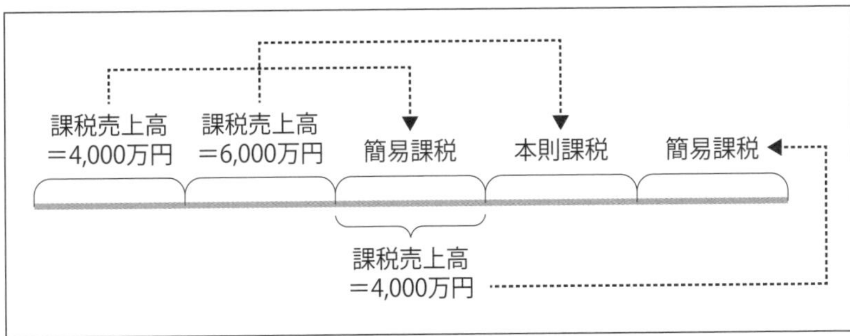

簡易課税を選択した場合の拘束期間

「簡易課税制度選択不適用届出書」は、新たに簡易課税を採用した課税期間の初日から2年を経過する日の属する課税期間の初日以降でなければ提出することができません（消法37⑥）。

ただし、廃業の場合には届出時期についての制限はありません。

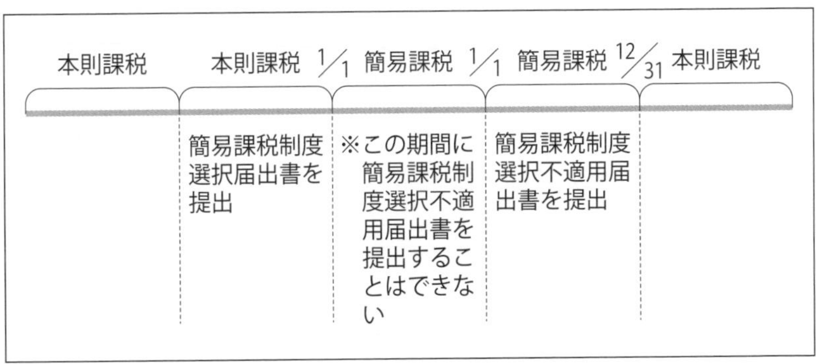

◆「簡易課税制度選択届出書」の提出制限がされるケース

下記①～③の期間中に調整対象固定資産を取得した場合には、その取得の日の属する課税期間の初日から3年を経過する日の属する課税期間の初日の前日までの期間は、「簡易課税制度選択届出書」を提出することができません（消法37③一・二)。

① 「課税事業者選択届出書」を提出して課税事業者となった事業者の強制適用期間中

② 資本金1,000万円以上の新設法人の基準期間がない事業年度中

③ 特定新規設立法人の基準期間がない事業年度中

また、本則課税の適用期間中に高額特定資産を取得した場合には、その取得の日の属する課税期間の初日から3年を経過する日の属する課税期間の初日の前日までの期間は、「簡易課税制度選択届出書」を提出することができません（消法37③三)。

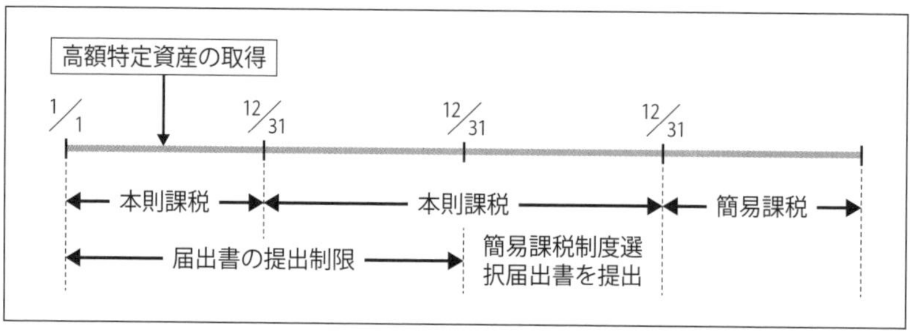

そこで、これらの規定が適用される期間中に調整対象固定資産（高額特定資産）を取得した場合には、その取得日の属する課税期間の初日から、3年を経過する日の属する課税期間の初日の前日までの間は「簡易課税制度選択届出書」の提出を禁止しています（消法37③)。

もし、「簡易課税制度選択届出書」の提出後に調整対象固定資産（高額特定資産）を取得した場合には、その「簡易課税制度選択届出書」の提出はなかったものとみなされます（消法37④)。

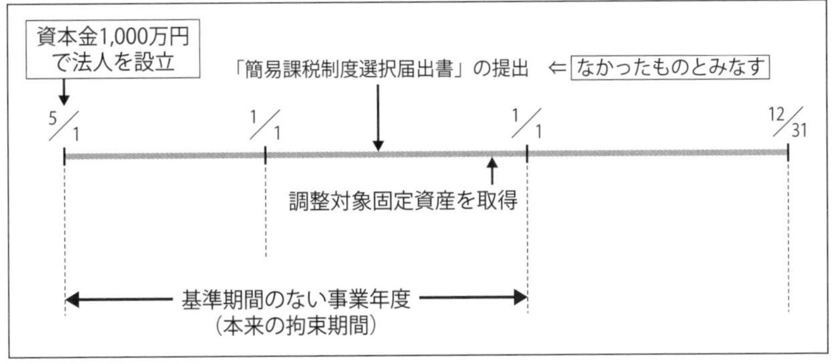

なお、新設法人が設立事業年度中に「簡易課税制度選択届出書」を提出し、設立事業年度から簡易課税制度の適用を受ける場合には、届出書の提出後に調整対象固定資産を取得しても、「簡易課税制度選択届出書」の効力は当然に有効となります（消法37③ただし書、消令56②）。

◆3年縛りにならないケース

「簡易課税制度選択届出書」を提出した場合であっても、基準期間における課税売上高が5,000万円を超える場合には、簡易課税により計算することはできません。したがって、事前に「簡易課税制度選択届出書」を提出している事業者の基準期間における課税売上高が5,000万円を超えたことにより本則課税が適用され、たまたまこの課税期間中に高額特定資産を取得したようなケースでは、簡易課税制度の適用制限はされないこととなります。

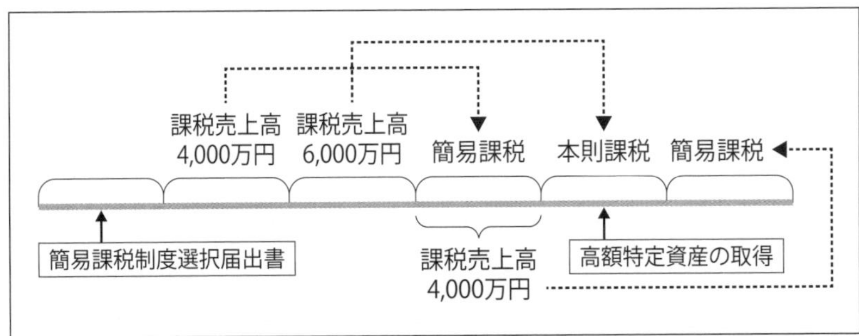

8
簡易課税制度

本則課税に切り替えた場合の拘束期間

継続して簡易課税を適用してきた事業者が本則課税に変更して還付を受け、翌期からまた簡易課税を適用することは可能です。ただし、高額特定資産を取得した場合には、いわゆる「3年縛り」となります。

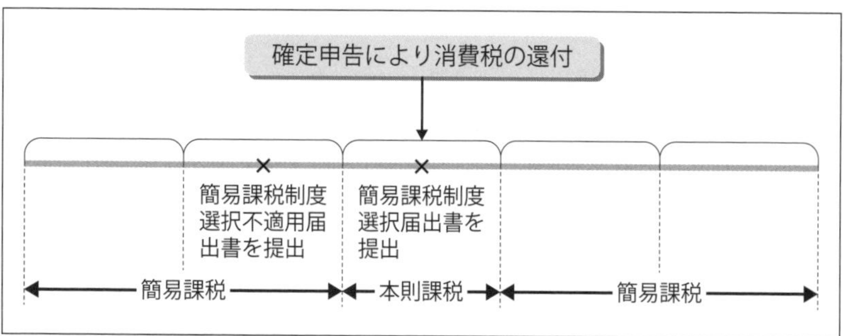

新設法人の拘束期間

資本金が1,000万円以上の新設法人又は特定新規設立法人は、設立事業年度から課税事業者として納税義務があるわけですが、設立事業年度が1年未満の新設法人が、設立事業年度から簡易課税を選択した場合には、3期目以降でなければ「簡易課税制度選択不適用届出書」を提出することができません。つまり、4期目以降でなければ本則課税に変更することはできないということです。

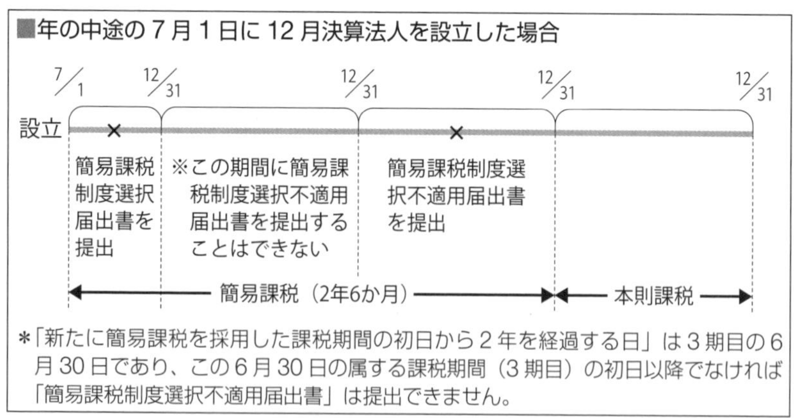

特例承認申請制度

◆簡易課税制度選択（不適用）届出に係る特例承認申請書

「簡易課税制度選択届出書」あるいは「簡易課税制度選択不適用届出書」を提出期限までに提出できなかった場合において、次のような事情がある場合には、承認申請をすることにより、これらの届出書を提出期限内に提出したものとして取り扱うこととしています（消法37⑦、消令57の2、消基通13-1-5の2)。

①　災害により、届出書の提出ができない状態になった場合

②　その課税期間の末日前おおむね1か月以内に相続があった場合で、相続人が新たに簡易課税を選択することのできる個人事業者になった場合

③　税務署長が認める①～②に準ずる事情がある場合

承認申請をする場合には、災害などの場合には災害等がやんだ後2か月以内に、相続の場合には翌年2月末日までに、「簡易課税制度選択届出書」あるいは「簡易課税制度選択不適用届出書」とともに「簡易課税制度選択（不適用）届出に係る特例承認申請書」を提出する必要があります。ただ単に提出し忘れた場合などは、承認申請は認められませんので注意してください。

◆災害等による消費税簡易課税制度選択(不適用)届出に係る特例承認申請書

課税期間の中途に災害等が発生した場合には、その災害等がやんだ後2か月以内に申請書を提出することで、その災害等があった課税期間の初日にさかのぼって、簡易課税の選択あるいは取り止めができることとされています。

この場合において、課税期間の初日にさかのぼって簡易課税制度の適用を止める場合には、たとえ簡易課税制度の強制適用期間を満了していなくとも、簡易課税を取り止め、原則課税に切り替えることが可能となります（消法37の2①・⑥)。

事業区分の定義

消費税実務において、還付請求手続と並んでトラブルの多いのが簡易課税制度を適用する場合の事業区分の誤りです。事業区分にあたっては、下手な先入観念にとらわれずに、まずは法令をしっかりと確認し、その基本的な考え方を理解することが大切です。

簡易課税の事業区分は、業種により区分するのではなく、売上げごとにすることになっています。したがって、「卸売業 =90%の仕入率」ということにはなりません（消基通 13-2-1）。

第1種事業（卸売業）

他の者から購入した商品を、その**性質や形状を変更しないで他の事業者に販売する事業**をいいます（消令 57⑥）。つまり、小売店で販売するものであっても、購入者が事業者であるならば、その売上げは第1種事業に該当することになるわけです。

第2種事業（小売業等）

他の者から購入した商品を、その**性質や形状を変更しないで販売する事業で第1種事業以外のもの**をいいます（消令 57⑥）。つまり、問屋で販売するものであっても、購入者が消費者であるならば、その売上げは第2種事業に該当することになるわけです。

ただし、食用の農林水産物については、第3種事業ではなく第2種事業に区分することとされています（消令 57⑤二、平成 30 年消令附則 11 の 2）。

第3種事業（製造業等）

「第1種事業及び第2種事業以外の事業のうち、**農業、林業、漁業、鉱業、建設業、製造業、電気業、ガス業、熱供給業及び水道業**をいう」と定義されており、これらの範囲は、おおむね日本標準産業分類（総務省）の大分類に掲げる分類を基礎に判定することとされています。

ただし、加工賃を対価とする事業は第3種事業から除かれ、第5種事業・第6種事業にも該当しないことから、結果的に第4種事業に区分することとなります（消令57⑤三、消基通13-2-4）。

◆第5種事業（サービス業等）

第1種事業～第3種事業以外の事業のうち、日本標準産業分類の大分類に掲げる**情報通信業、運輸業、郵便業、金融業、保険業、物品賃貸業、学術研究、専門・技術サービス業、宿泊業、生活関連サービス業、娯楽業、教育、学習支援業、医療、福祉、複合サービス事業及びサービス業（他に分類されないもの）**をいうこととされています（消令57⑤四、消基通13-2-4）。

◆第6種事業（不動産業）

第1種事業～第3種事業及び第5種事業以外の事業のうち、日本標準産業分類の大分類に掲げる不動産業をいいます（消令57⑤五）。

◆第4種事業（その他）

第1種事業～第3種事業及び第5種事業～第6種事業以外の事業をいい、具体的には、次のような事業が該当します（消令57⑤五、消基通13-2-8の3）。

① **加工賃を対価とする製造業、建設業など（第3種事業から除かれる事業）**

② **飲食店業**

◆他の事業者とは

商品の販売先である「他の事業者」には、民間企業や個人事業者はもちろんのこと、国、地方公共団体あるいは公共法人、公益法人なども含まれるので、たとえば市役所に対する仕入商品の販売は第1種事業に該当することになります。

したがって、仕入商品の性質及び形状を変更しないことを前提に、購入者が事業者か消費者かということで、第1種事業と第2種事業の区分をすればよいわけです。

◆性質及び形状を変更しないことが条件

第１種事業及び第２種事業に区分するためには、仕入商品の「性質及び形状を変更しない」ことが条件となっているので、仕入商品を加工して販売するような場合には、その売上げは第１種事業及び第２種事業に区分することはできません。「製造」として第３種事業に区分することになります。

◆製造小売業と製造問屋

「製造小売業」と「製造問屋」については、日本標準産業分類の定義にかかわらず、第３種事業となります（消基通13-2-5～6）。元請業者が他の業者に下請加工させた製品を販売するようないわゆる製造問屋は、自らが直接製造行為等は行っていないわけですが、その実態は製造業等であり、第３種事業に区分するということです。

◆賃加工業は第４種事業に

原材料などを無償で支給され、製造するような場合には、「加工賃を対価とする役務の提供を行う事業」として第３種事業から除かれ、第５種事業及び第６種事業にも該当しないことから最終的に第４種事業に区分することになります（消基通13-2-7）。

◆中古資産や段ボール箱の売却

固定資産の売却は第４種事業となります（消基通13-2-9）。ただし、これと似たようなものであっても、建設、製造などの第３種事業から生じた加工屑などの売却は第３種事業に区分できるので、これについてまでも第４種事業にする必要はありません（消基通13-2-8）。

また、卸売業者や小売業者が不要ダンボール箱を売却した場合には、原則として第４種事業となるわけですが、これを第１種事業又は第２種事業に区分することが認められています（消基通13-2-8）。

事業区分の判定順序

事業区分の判定にあたっては、○○業という概念ではなく、常に売上げごとに判断します。具体的には、次の順序で第１種事業から第６種事業までの振り分けをしていきます。

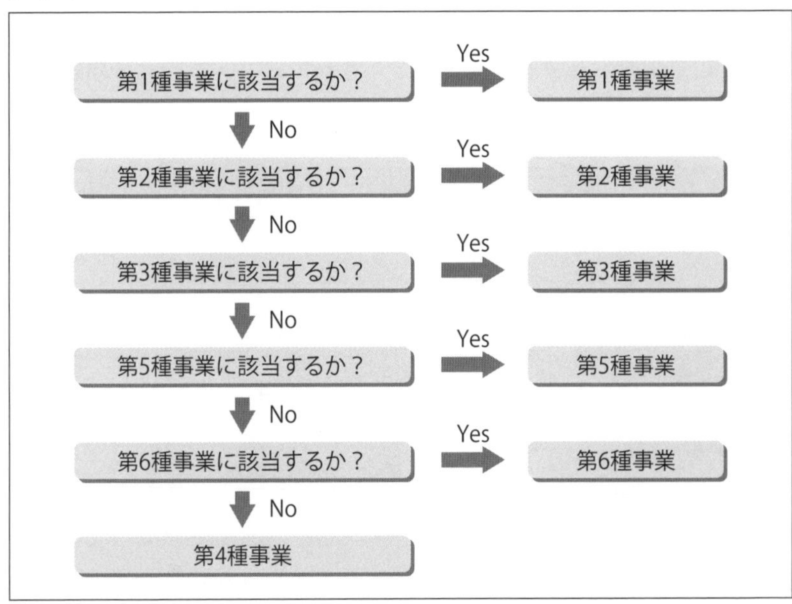

たとえば、事業区分で不動産業は第６種事業とされていますが、不動産業者の売上高がすべて第６事業に区分されるわけではありません。他から購入した不動産（建物などの課税資産）の販売は、購入者が事業者であれば第１種事業に、購入者が消費者であれば第２種事業に区分します。

建築した分譲住宅は、仕入商品の販売ではないので第１種事業及び第２種事業には該当せず、建設業として第３種事業に区分することになります。つまり、不動産業者の売上高で第６種事業に区分されるのは、第１種事業～第３種事業及び第５種事業のいずれにも該当しないもの、たとえば、不動産売買の仲介手数料や貸店舗の家賃収入などが該当することになるわけです。

（参考）日本標準産業分類

日本標準産業分類とは、総務省より発刊されている統計資料で、統計の正確性と客観性を保持し、また、統計の相互比較性と利用度の向上を図るために設定されたものです。第３種事業、第５種事業及び第６種事業の定義については、おおむね日本標準産業分類の大分類に掲げる分類を基礎として判定することとされており、その大分類は次のような構成になっています。

大分類		中分類	小分類	細分類
A	農業、林業	2	11	33
B	漁業	2	6	21
C	鉱業、採石業、砂利採取業	1	7	32
D	建設業	3	23	55
E	製造業	24	177	595
F	電気・ガス・熱供給・水道業	4	10	17
G	情報通信業	5	20	45
H	運輸業、郵便業	8	33	62
I	卸売業、小売業	12	61	202
J	金融業、保険業	6	24	72
K	不動産業、物品賃貸業	3	15	28
L	学術研究、専門・技術サービス業	4	23	42
M	宿泊業、飲食サービス業	3	17	29
N	生活関連サービス業、娯楽業	3	23	69
O	教育、学習支援業	2	16	35
P	医療、福祉	3	18	41
Q	複合サービス事業	2	6	10
R	サービス業（他に分類されないもの）	9	34	66
S	公務（他に分類されるものを除く）	2	5	5
T	分類不能の産業	1	1	1
（計）20		99	530	1,460

事業区分のポイント

◆卸売と小売の区分方法

卸売と小売を区分する方法としては、全体の売上高から第1種事業（第2種事業）の売上高を差し引くような方法も認められます（消基通13-3-2)。とにかく合理的に区分ができればいいわけです。

◆売上区分をしていない場合

売上げが区分できない場合には、区分できない事業のうち、最低の仕入率を適用することになっています（消令57④)。

◆性質・形状の変更

仕入商品の販売であっても、性質・形状の変更があった場合には、その商品の売上げは第3種事業に区分することになります。

(1) **軽微な加工**　仕入商品を、切ったり袋詰めにしたりする行為は、軽微な加工として製造行為には該当しません。また、仕入商品に対する名入れ等の行為も、製造行為には該当しないものとして取り扱われます（消基通13-2-2)。

(2) **食料品小売店舗の取扱い**　食料品の小売店舗で、仕入商品に軽微な加工を加え、これを同一の店舗内で販売する場合のその加工行為は「製造＝第3種事業」とはなりません（消基通13-2-3)。

ここでいう「軽微な加工」とは、仕入商品を切る、つぶす、挽く、たれに漬け込む、混ぜ合わせる、こねる、乾かすなどの行為をいい、原則として加熱する行為は「製造」として第3種事業となります。

(3) **セット販売・組立販売**　単品でも市場流通性のある商品をセット販売する場合や、運送の利便のために分解されている部品等をネジ留めして販売するようなケースは、製造行為に該当しません（消基通13-2-2)。

◆第３種事業から除かれる事業

建設業であっても、解体工事業などは「加工賃を対価とする役務の提供を行う事業」として第３種事業から除かれ、第５種事業にも該当しないことから、最終的に第４種事業に区分することになります（消基通 13-2-4）。クリーニング業などのように、大分類で判定した結果、第５種事業に該当するようなものについてはこのような取扱いはありませんので注意してください。

下請業者が材料の無償支給を受けている場合には、たとえ製造した製品を元請業者に販売する形態をとっていても、その実態は加工賃であり、第４種事業となります。これとは逆に、元請業者が下請業者に材料を支給し、完成品を仕入れ、販売する場合のその売上高は第３種事業に区分することになります（消基通 13-2-5(1)）。

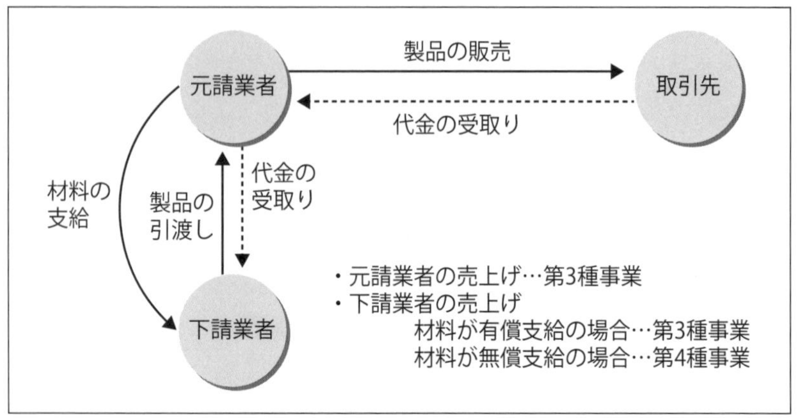

◆材料とは

材料とは製造に必要な主たるものをいいますので、たとえば縫製業者が生地の無償支給を受け、自己で調達した糸、ボタン等を用いて縫製を行い納品する場合の糸、ボタン等は、「加工資材」として取り扱われます。つまり、この場合の材料は「生地」になるわけですから、縫製行為は「加工賃を対価とする役務の提供を行う事業」として第４種事業になるわけです。

建売住宅の販売

不動産業者が建売住宅を販売する場合は、通常のケースであれば不動産業者がまず土地を購入し、建設業者に建築を依頼して建物を建て、これを販売するわけですから、その建物の売上高は建設業として第3種事業に区分することになります。つまり、建売住宅の販売でその売上高が第1種事業又は第2種事業になるケースというのは、中古住宅のように出来合いのものを購入し、販売する場合に限られるということです。

ただし、購入した中古住宅をリフォーム（塗装、修理など）して販売するような場合には、性質及び形状の変更があったものとして第1種事業及び第2種事業から除かれ、建設業として第3種事業に区分することになります。

飲食サービス業と宿泊業

飲食サービス業は、第1種事業から第3種事業及び第5種事業のいずれにも該当しないものとして第4種事業に区分することになります。一方、宿泊業の収入で第1種事業から第3種事業のいずれにも該当しないものは第5種事業に区分することになるわけですが、宿泊業の場合、宿泊料金の中には宿泊代のほかに飲食代も含まれているケースが少なくありません。

この場合において、飲食代を宿泊料金と区分して領収している場合には、その飲食代については、第5種事業ではなく、飲食サービス業として第4種事業に区分することが認められています（消基通13-2-8の2）。

飲食代を第4種事業に区分するためには、料金を明確に区分する必要があるので、たとえば食事代込みで宿泊料金が定められている場合には、その料金の全額が第5種事業に該当することになります。

◆宅配とテイクアウト

食堂などが行う出前（宅配）については、店内における飲食の延長線上にあるものとして第４種事業となりますが、持ち帰り専用の飲食物の販売については、出前とは異なるものであり、製造小売業として第３種事業に区分することができます（消基通13-2-8の２（注）1)。

◆手数料の取扱い

家具や電化製品などの販売にあたり、取付手数料などを別途領収している場合には、その手数料部分は「サービス業等」として第５種事業に区分することになります。なお、取付手数料などをサービスしたような場合には、仕入商品の販売として、その売上高全体を第１種事業（又は第２種事業）に区分することができます（消基通13-2-1)。

◆医療業とは

医療業の場合、患者の診察だけではなく、医療行為の一貫として薬の給付などをするわけですから、治療代金はもとより、患者から収受する薬代や医療器具の代金もすべて第５種事業に区分することになります。また、歯科技工士が義歯の製作依頼を受け、歯科医師に完成品を販売する場合には、材料を自己で調達したか、依頼者から支給を受けたかに関係なく、その売上げは第５種事業に区分することになります。

なお、保険診療報酬は非課税であり、税額計算には関係しません。

◆サービス業とは

日本標準産業分類（☞182ページ）に定義されている業種のうち、最もイメージのつかみにくいのが「サービス業」ではないでしょうか。サービス業の売上げとして第５種事業に区分されるものをいくつかピックアップしてみましょう。

- 法律事務所、税理士事務所などの専門サービス業の売上高
- クリーニング店の売上高（クリーニング〈洗濯〉代）
- 理髪店、美容室などの売上高
- カメラ店のフィルムの現象、焼増、引き伸ばしなどによる売上高
- 廃棄物の処理による売上高
- 物品賃貸（リース）による売上高
- 広告による売上高

テナント（小売店）

定価 10,000 円の商品を消費者に販売する場合において、テナントが売上高として計上する金額とその事業区分は次のようになります。

(1) 仕入商品を販売するケース

テナントが仕入商品を店舗で販売するつど、定価の 10%を手数料としてデパートに支払う場合には、売上高 10,000 円は仕入商品の消費者に対する販売として、第 2 種事業に区分します。

ただし、テナントが仕入商品を店舗で販売するつど、デパートがテナントからその商品を定価の 10%引きの価格で買い取る（デパート経由で販売する）場合には、売上高 9,000 円を、仕入商品の事業者（デパート）に対する販売として、第 1 種事業に区分します。

(2) 受託販売のケース

委託販売契約により、デパートの仕入商品をテナントが店舗で販売するつど、デパートが定価の 10%を手数料としてテナントに支払う場合には、その手数料収入 1,000 円は、卸売・小売業（細分類番号 5497：代理商・中立業）の売上げとして第 4 種事業に区分します。

委託販売手数料は「サービス業等」の売上げではないので第 5 種事業とはならないことに注意してください。

精肉の小売店

仕入商品の売上高は、販売先が事業者の場合には第1種事業に、販売先が消費者の場合には第2種事業に区分しますが、「性質及び形状の変更があった場合」には、その売上高は第3種事業に区分することになります。

食料品の小売店舗内で行う加工については、加熱行為を除き、性質・形状の変更としては取り扱わないこととされているので、カットした精肉や挽肉、たれに漬け込んだ生肉を販売しても、その売上高は第1種事業又は第2種事業に区分することができます。ただし、自家製揚げトンカツのように、加熱した商品の販売は性質・形状の変更にあたるため、その売上高は販売先に関係なく、第3種事業に区分することになるので注意が必要です。

仕入商品を家事消費した場合には、仕入金額と「売値× 50%」のいずれか大きい金額を売上計上することとされています。

取引内容		事業区分	留意事項
精肉の売上高	販売先が事業者の場合	第1種事業	カット、挽肉、たれに漬け込むなどしても第3種事業とはなりません
	販売先が消費者の場合	第2種事業	
精肉の家事消費		第2種事業	消費者に販売したものとみなされ、課税の対象になります
自家製揚げトンカツの売上高	販売先が事業者の場合	第3種事業	油で揚げないで生のまま販売する場合は第1種事業又は第2種事業に区分されます
	販売先が消費者の場合		
不要となったダンボールの売上高		第1種又は第2種事業	売上比率などにより第1種事業と第2種事業に合理的に区分します（著者私見）
商品運搬用トラックの売却収入		第4種事業	事業用の資産を家事用に転用した場合は第4種事業に区分されます

家具製造業

製品の売上高を第３種事業に区分するためには、材料を自己で調達することが条件となります。したがって、元請から材料の支給を受けているような場合には、その売上高の実態は加工賃であり、第３種事業に区分することはできないので注意が必要です。

ここにいう「材料」とは、製造に必要な主材料をいいますので、加工資材を自己で調達したとしても、売上高を第３種事業に区分することはできません。

第３種事業となる製造業には、いわゆる製造問屋も含まれます。したがって、下請に材料を支給して製品を製造させ、これを納品させて自己の製品として販売するような場合には、その売上高は第３種事業に区分することになります。

また、製造工程において生ずる作業屑の売却収入は、主たる売上高に含めてよいこととされているので、第３種事業から発生した作業屑であれば、その売却収入は第３種事業に区分することができます。

取引内容		事業区分	留意事項
製品の売上高	材料を自己で調達する場合	第３種事業	「材料」とは製造に必要な主たる材料をいうので、釘などの加工資材を自己で調達したとしても第３種事業とはなりません
	元請から材料の支給を受けた場合	第４種事業	
	材料を支給して下請に製作をさせた場合	第３種事業	
製品の取付による手数料収入		第５種事業	取付手数料、修理による収入は「サービス業等」の売上げとして第５種事業に区分されます
製品の修理による収入			
製品の運送料収入			「運輸業」の売上げとして第５種事業に区分されます
製造工程において生ずる作業屑の売却収入（材料自前持ちのケース）		第３種事業	加工賃を対価とする製造業は、作業屑の売却収入も第４種事業です
中古の製造用機械の売却収入		第４種事業	——

建設業

建築請負による売上高を第3種事業に区分するためには、材料を自己で調達することが条件となります。したがって、元請から材料の支給を受けているような場合には、その売上高の実態は加工賃であり、第3種事業に区分することはできないので注意が必要です。

下請業者に材料を支給して工事をさせた場合や受注した請負工事を下請業者に丸投げした場合にも、自らが請け負った工事に係る売上高であり、第3種事業に区分することになります。

解体工事による売上高の実態は加工賃であり、第4種事業に区分することになります。ただし、増改築工事一式を請け負ったような場合には、解体工事と新築工事が一連の作業として行われるものであることから、たとえ解体費用と建築費を別個に請求した場合であっても、その売上高の全額を第3種事業に区分することが認められます。

<table>
<tr><th colspan="2">取引内容</th><th>事業区分</th><th>留意事項</th></tr>
<tr><td rowspan="4">建設請負による売上高</td><td>材料を自己で調達する場合</td><td>第３種事業</td><td rowspan="4">・「材料」とは工事に必要な主たる材料をいうので、釘などの加工資材を自己で調達したとしても第３種事業とはなりません
・工事の丸投げも元請が建築したものとして第３種事業に区分されます</td></tr>
<tr><td>元請から材料の支給を受けた場合</td><td>第４種事業</td></tr>
<tr><td>材料を支給して下請に工事をさせた場合</td><td>第３種事業</td></tr>
<tr><td>下請に工事を丸投げした場合</td><td>第３種事業</td></tr>
<tr><td colspan="2">建築物の改修工事による売上高</td><td>第３種事業</td><td rowspan="2">増改築工事一式を請け負い、解体費用と建築費を別個に請求した場合であっても、全体を第３種事業の売上げとして計算することができます</td></tr>
<tr><td colspan="2">建築物の解体工事による売上高</td><td>第４種事業</td></tr>
<tr><td colspan="2">資材運搬用トラックの売却収入</td><td>第４種事業</td><td>——</td></tr>
</table>

不動産業

不動産業であっても、出来合いの建売住宅や分譲マンションなどを仕入れて販売する場合には、仕入商品の販売として第１種事業又は第２種事業に区分することができます。ただし、購入した中古住宅をリフォームして販売する場合には、性質及び形状が変更されたものとして第３種事業に区分することになるので注意が必要です。

工務店に依頼して建設した建売住宅の売上高は、工務店から出来合いの物件を仕入れて販売するものではないので第１種事業又は第２種事業に区分することはできません。建設業の売上げとして第３種事業に区分することになります。

大家さんから物件の管理を依頼され、入退室の管理やクレーム処理などを代行した場合に収受する管理手数料は、たとえ居住用物件の管理であっても非課税とはなりません。この場合の管理手数料収入は、不動産業の売上げとして第６種事業に区分することになります。

また、不動産の賃貸収入や仲介手数料なども不動産業の売上げとして第６種事業となります。

取引内容		事業区分	留意事項
棚卸商品（購入した不動産）の売上高	販売先が事業者の場合	第１種事業	・土地部分は非課税であり、税額計算には関係しません ・購入した中古住宅をリフォーム（塗装、修理など）して販売する場合は第３種事業に区分されます
	販売先が消費者の場合	第２種事業	
工務店に依頼して建設した建売住宅の売上高	販売先が事業者の場合	第３種事業	工務店に依頼して建設したのであり、仕入商品にはならず、「建設業」の売上げとして第３種事業に区分されます
	販売先が消費者の場合		
不動産の賃貸による収入		第６種事業	「不動産業」の売上げとして第６種事業に区分されます なお、不動産の賃貸による収入のうち、土地の貸付けや住宅家賃は非課税であり、税額計算には関係しません
不動産（他者物件）の管理による収入			
不動産の売買などの仲介手数料収入			

ピザの販売店

飲食店業の売上高は、第１種事業～第３種事業及び第５種事業～第６種事業のいずれにも該当しないものであり、第４種事業に区分することになります。ただし、いわゆるテイクアウトによる売上高は、調理した飲食物をその場で小売するものであり、製造小売業として第３種事業に区分することができます。

宅配（出前）による売上高は、店内飲食の延長サービスと考え、第４種事業に区分します。ただ、最近のピザ屋さんのなかには、店内飲食の設備を設けずに、宅配専門のお店もあることから、このような宅配専門業者の場合には、製造小売業の延長サービスと考え、その売上高は第３種事業に区分することができます。

缶ジュースなどの仕入商品を店内で提供する場合には、その売上高は飲食店業の売上高として第４種事業に区分します。したがって、セルフサービスの形態により、店内に設置してある自動販売機で飲み物を販売する場合には、その自動販売機の売上高は第４種事業に区分することになるわけです。一方、テイクアウトによる仕入商品の売上高や路上に設置してある自動販売機の売上高は、仕入商品の販売として第１種事業又は第２種事業に区分することができます。

<table>
<tr><th colspan="2">取引内容</th><th>事業区分</th><th>留意事項</th></tr>
<tr><td rowspan="3">ピザの売上高</td><td>店内での飲食</td><td>第４種事業</td><td rowspan="3">飲食設備のない宅配専門の業者の場合には、宅配による売上げであっても第３種事業となります（消基通 13-2-8の２（注）２）</td></tr>
<tr><td>テイクアウト（お持ち帰り）</td><td>第３種事業</td></tr>
<tr><td>宅配（出前）</td><td>第４種事業</td></tr>
<tr><td colspan="2">仕入商品（缶ジュースなど）の店頭での持ち帰り販売による売上高</td><td>第２種又は第１種事業</td><td>店内での飲食に伴い販売するものは「飲食店業」の売上げとして第４種事業に区分されます</td></tr>
<tr><td colspan="2">中古の宅配用バイクの売却収入</td><td>第４種事業</td><td>――</td></tr>
</table>

旅館業

旅館やホテルなどの宿泊業の売上高は、「サービス業等」として第5種事業に区分します。つまり、「1泊2食で○○円」といったような料金設定の場合には、食事代も含めて第5種事業になるということです。一方、ビジネスホテルなどのように、飲食代と宿泊代が明確に区分されている場合には、飲食代は第4種事業に区分することが認められているので、事業区分にあたっては、料金設定などを確認する必要があるわけです。

部屋に備え付けてある冷蔵庫の飲物の売上高は、部屋の中で飲食するという前提にあることから第4種事業に区分します。一方、廊下やフロントに設置してある自動販売機の売上高は、仕入商品の販売として第2種事業に区分することができます（違和感のあるところではありますが……）。

売店での土産物の売上高は、仕入商品の販売であれば第1種事業又は第2種事業に区分することになりますが、自家製の漬物などの売上高は、製造小売業として第3種事業に区分します。

取引内容	事業区分	留意事項
宿泊料金（食事付きの料金）	第５種事業	食事代と宿泊料金を明確に区分請求している場合には、食事代は第４種事業に区分することができます
部屋に備え付けてある冷蔵庫内の飲み物の売上高	第４種事業	部屋の中で飲食するものであり、「飲食店業」の売上げとして第４種事業に区分されます
廊下に設置してある自動販売機による飲み物の売上高	第２種事業	——
電話使用料	第５種事業	「情報通信業」の売上げとして第５種事業に区分されます
売店での土産品（仕入商品）の売上高	第２種又は第１種事業	——
ゲームコーナーのゲーム機の収入	第５種事業	「サービス業」の売上げとして第５種事業に区分されます

自動車整備業

自動車の販売による売上高は、仕入商品の販売として第１種事業又は第２種事業に区分します。ただし、中古車を下取りし、板金、塗装などをして販売する場合には、性質・形状が変更されたことになり、製造業の売上げとして第３種事業に区分することとなります。

タイヤの取付けやオイル交換などは仕入商品の販売であり、第１種事業又は第２種事業に区分することができます。

ただし、車検に伴い部品交換をしたような場合には、たとえ手数料と部品代を区分して請求したとしても、その全額を車検による売上高として第５種事業に区分することになります。

自賠責保険や任意保険などの加入手続を代行したことにより、保険会社から収受する代理店手数料は非課税となる保険料とは異なるものです。「加入手続の代行」という「保険業」の売上高として第５種事業に区分することになります。

なお、新車の販売に際し、売上高と仕入高の差額だけを手数料収入として計上することはできませんのでご注意ください。

<table>
<tr><th colspan="2">取引内容</th><th>事業区分</th><th>留意事項</th></tr>
<tr><td rowspan="2">自動車の売上高</td><td>販売先が事業者の場合</td><td>第１種事業</td><td rowspan="2">中古車を下取りし、板金、塗装などをして販売する場合は、第３種事業に区分されます</td></tr>
<tr><td>販売先が消費者の場合</td><td>第２種事業</td></tr>
<tr><td rowspan="2">自動車関連用品（タイヤ、オイルなど）の売上高</td><td>販売先が事業者の場合</td><td>第１種事業</td><td rowspan="2">車検などに伴い使用するものは、たとえ代金を区分したとしてもすべて第５種事業に区分されます</td></tr>
<tr><td>販売先が消費者の場合</td><td>第２種事業</td></tr>
<tr><td colspan="2">自賠責保険、任意保険などの加入手続に係る代理店手数料収入</td><td>第５種事業</td><td>「保険業」の売上げとして第５種事業に区分されます</td></tr>
<tr><td colspan="2">車検、点検、整備、手続の代行などに係る手数料収入</td><td>第５種事業</td><td>「サービス業」の売上げとして第５種事業に区分されます</td></tr>
</table>

課税期間と申告・納付・還付

課税期間を短縮・変更する手続は？

消費税の中間申告制度は難しい？

消費税に申告期限の延長制度はない！

課税期間の短縮と変更

消費税の課税期間は、個人事業者は暦年、法人は事業年度と定められています（消法19①一・二）。ただし、事業者の選択により課税期間を3か月単位あるいは1か月単位に短縮又は変更することも認められています（消法19①三～四の二）。

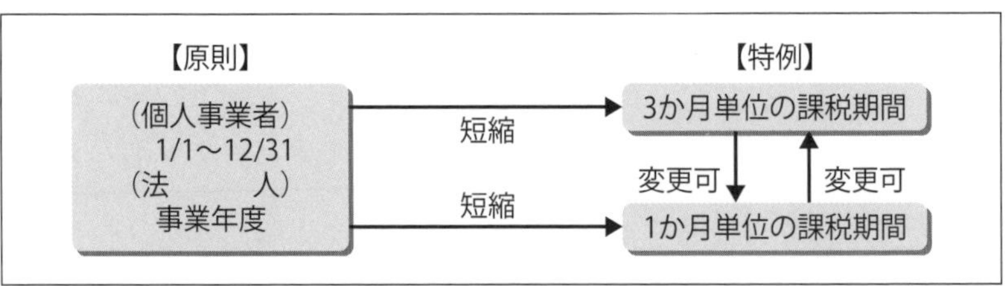

輸出業者の場合、税込みで仕入れた商品を税抜価格で輸出するわけですから、確定申告により消費税は還付となります。このような場合には、多少面倒であっても課税期間を短縮したほうが、運転資金の面からみても有利になります。

■個人事業者が課税期間を3か月単位に短縮した場合

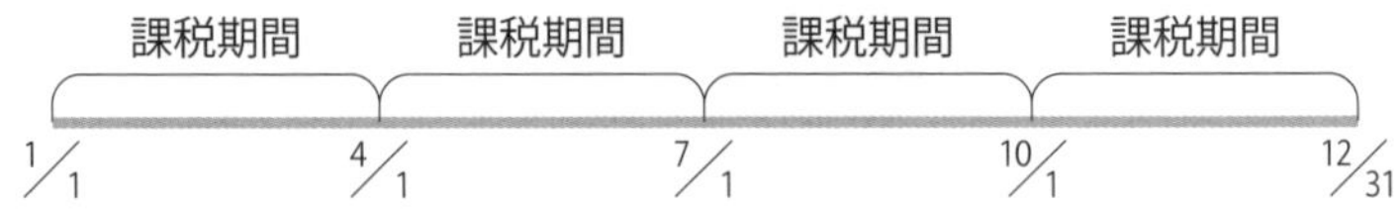

（注）各課税期間の確定申告期限は、その課税期間終了後2か月以内ですが、10/1～12/31課税期間についてだけは、申告期限は翌年の3月31日まで延長されています（措法86の4①）。

■個人事業者が課税期間を1か月単位に短縮した場合

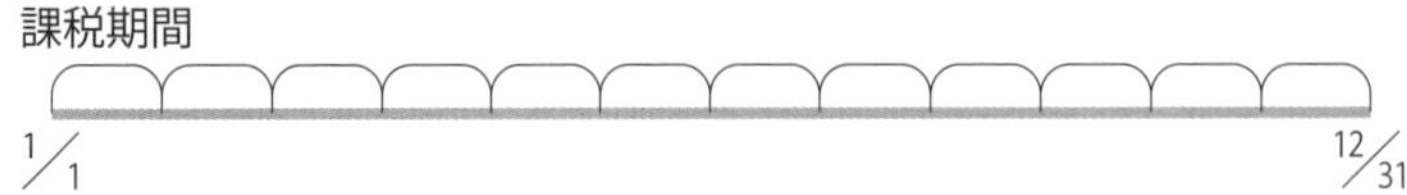

（注）各課税期間の確定申告期限は、その課税期間終了後2か月以内ですが、12/1～12/31課税期間についてだけは、申告期限は翌年の3月31日まで延長されています（措法86の4①）。

課税期間特例選択・変更届出書

課税期間を短縮あるいは変更する場合には、「課税期間特例選択・変更届出書」を所轄税務署長に提出する必要があります。「課税期間特例選択・変更届出書」を提出した場合には、提出日の属するサイクルの次のサイクルから短縮あるいは変更の効力が生ずることになるので、課税期間の初日からその効力が生じた日の前日までの期間を1サイクルとして確定申告をすることになります（消法19②）。

たとえば個人事業者が課税期間を3か月単位に短縮するために、年の中途の5月20日に「課税期間特例選択・変更届出書」を提出した場合の課税期間は次のようになります。

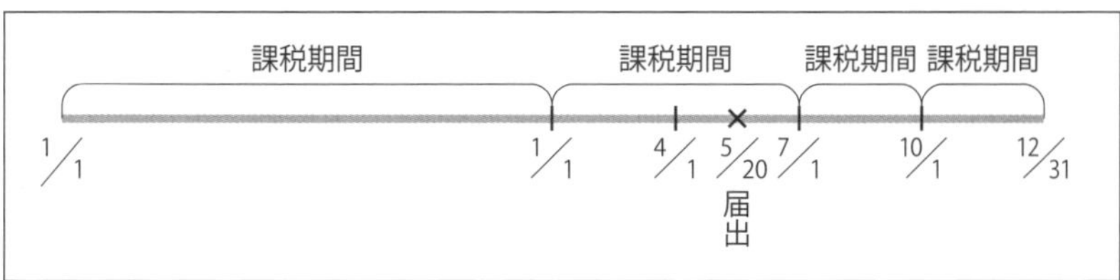

なお、次のケースは事前提出ができないので、届出書を提出したサイクルから短縮の効力が生ずることになります（消令41①）。

① 新規に開業（設立）をした日の属する期間

② 個人事業者が、相続により期間短縮をしていた被相続人の事業を承継した場合の相続があった日の属する期間

③ 法人が、合併や吸収分割により期間短縮をしていた被合併法人や分割法人の事業を承継した場合の合併、吸収分割があった日の属する期間

また、3か月（1か月）に短縮した課税期間を1か月（3か月）に変更する場合には、「課税期間特例選択・変更届出書」の提出時期に制限がありますのでご注意ください。届出書の提出時期に制限を設けることにより、いったん採用した期間短縮制度は、2年間の継続適用を義務付けているということです（消法19⑤、消令41②）。

課税期間特例選択不適用届出書

課税期間の短縮をやめ、暦年又は事業年度単位の申告に戻そうとする場合には、「課税期間特例選択不適用届出書」を所轄税務署長に提出する必要があります。

「課税期間特例選択不適用届出書」を提出した場合には、提出日の属するサイクルの次のサイクルから短縮の効力が失効することとなるので、その初日から本来の課税期間の末日までの期間を１サイクルとして消費税の確定申告をすることになります（消法19③・④）。

◆ 課税期間特例選択不適用届出書の提出時期

「課税期間特例選択不適用届出書」は、期間短縮の効力が生じた日から２年を経過する日の属する期間の初日以降でなければ提出することができません。つまり、いったん採用した期間短縮制度は、２年間は継続適用しなければ、暦年あるいは事業年度サイクルの課税期間に戻すことはできないということです（消法19⑤）。

ただし、廃業の場合には届出時期についての制限はないのでいつでも提出することができます。

具体例をみてみましょう。個人事業者が年の中途の５月20日に「課税期間特例選択・変更届出書」を提出し、３か月単位の課税期間で申告をしていたが、２年後の５月25日に「課税期間特例選択不適用届出書」を提出した場合の課税期間は以下のようになります。

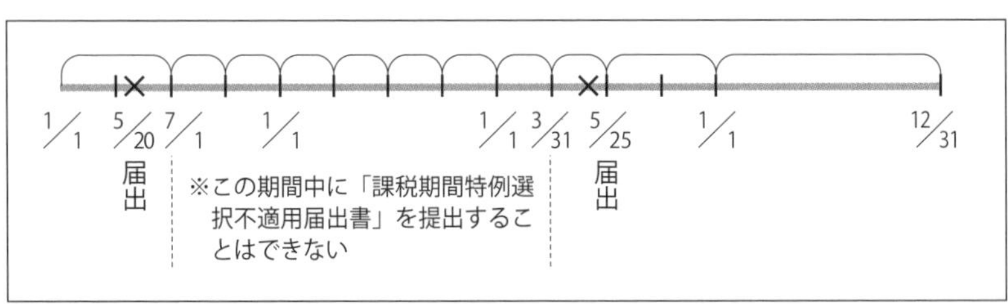

期間短縮制度の活用方法

免税事業者が設備投資などについて消費税の還付を受けようとする場合の「課税事業者選択届出書」、又は、簡易課税制度の適用事業者が設備投資などについて消費税の還付を受けようとする場合の「簡易課税制度選択不適用届出書」は、原則として事前提出が必要となります。

つまり、これらの届出書をその設備投資などがある課税期間が始まる前までに提出できなかったような場合には、消費税の還付は受けられないということになってしまうわけです。ただし、たとえこのような場合であっても、課税期間を短縮することにより、消費税の還付が受けられるケースもあるので覚えておくと便利です。

たとえば、個人事業者（免税事業者）が、X2 年の 4 月中に設備投資の予定があり、消費税の還付が見込まれるのにもかかわらず、XI 年中に「課税事業者選択届出書」を提出していないような場合には、X2 年 3 月 31 日までに「課税期間特例選択・変更届出書」及び「課税事業者選択届出書」を提出することにより、X2 年 4 月 1 日～X2 年 6 月 30 日課税期間について、消費税の還付を受けることができます。

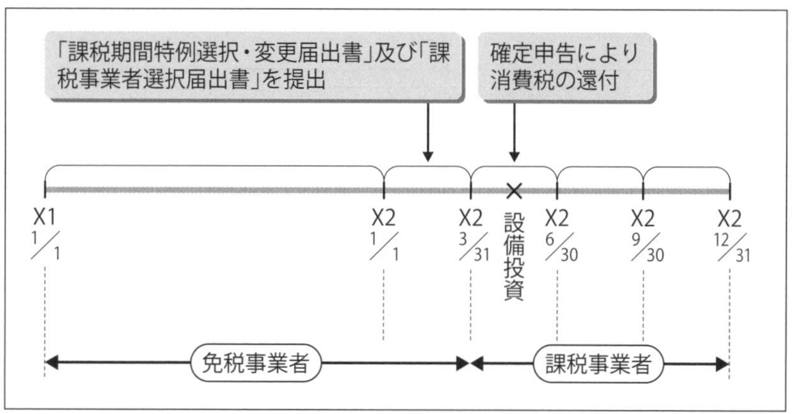

中間申告の体系

預り金的性格が強い消費税について、長期間にわたり事業者がこれをプールすることはあまり好ましいことではありません。そこで、事業者の運用益の排除及び国の財政収入を確保する観点から、消費税を仮払いする制度（中間申告制度）が設けられています。

◆中間申告の方法

中間申告の方法は、前課税期間の実績による方法と仮決算による方法があり、いずれでも事業者の任意により選択することができます。この中間申告書を提出した場合には、その提出期限までに消費税の納付が義務づけられており、無申告の場合には、その提出期限において前課税期間の実績による中間申告書の提出があったものとみなされます（消法44・48）。

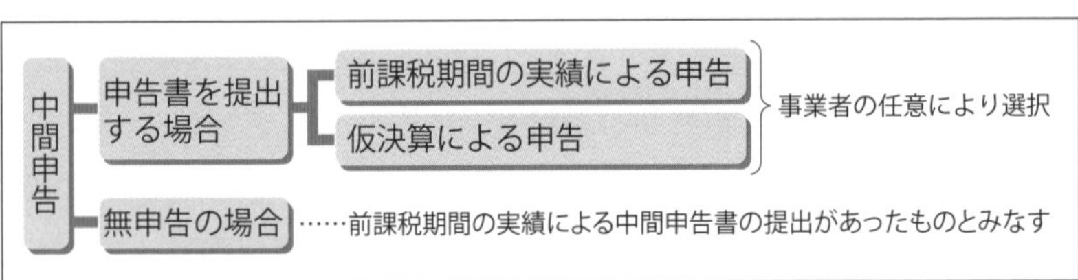

なお、消費税（国税）について中間申告義務がある場合には、地方消費税についてもセットで申告及び納付が義務づけられています。

中間申告は、前期の差引税額（年税額）がどれくらいあるかによって、下記のように申告回数と納付税額が異なっています（消法42）。

直前期の年税額（国税）	申告回数	前課税期間の実績による申告納付税額（国税）
4,800万円＜年税額	延べ11回	前期の差引税額÷前期の月数
400万円＜年税額≦4,800万円	延べ3回	前期の差引税額÷前期の月数×3
48万円＜年税額≦400万円	1回	前期の差引税額÷前期の月数×6
年税額≦48万円	申告不要	——

一月(ひとつき)中間申告

直前期の年税額が4,800万円を超える規模の事業者は、課税期間中に延べ11回の中間申告が義務づけられています。ただし、課税期間を短縮している事業者については、中間申告は一切必要ありません。

中間申告書の提出期限と納期限は、下記の「中間申告対象期間」の末日の翌日から2か月以内とされています（消法42①)。

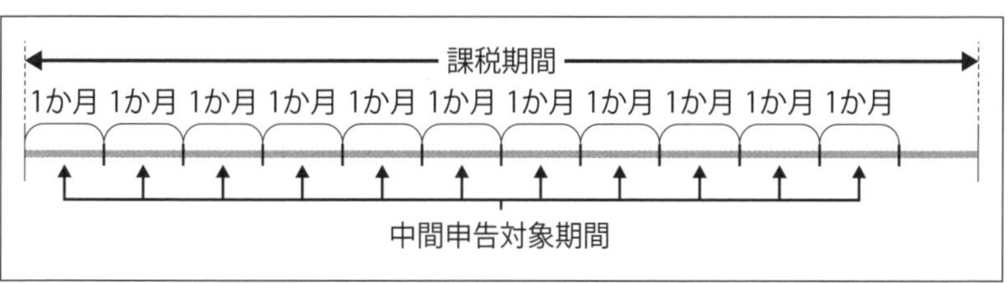

ただし、直前期の確定申告書の提出期限を考慮して、法人の場合には、1回目の中間申告についてだけは、申告書の提出期限と納期限は中間申告対象期間の末日の翌日から3か月以内とされています。

具体例

直前期の差引税額が、消費税が9,360万円、地方消費税が2,640万円の場合のX1年4月1日～X2年3月31日課税期間における中間申告書の提出期限と納付税額は次のようになります。

<table>
<tr><th>回数</th><th>申告（納付）期限</th><th>中間申告による納付税額</th></tr>
<tr><td>1</td><td>X1年7月31日</td><td rowspan="5">① 消費税(国税) 9,360万円÷12=780万円
② 地方消費税 $①\times\frac{22}{78}$=220万円
③ 月ごとの納付税額 ①+②=1,000万円

1回目から11回目までの中間申告による納付税額の合計額11,000万円は、X2年5月31日期限の確定申告で精算します。</td></tr>
<tr><td>2</td><td>X1年7月31日</td></tr>
<tr><td>3</td><td>X1年8月31日</td></tr>
<tr><td>4
～
10</td><td>X1年9月30日
～
X2年3月31日</td></tr>
<tr><td>11</td><td>X2年4月30日</td></tr>
</table>

また、個人事業者の場合には、前年分の確定申告書の提出期限が3月31日であることを考慮して、1月~3月分までの中間申告書の提出期限と納期限はすべて5月31日とされています(措令46の4①)。

◆仮決算による中間申告

前期に比べ当期の売上実績が著しく落ち込んでいるような場合などは、仮決算による中間申告が認められています(消法43)。

仮決算による中間申告とは、中間申告対象期間を一課税期間とみなしてその期間に係る課税標準である金額等を計算する方法です。

なお、**仮決算による中間申告を行う場合であっても、簡易課税制度の適用を受ける事業者は簡易課税により計算**しなければなりません(消基通15-1-3)。

仮決算による中間申告書には、付表の添付が義務づけられています。なお、**仮決算による計算の結果、控除不足還付税額が生じたとしても還付を受けることはできません**が、納税の必要もありません(消基通15-1-5)。

◆確定税額が増減した場合

修正申告などにより、直前期の確定申告額が増減した場合には、中間申告対象期間の末日による確定税額で中間申告の要否を判定します。たとえば、直前期の年税額(国税)が4,600万円であった3月決算法人が、8月中に修正申告により400万円(国税)の追加納税をしたような場合には、4月~6月の中間申告対象期間については三月(みつき)中間申告により8月31日までに申告納税をし、8月分(申告及び納期限は10月31日)以降については直前期の確定税額が4,800万円を超えることとなるので、一月(ひとつき)中間申告により月次の中間申告をすることになります。

三月（みつき）中間申告

直前期の年税額が400万円を超え、4,800万円以下の事業者は、課税期間中に延べ3回の中間申告が義務づけられています。ただし、課税期間を短縮している事業者については、中間申告は一切必要ありません。

中間申告書の提出期限と納期限は、下記の「中間申告対象期間」の末日の翌日から2か月以内とされています（消法42④）。

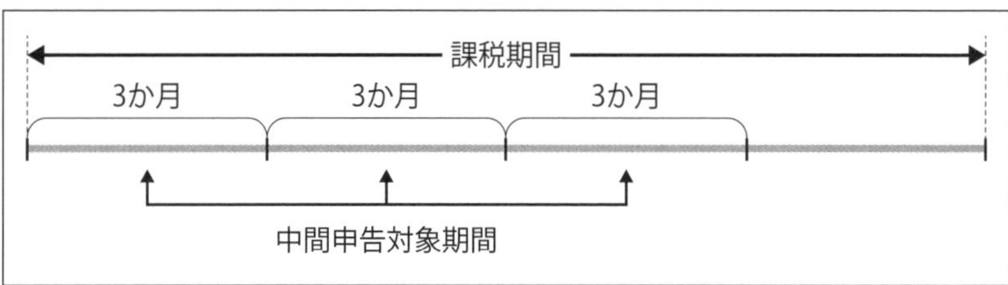

具体例

直前期の差引税額が、消費税が3,900万円、地方消費税が1,100万円の場合のX1年4月1日～X2年3月31日課税期間における中間申告書の提出期限と納付税額は次のようになります。

回数	申告（納付）期限	中間申告による納付税額
1	X1年 8月31日	① 消費税（国税） 3,900万円÷12×3=975万円 ② 地方消費税 ①×$\frac{22}{78}$=275万円 ③ 3月ごとの納付税額 ①+②=1,250万円 1回目から3回目までの中間申告による納付税額の合計額3,750万円は、X2年5月31日期限の確定申告で清算します。
2	X1年 11月30日	
3	X2年 2月28日	

六月(むつき)中間申告

直前期の年税額が48万円を超え、400万円以下の事業者は、課税期間中に1回だけ中間申告が義務づけられています。ただし、課税期間を短縮している事業者については、中間申告は一切必要ありません。

中間申告書の提出期限と納期限は、下記の「中間申告対象期間」の末日の翌日から2か月以内とされています（消法42⑥）。

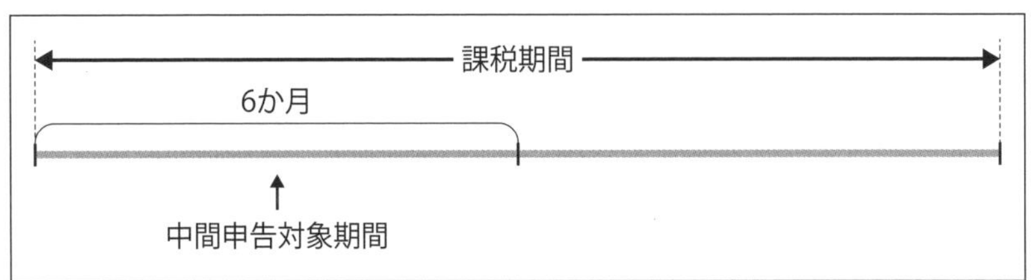

具体例

直前期の差引税額が、消費税が156万円、地方消費税が44万円の場合のX1年4月1日〜X2年3月31日課税期間における中間申告書の提出期限と納付税額は次のようになります。

申告(納付)期限	中間申告による納付税額
X1年 11月30日	① 消費税(国税)　156万円÷12×6=78万円 ② 地方消費税　①×$\frac{22}{78}$=22万円 ③ 納付税額　①+②=100万円 中間申告による納付税額100万円は、X2年5月31日期限の確定申告で清算します。

選択による中間申告納付

直前期の年税額（国税）が48万円以下の事業者は、中間申告義務はありませんが、希望により、六月中間申告による前納（中間申告納付）ができることとなりました。

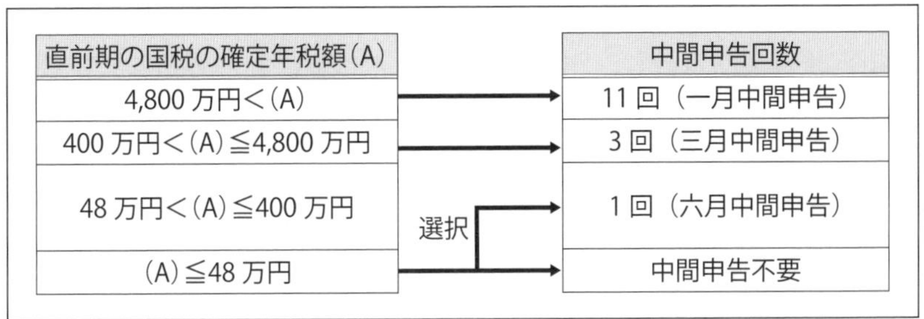

直前期の国税の確定年税額（A）
4,800万円＜（A）
400万円＜（A）≦4,800万円
48万円＜（A）≦400万円
（A）≦48万円
選択
中間申告回数
11回（一月中間申告）
3回（三月中間申告）
1回（六月中間申告）
中間申告不要

「任意の中間申告書を提出する旨の届出書」を提出した場合には、提出日以後、最初に六月中間申告対象期間の末日が到来する期間分から中間申告納付ができます（消法42⑧）。また、「任意の中間申告書を提出することの取りやめ届出書」を提出した場合には、提出日以後、最初に六月中間申告対象期間の末日が到来する期間分から選択による中間申告は不要となります（消法42⑨⑩）。

なお、期限までに中間申告書を提出しなかった場合には、「任意の中間申告書を提出することの取りやめ届出書」の提出があったものとみなされ、その後の中間申告納付は不要となります（消法42⑪）。

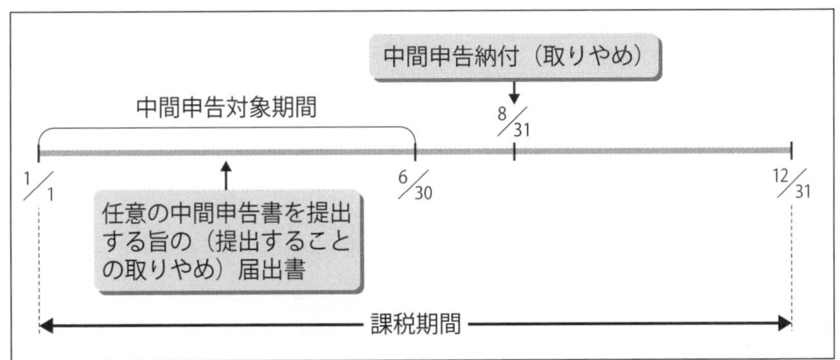

9 課税期間と申告・納付・還付

法人税の仮決算との違い

◆申告方法はそのつど選択することができる

中間申告の方法は、継続する必要はありません（消基通15-1-2)。したがって、三月中間申告の適用対象事業者が、1回目の中間申告を前期実績により申告し、2回目の中間申告は仮決算の方法によることも認められます。

◆法人税の仮決算に連動させることはできない

三月（みつき）中間申告の適用対象事業者の場合、2回目の中間申告期限は、法人税の中間申告書の提出期限と同じになります。法人税の中間申告で仮決算をする場合には、上半期の6か月を一事業年度とみなして決算をすることになります。

この場合に、消費税の申告も上半期の6か月間の実績に基づいて計算をし、算出した消費税額から1回目の中間納付額を差し引いて申告をするようなことは認められないので注意してください。消費税の中間申告は、あくまでも3か月ごとに定められた中間申告対象期間により計算しなければいけないわけであり、法人税の仮決算とはまったく違うわけです。

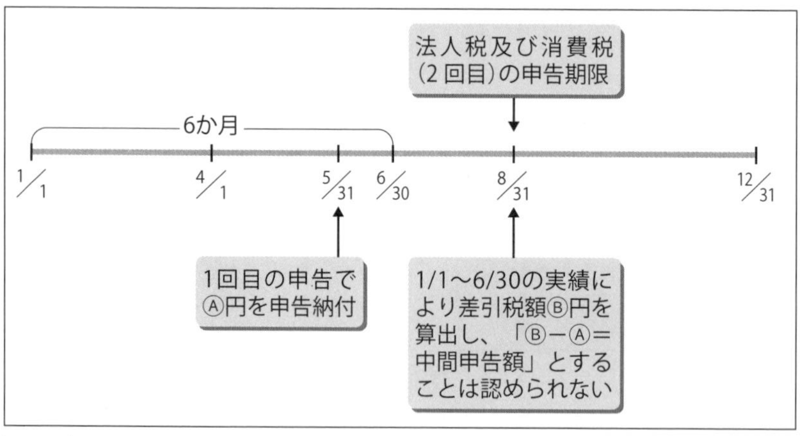

確定申告・納付・還付

◆確定申告

課税事業者は、課税期間の末日の翌日から2か月以内に確定申告書の提出及び納付が義務づけられています（消法45①・49）。

ただし、個人事業者の12月31日の属する課税期間については、確定申告書の提出期限及び納期限はその翌年3月31日まで延長されています（措法86の4①）。課税標準額に対する消費税額よりも控除税額のほうが多い場合や、中間申告による納付税額が差引税額よりも多い場合は消費税は還付となります（消法52～53）。

◆申告期限の延長制度

法人税の世界では、会計監査などの理由で確定申告書の提出期限の延長が認められています。そこで、法人税において確定申告期限が延長されている場合には、「消費税の確定申告書の提出期限を延長する旨の届出書」を提出することにより、消費税の申告期限も延長できることとしました（消法45の2①）。

◆準確定申告

個人事業者が年の中途で死亡した場合には、相続人は、その年の1月1日から死亡日までの期間分について、死亡日の翌日から4か月以内に確定申告をすることとされています（消法45②・③）。

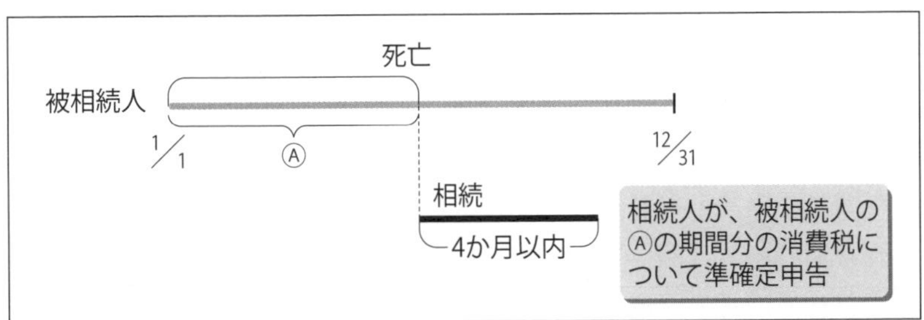

引取申告と納期限の延長制度

引取申告

課税貨物を輸入した場合には、輸入申告に併せて消費税や地方消費税、関税などについての申告（引取申告）が義務づけられています（消法47）。

関税法に規定する申告納税方式が適用される課税貨物の輸入者は、貨物を保税地域から引き取るときまでに納税をしなければなりません。また、関税法に規定する賦課課税方式が適用される課税貨物の輸入者の消費税等については、税関長が輸入時に徴収することとされています（消法50）。

特例申告

貨物を輸入した場合には、輸入申告と納税申告を同時に行うことが原則とされていますが、一定の輸入業者などについては、事務処理の煩雑さを緩和するために、一月（ひとつき）中の輸入貨物について翌月末日までにまとめて申告と納税をすることも認められています。なお、特例申告の適用を受ける場合であっても、輸入申告は貨物を輸入するたびに行う必要があります。ただし納税申告については、輸入の許可を受けた貨物について、その許可ごとに作成し、翌月末日までにこれをまとめて申告するというものです。

実際には、概ね過去1年間に6回以上輸入されたもので、継続的に輸入される貨物として指定されたものだけが特例申告の対象となるようです。

納期限の延長制度

税関長に申請書を提出し、担保提供をした場合には、課税貨物に課される消費税等について、3か月以内の期間に限り、納期限の延長が認められています（消法51）。

第10章 会計処理と控除対象外消費税額等の取扱い

税込経理方式、税抜経理方式とは？

混合方式ってどんなもの？

「控除対象外消費税額等」って何？

会計処理の方法

消費税に関する会計処理には「税込経理方式」と「税抜経理方式」があり、事業者はそのいずれかの方法によることになります（消費税法等の施行に伴う所得税（法人税）の取扱いについて）。

処理方法の選択にあたっては、原則課税の場合には税抜経理方式、簡易課税の場合には税込経理方式といった制約はありません。たとえ簡易課税制度の適用を受ける場合であっても、税抜経理方式の適用は可能です。

ただし、簡易課税制度の適用を受ける場合には、仮払消費税等の額とみなし仕入率による仕入控除税額が連動しないので、仮払消費税等と仮受消費税等を精算する際に、多額の雑損失あるいは雑収入が発生する可能性があります。

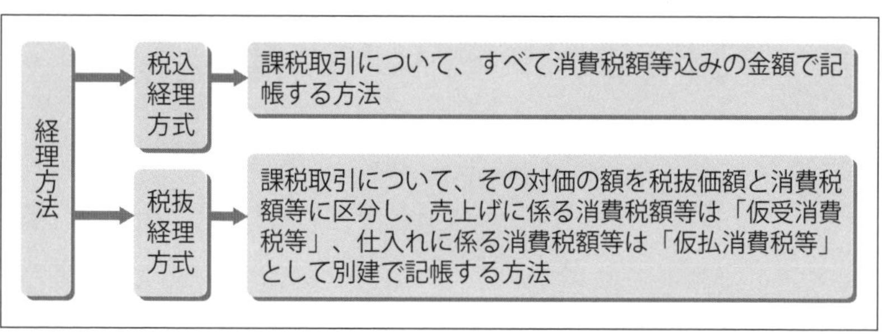

経理方法
税込経理方式
課税取引について、すべて消費税額等込みの金額で記帳する方法
税抜経理方式
課税取引について、その対価の額を税抜価額と消費税額等に区分し、売上げに係る消費税額等は「仮受消費税等」、仕入れに係る消費税額等は「仮払消費税等」として別建で記帳する方法

税抜経理方式による場合には、原則として取引のつど税抜処理をするわけですが、期中は税込みで処理しておいて、課税期間末に一括して税抜きにすることもできます。

◆ 免税事業者の会計処理

免税事業者は税込経理方式しか採用することはできないので注意してください。たとえば、免税事業者である新設法人が、連結決算のために親会社から税抜経理方式を要請されたとしても、法人税は税込経理方式で申告しなければいけないということです。

期中取引の仕訳例

取引（標準税率）		仕訳例			
商品を2,200,000円で掛にて販売した	税込方式	（売掛金）	2,200,000	（売上）	2,200,000
	税抜方式	（売掛金）	2,200,000	（売上）	2,000,000
				（仮受消費税等）	200,000
商品を1,100,000円で掛にて仕入れた	税込方式	（仕入）	1,100,000	（買掛金）	1,100,000
	税抜方式	（仕入）	1,000,000	（買掛金）	1,100,000
		（仮払消費税等）	100,000		
事務用品を4,400円で現金で購入した	税込方式	（事務用品費）	4,400	（現金）	4,400
	税抜方式	（事務用品等）	4,000	（現金）	4,400
		（仮払消費税等）	400		
帳簿価額160,000円の中古備品を100,000円で売却し、現金を受け取った	税込方式	（現金）	100,000	（備品）	160,000
		（備品売却損）	60,000		
	税抜方式	（現金）	100,000	（備品）	160,000
		（備品売却損）	69,090	（仮受消費税等）	9,090
帳簿価額4,000,000円の株券を4,600,000円で売却し、売買手数料44,000円を差し引いた残金4,556,000円が普通預金に入金された	税込方式	（普通預金）	4,556,000	（有価証券）	4,000,000
		（有価証券売却手数料）	44,000	（有価証券売却益）	600,000
	税抜方式	（普通預金）	4,556,000	（有価証券）	4,000,000
		（有価証券売却手数料）	40,000	（有価証券売却益）	600,000
		（仮払消費税等）	4,000		

納付（還付）税額が確定したときの処理

◆納付税額の処理方法

税込経理方式の場合、翌期の申告の時点で、租税公課として費用処理することになりますが、未払費用として前倒しで費用処理することも認められています。

税抜経理方式の場合には、仮受消費税等の残額を借方に計上し、仮払消費税等の残額を貸方に計上し、納付消費税額等を未払費用として貸方に計上します。貸借の差額は、214ページの仕訳例のように、雑損失勘定又は雑収入勘定で処理をします。

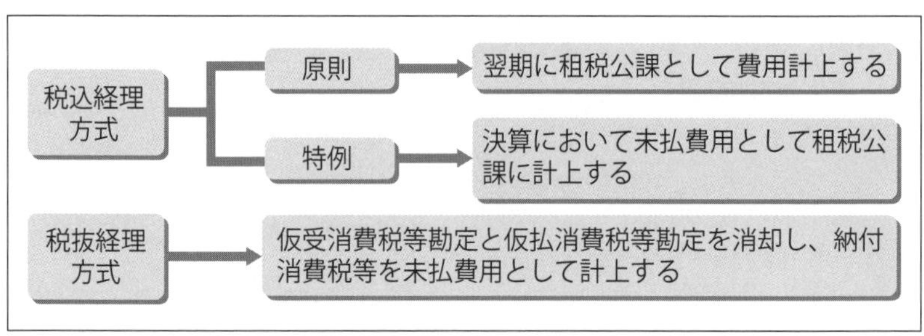

◆中間申告による納付税額の処理

税込経理方式の場合には「租税公課」として、税抜経理方式の場合には「仮払消費税等」で処理することになります。

◆還付税額の処理方法

税込経理方式の場合には、確定申告書に記載した還付税額が翌期になってから指定した銀行口座に振り込まれるので、この時点で雑収入として処理することになりますが、未収入金として前倒しで収益計上することも認められています。

税抜経理方式の場合には、還付消費税額等を未収入金として借方に計上します。

貸借の差額は雑損失勘定又は雑収入勘定で処理をします。

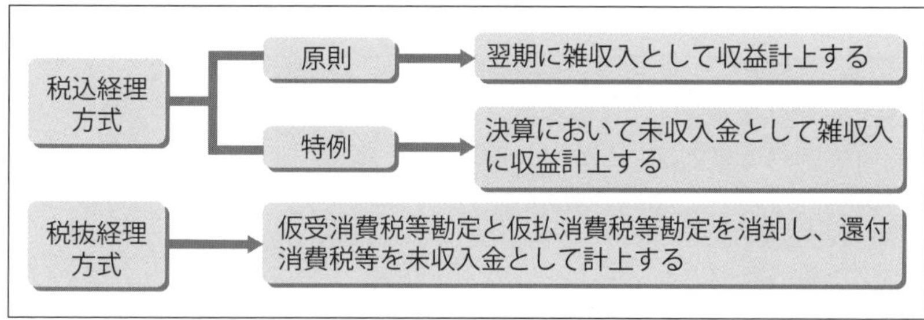

◆ココが実務の落とし穴◆

当社は税込経理を採用している消費税の課税事業者です。当社は業績の低迷に伴い資金繰りが悪化し、消費税の滞納がここ数年間続いていたのですが、社内努力により資金繰りも改善したので、過年度の未納税額を今期中に納付し、租税公課として損金に計上しました。

正しい処理とアドバイス●

税込経理を採用した場合の納付消費税額等は、原則として申告書の提出日の属する事業年度の損金に計上することとされています（消費税法等の施行に伴う法人税の取扱いについて　七)。

したがって、御社のように、過年度の未納税額を当期にまとめて納税したとしても、各期の確定税額は、それぞれの確定申告書の提出日の属する事業年度でなければ損金算入できません。結果、前期より前の事業年度（課税期間）分の納付税額は、法人税申告書の別表四で加算する必要があるわけです。

御社のように、資金繰りが悪化し、しばらくの間は納税が厳しいような場合には、申告書の提出日の属する事業年度において、とりあえずは未納税額を未払消費税として損金経理することをお勧めします。

決算時の仕訳例

取引	方式	区分	借方	金額	貸方	金額
決算において、納付税額が100万円と確定した。 なお、税抜経理方式を採用した場合の仮受消費税等の残高は344万3,100円、仮払消費税等の残高は244万7,600円とする。	税込方式	[原則]	処理なし			
		[特例]	(租税公課)	1,000,000	(未払費用)	1,000,000
	税抜方式		(仮受消費税等)	3,443,100	(仮払消費税等)	2,447,600
			(雑損失)	4,500	(未払費用)	1,000,000
翌期において、上記の確定税額100万円を現金にて納付した。	税込方式	[原則]	(租税公課)	1,000,000	(現金)	1,000,000
		[特例]	(未払費用)	1,000,000	(現金)	1,000,000
	税抜方式		(未払費用)	1,000,000	(現金)	1,000,000
決算において、還付税額が150万円と確定した。 なお、税抜経理方式を採用した場合の仮受消費税等の残高は432万5,100円、仮払消費税等の残高は582万4,830円とする。	税込方式	[原則]	処理なし			
		[特例]	(未収入金)	1,500,000	(雑収入)	1,500,000
	税抜方式		(仮受消費税等)	4,325,100	(仮払消費税等)	5,824,830
			(未収入金)	1,500,000	(雑収入)	270
翌期において、上記の還付税額150万円が指定した当座預金の口座に振り込まれた。	税込方式	[原則]	(当座預金)	1,500,000	(雑収入)	1,500,000
		[特例]	(当座預金)	1,500,000	(未収入金)	1,500,000
	税抜方式		(当座預金)	1.500,000	(未収入金)	1,500.000

混合方式

個人事業者などの小規模事業者に配慮して、「混合方式」によることも認められています。混合方式とは、下図のように課税売上げについてはすべて税抜きにすることを前提に、課税仕入れを①棚卸資産、②固定資産（繰延資産）、③経費等の３グループに区分し、各グループのうち１グループでも税抜処理をしていれば、他のグループの課税仕入れについては税込処理でもよいという経理方法です。

パターン	課税売上高	課税仕入高		
		棚卸資産（仕入れ）	固定資産 繰延資産	経費等
1	税抜き	税抜き	税抜き	税込み
2		税抜き	税込み	税抜き
3		税抜き	税込み	税込み
4		税込み	税込み	税抜き
5		税込み	税抜き	税込み
6		税込み	税抜き	税抜き

混合方式の注意点

棚卸資産のグループについて、固定資産（繰延資産）と異なる処理をしようとする場合には、税込みあるいは税抜きの処理を継続適用することが条件とされているので注意してください。

固定資産については税込みで処理をし、棚卸資産については税抜きで処理しようとする場合には、棚卸資産については翌期以降も継続して税抜きにしなければいけないということです。

なお、混合方式を採用する場合には、課税売上げはすべて税抜きにすることが条件となるので、たとえば、商品売上高だけを税抜きにし、雑収入勘定については税込処理をするようなことは認められません。

控除対象外消費税額等の取扱い

税抜経理方式を採用した場合において、控除できずに残ってしまう仮払消費税等のことを「控除対象外消費税額等」といいます。

したがって、税込経理方式を採用した場合、税抜経理方式を採用した場合でも、課税売上割合が95％以上となることによる全額控除の場合には、「控除対象外消費税額等」という概念は出てこないわけです。

◆ 交際費等に係る控除対象外消費税額等の取扱い

法人税法上、損金不算入額の計算の基礎となる支出交際費等については、税込経理方式の場合には税込金額で、税抜経理方式の場合には税抜金額で計算することとなっています。税抜経理方式を採用した場合に、控除対象外消費税額等で交際費等に係るものがある場合には、その金額は支出交際費等に含めることに注意してください。

◆ 固定資産に係る控除対象外消費税額等の取扱い

固定資産を購入した年又は事業年度の課税売上割合が80％未満で、かつ、その固定資産に係る控除対象外消費税額等が20万円以上の場合には、その控除対象外消費税額等を次のいずれかの方法により処理することとされています（所令182の2、法令139の4）。

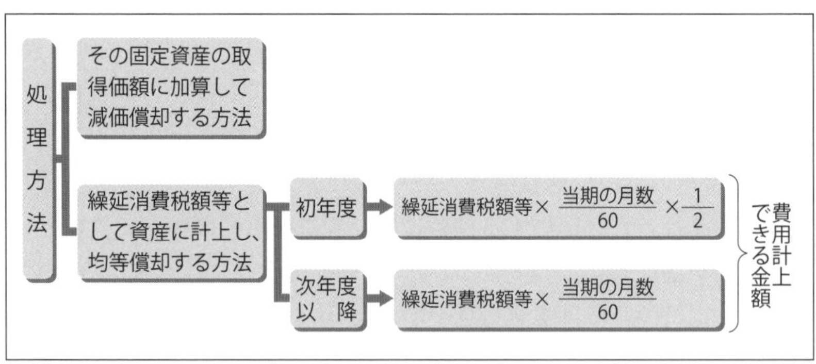

譲渡所得と経理方法の関係（個人事業者）

譲渡所得の計算は、その資産を業務の用に供していた所得（不動産所得、事業所得、山林所得、雑所得）の計算で採用した経理方式と同一の方式によることとされています（消費税法等の施行に伴う所得税の取扱いについて　二(注)二）。したがって、不動産所得の計算で税抜経理方式を採用している個人事業者が賃貸物件を譲渡した場合には、収入金額や必要経費は税抜金額で計算することになります。

また、取得費の計算については、「譲渡収入×5%」を取得費とする特例計算が認められています（措法31の4）が、この場合においても、税込経理方式の場合には「税込収入金額×5%」、税抜経理方式の場合には「税抜収入金額×5%」で計算することになります（消費税法等の施行に伴う所得税の取扱いについて　十三）。

計算例

事業用の土地建物を土地70,000、建物33,000（うち消費税等3,000）で売却し、仲介手数料3,300（うち消費税等300）を支払った場合の譲渡所得の計算は次のようになります。なお、不動産所得の計算においては税抜経理方式を採用しており、譲渡に係る取得費の計算については5%概算控除によることとします（単位：省略）。

(1)　土地の譲渡所得金額

①　収入金額　70,000

②　取得費　①×5%＝3,500

③　譲渡費用

$$3{,}000\times\frac{70{,}000}{70{,}000+30{,}000}=2{,}100$$

④　譲渡所得金額

①－②－③＝64,400

(2)　建物の譲渡所得金額

⑤　収入金額　30,000

⑥　取得費　⑤×5%＝1,500

⑦　譲渡費用

$$3{,}000\times\frac{30{,}000}{70{,}000+30{,}000}=900$$

⑧　譲渡所得金額

⑤－⑥－⑦＝27,600

この譲渡により発生した仮受消費税等3,000と仮払消費税等300は、不動産所得の計算に織り込んで精算（消却）することになります。

◆ココが実務の落とし穴◆

私は賃貸物件の建築費について消費税の還付を受けるため、「課税事業者選択届出書」を提出しました。なお、消費税の会計処理については、税込経理方式を採用した方が減価償却費が多くなることから、不動産所得の計算上、税込経理方式を採用しています。

正しい処理とアドバイス●

●税抜経理方式のススメ

税込経理方式の場合、税抜経理方式と比較して減価償却費は多くなりますが、還付消費税額等は不動産所得の金額の計算上、総収入金額に計上することになります。これに対し、税抜経理方式の場合には、還付消費税額等は未収入金と相殺されますので、不動産所得の計算に何ら影響がありません。

したがって、高額な固定資産を取得した場合には、税抜経理方式を採用した方が課税所得金額が圧縮され、納税者に有利となります。

個人事業者などの小規模事業者が課税事業者を選択する場合には、とかく消費税の還付申告に関心が偏りがちであり、会計処理について税抜経理方式を採用することを忘れてしまうことが多いようです。

上記のように、高額な固定資産を取得した場合には、税抜経理方式を採用した方が課税所得金額が圧縮され、納税者に有利に作用するわけですから、「課税事業者選択届出書」その他の届出書の管理と共に、所得税の申告における会計処理の選択についても検討を忘れないようにしてください。

●還付消費税額等の処理

いったん税込経理方式を採用して所得税の確定申告書を提出した場合には、修正申告や更正の請求により税抜経理方式に変更することはできません。よって、確定申告書を提出した年中に振り込まれた還付消費税額等は、忘れずにその年の不動産所得の金額の計算上、総収入金額に計上するようにしてください。

勘定科目別にみた課税区分の留意点

収入科目では何に注意する？

金融取引で注意すべきことは？

販売管理費では何に注意する？

売上高・営業収益

売上高・営業収益の取扱いについて、実務上、比較的重要と思われる業種をいくつかピックアップし、その売上高や営業収益の大まかな課税区分について確認します。

卸売業・小売業

課税商品の売上高は当然に課税となりますが、身体障害者用物品の販売業であれば、その売上高は非課税となります。また、輸出売上高は免税となるので、国内売上げとは明確に区分する必要があります。

商品券などの物品切手等の売上高は非課税です。

製造業・建設業

課税資産の製造業であれば、製品の売上高は課税となりますが、身体障害者用物品などの非課税製品の製造業であれば、その売上高は非課税となります。なお、輸出売上高は当然に免税となります。

建設業の売上高は基本的に課税となりますが、工事の施工場所が海外の場合には国外取引となるので、その売上高は計算に関係させません。

サービス業

広告代理店などのサービス業の売上高は基本的に課税となりますが、旅行代理店の場合には、商品の内容に応じて課税区分をする必要がありますので注意が必要です。たとえば海外パック旅行であれば、その内容により、課税売上高、免税売上高、国外売上高が発生することになります。

飲食店業、宿泊業の売上高は基本的に課税となりますが、海外で営業するレストランやホテルなどは国外取引となるので、その売上高は計算に関係させません。

運輸業

国内運輸であれば課税となりますが、国際運輸による売上高は輸出免税となります。また、通関業務を営む場合には、通関業務料金や外国貨物に係る運送費、保管料なども免税となります。

不動産業

土地の売上高は非課税となりますが、建物の売上高は課税です。

仲介手数料収入や賃貸マンションの管理による収入も課税です。

賃貸収入の場合には、居住用の家賃収入は非課税に、店舗、事務所などの家賃収入は課税になります。

医療業

保険診療報酬は非課税ですが、自由診療報酬は課税となります。

なお、保険診療報酬は、患者の自己負担金と社会保険庁から収受する金額の合計が非課税となります。

金融業

貸付金の利息などは非課税となりますが、事務手数料に相当する部分は課税となります。

ただし、海外への送金手数料は非課税です。

介護・社会福祉事業

介護保険法に規定する居宅サービスや社会福祉事業などに関するものは原則として非課税となります。ただし、特別室の提供や生産活動によるものなど、課税されるものもあるので注意が必要です。

学校

授業料や入学金などが非課税となりますが、専修学校や各種学校などは非課税要件があります。

家賃

賃貸マンション・店舗・事務所の家賃収入

居住用の賃貸物件は、月決め家賃の他、定額で収受する共益費、礼金も含めて非課税となります。貸店舗、事務所などの賃貸は非課税とはならないので、その家賃収入は課税となります。家賃とともに定額で収受する共益費や契約時に収受する礼金も課税となりますが、退去時に賃借人に返還する保証金などは単なる預り金であり、課税の対象とはなりません。

なお、原状回復費用は「修繕」という役務提供の対価として課税となりますが、修繕費用を賃貸人が立替払いし、これと同額を預り敷金から差し引くような場合には、その立替金は課税の対象とはなりません。

（注）駐車場の賃貸は原則として課税となります。

社宅・保養所の使用料収入

借上社宅を従業員に利用させ、社宅使用料を収受する場合には、その社宅使用料は住宅家賃であり、非課税となります。なお、家主に支払う社宅の借上料は非課税であり、課税仕入れとはなりません。

保養所を従業員に利用させ、利用料を収受する場合には、その利用料は社宅家賃とは異なるものであり、課税となります。なお、事業者が保養所を借り上げている場合には、その保養所の家賃は課税仕入れに該当し、仕入税額控除の対象となります。

保証金の償却

保証金の償却額は、その契約内容に応じ、返還しないことが確定した時点で課税の対象となるので、返還不要が確定した時点で、居住用の賃貸物件であれば非課税、店舗、事務所など居住用以外の物件であれば、課税売上高として処理することになります。

資産の売却収入

資産を売却した際は、売却損益ではなく、売却収入を売上げとして認識することに注意してください。

また、車両の買換えなどをする際に、中古車両を下取りに出し、下取金額と新車の購入代金とを相殺して決済することがありますが、このような場合であっても下取金額を新車の取得価額と相殺して処理することはできません。

中古車両の下取金額は課税売上高として処理し、新車の取得については下取金額を控除する前の価額で課税仕入高を認識することになります。

◉課税売上高となるもの◉

- 建物、機械などの土地以外の固定資産の売却収入
  建物の売却に際し、固定資産税等の清算金を受領した場合には、その固定資産税等の清算金は建物の売却収入に含めることとされています。
- 特許権など、無形固定資産の売却収入
  国外で登録されたものなどについては国内取引に該当しないケースもありますので注意が必要です。また、非居住者に対する特許権などの譲渡や貸付けについては、最終的に輸出免税の規定が適用されることになります。
- ゴルフ会員権などの売却収入
- 不要段ボール、作業屑などの売却収入

◉非課税売上高となるもの◉

- 土地の売却収入
  土地の売却に際し、固定資産税等の清算金を受領した場合には、その固定資産税等の清算金は土地の売却収入に含めることとされています。
- 有価証券の売却収入
  上場株式などを売却した場合には、課税売上割合の計算上、その売却金額の5%を非課税売上高に計上することに注意してください。

金融取引

受取配当金と受取利息

配当金は株主又は出資者としての地位にもとづいて受け取るものであり、株主が資産の譲渡等をした対価として受けるものではないため課税の対象とはなりません。

一方、銀行預金の利息については課税の対象（非課税）となるので、消費税の課税区分にあたっては、受取利息と受取配当金はまったく異なるものだと認識する必要があります。

貸付金の利子・手形の割引料・割引債の償還差益

非課税となる金融取引には、貸付金、預金等の利子の他に、手形の割引料や割引債の償還差益なども含まれます。

証券投資信託の収益分配金

証券投資信託に係る収益分配金については、所得税、法人税においては、公社債に係るものは利子、株式に係るものは配当として取り扱われていますが、金銭を信託するという行為は預金の預入れなどと実質的には変わらないことから、消費税ではすべて非課税として取り扱うこととしています。

売上割引・仕入割引

売掛金を支払期日前に回収したことにより取引先に支払う売上割引や、買掛金を支払期日前に支払ったことにより取引先から収受する仕入割引については、会計上は利子的な性格を有するものとされていますが、消費税の世界では売上代金や仕入代金のマイナス項目（売上（仕入）対価の返還）として取り扱うことになります。

したがって、仕入割引は受取利息とは異なるものであり、非課税売上高とはなりません。

寄付金・補助金・保険金・対価補償金

寄付金・補助金・保険金

寄付金、国や地方公共団体から収受する補助金、保険会社から収受する保険金収入は対価性のないものであり、課税の対象とはなりません。なお、収受した寄付金や補助金、保険金が課税対象外収入であっても、その寄付金収入などで取得した課税資産は課税仕入れに該当し、仕入税額控除の計算に取り込むことができます。

対価補償金

道路拡張工事などのために所有する不動産が収用されるようなことがありますが、収用により補償金を取得するということは、国等に対して土地などを売却し、その対価として補償金を取得するのと同じことです。

したがって、収用に伴う補償金の取得は課税の対象となり、土地が収用された場合には、その対価補償金は非課税売上高となります。

国や地方公共団体から収受するものであっても、補助金と収用による対価補償金ではその取扱いが異なることにご注意ください。

なお、課税の対象となるのは対価補償金だけであり、休廃業又は資産の移転に伴い収受する収益補償金や経費補償金は対価性のないものですから、課税の対象とはなりません。

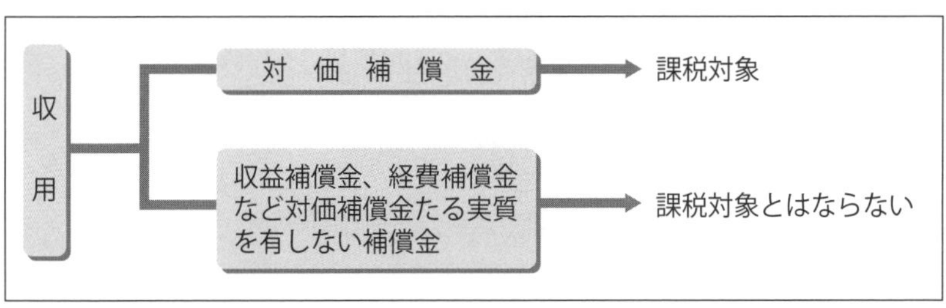

損害賠償金

損害賠償金は、心身又は資産に加えられた損害につき受けるものですから資産の譲渡等の対価には該当しません。

注意してほしいのは、「損害賠償金」という名目だけで単純に判断はできないということです。たとえば、自動車の運転中に軽微な接触事故に遭い、キズの付いた車を加害者に引き渡したうえで損害賠償金をもらうような場合には、その損害賠償金の実体はキズの付いた車の譲渡代金であり、課税の対象（課税売上高）となるのです。

特許権や意匠権など、その権利が保護されているものを利用する場合には、特許料などを権利者に支払う必要があるわけですが、これを無許可で利用されたことにより、相手方から収受する損害賠償金は正に権利の使用料であり、課税の対象となります。

建物などの借家人が契約違反をしたことにより、家主が契約に基づいて損害賠償金を収受するような場合にも、その損害賠償金の実体は契約にもとづく割増家賃であり、課税の対象となるのです。なお、この場合の割増家賃については、居住用物件であれば非課税売上高に、店舗、事務所などであれば課税売上高になります（消基通5-2-5）。

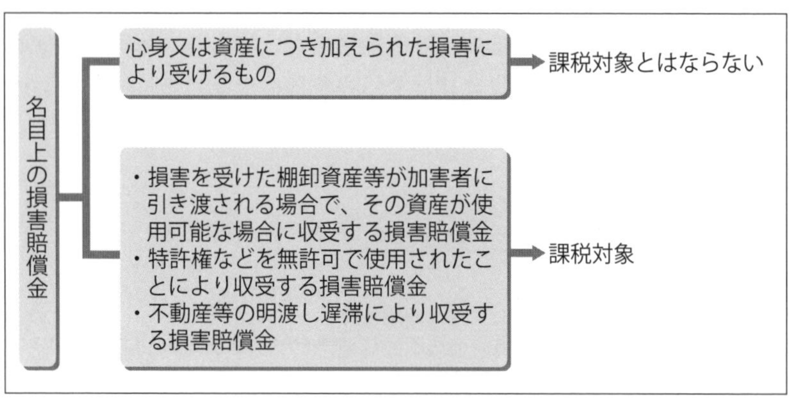

給与負担金、労働者派遣料

給与負担金のように、労働の対価として支払われるものは課税の対象とはなりません。したがって、出向元事業者が収受する給与負担金は課税対象外収入となり、出向先事業者が支出する給与負担金は課税仕入れとはなりません（消基通5-5-10）。

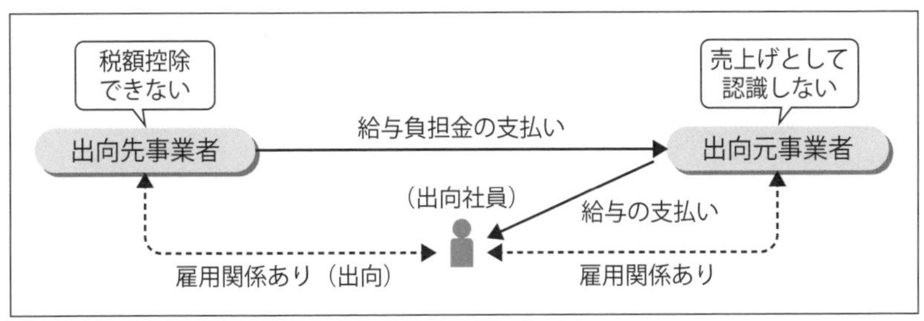

ただし、人材派遣会社が社員を派遣し、技術指導や経営指導を行ったことにより収受する金額などは、役務提供に係る対価として課税されることになります。

したがって、派遣元の事業者はその収受する派遣料を課税売上高として計上し、派遣を受ける事業者は、その支払った派遣料を課税仕入高として計上することができます（消基通5-5-11）。

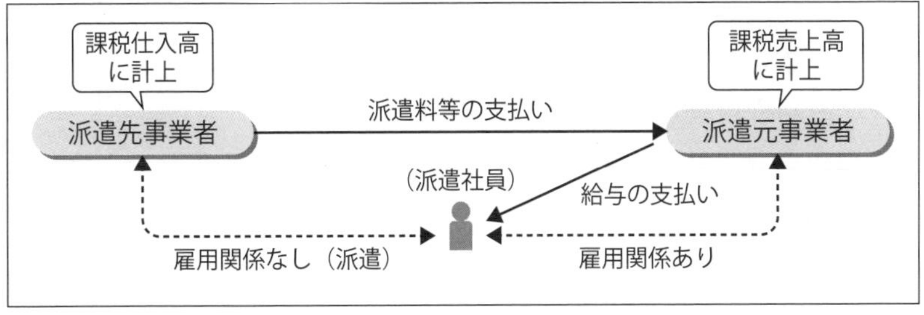

つまり、出向（派遣）社員と出向（派遣）先事業者との間に、雇用関係があるかどうかにより、給与負担金になるのか、労働者派遣料になるのかということを判断すればよいということです。

給与と報酬の区分

個人が雇用契約に基づき、他の者に雇われて行う役務の提供は「事業」に該当しないことから課税の対象とはならず、その個人は「事業者」ではないことから当然に納税義務もありません。したがって、たとえ出来高払いで給与を支払っていたとしても、その給与の支払いは課税仕入れには該当しないため、仕入控除税額の計算に取り込むことはできません。

これに対し、大工さんなどのいわゆる一人親方が、建設会社などとの請負契約により行う役務の提供は事業に該当するため、建設会社は、支払った報酬（外注費）について、課税仕入れとして処理することができます。

個人が支払いを受けた対価が出来高払いの給与であるか請負による報酬であるかの区分については、原則として雇用契約等に基づく支払いであるかどうかにより判断することになりますが、給与か報酬かの区分が明らかでない場合には、次の事項を総合勘案して判定することとされています（消基通1-1-1）。

① 仕事の内容が他人が代替できるものかどうか

② 事業者（現場監督など）の指揮監督を受けるかどうか

③ 未完成品が事故などにより滅失した場合においても報酬の請求ができるかどうか

④ 材料や用具が供与されているかどうか

工事現場などであれば、職人が元請業者から材料や用具の支給を受け、現場監督の指揮命令の下に仕事をして日当をもらうような場合には、その日当は給与と判断される可能性が高いということです。

ただし、上記のようなケースであっても、請負契約に基づく役務の提供であれば、元請業者が支払う報酬（外注費）は課税仕入れに該当し、仕入控除税額の計算に取り込むことができます。

通勤手当・日当

通勤手当

通勤手当は、給与とともに支給する、あるいは定期券などの現物を支給する場合のいずれであっても、適正な金額であれば課税仕入れに該当することになります。所得税法では、非課税限度額の15万円を超える通勤手当については給与所得として源泉税が課されるのですが、消費税の場合には、業務上必要なものであれば、たとえ15万円を超えて支給しても課税仕入れとして処理することができます。

ただし、マイカー通勤などの場合には、自宅と会社までの距離により所得税の非課税限度額が定められているので、消費税についても、所得税の非課税限度額の範囲内で支給したものを課税仕入れとして認めることとしています（消基通11-2-2）。

なお、住宅手当や○○手当として支給されるものは給与であり、通勤手当とは当然に取扱いが異なるので注意してください。

日当

出張に伴い社員に支給する日当は、給与というよりも現地で要する諸経費の概算払いです。したがって、社内規定などに基づく適正な金額であれば、たとえ定額を渡し切りで支給する場合であっても、旅費、宿泊費とともに課税仕入れとして処理することができます。

ただし、海外出張のために支給する旅費、宿泊費は免税あるいは国外仕入れとなるものであり、日当についても原則として課税仕入れとはなりません（消基通11-2-1）。

課税仕入れとなるもの	課税仕入れとならないもの
●通勤手当 ●人材派遣料 ●国内出張に伴い支給する日当	●役員報酬、賞与、退職金 ●従業員給与、賞与、退職金 ●アルバイト料などの雑給 ●出向社員の給与負担金

福利厚生費

慰安旅行費用

国内での慰安旅行費用については課税仕入れとなりますが、温泉旅館などで払う入湯税は課税仕入れとはなりません。

海外への慰安旅行については、国際線の航空運賃は輸出免税の対象となるものであり、課税仕入れとはなりません。また、現地での旅費や宿泊費も国外取引であり、税額控除はできないことになります。

ただし、海外旅行であっても空港までの旅費や空港施設利用料については課税仕入れに該当するので、その内訳を区分して処理する必要があります。

慶弔費

現金による祝金、見舞金、香典などは対価性のないものであり、課税仕入れとはなりません。生花や葬儀の際の花輪など、課税物品を購入して贈るような場合には、たとえ贈答目的であっても課税仕入れに該当することになります。ただし、商品券やビール券などは非課税とされているので課税仕入れとはなりません。

会費・入会金

福利厚生目的でスポーツクラブなどと契約し、会費や入会金を支払った場合には、その会費や入会金の実態は施設の利用料と認められるので課税仕入れとなります。ただし、脱退時に返還することとされている入会金は単なる預け金であり、課税仕入れとはなりません。

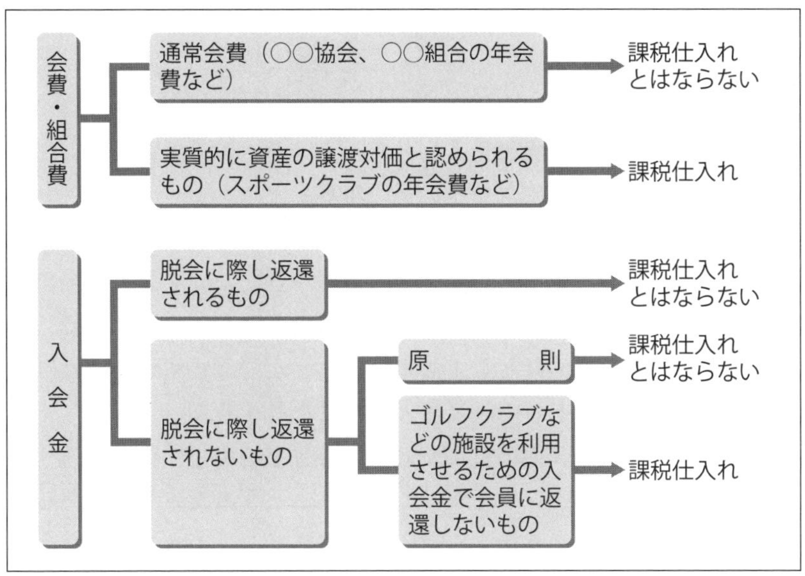

健康診断費用

従業員の健康診断料は保険診療の対象とはなりませんので非課税とはならず、課税仕入れに該当します。

社宅の借上料

社宅として転貸することが契約により明らかにされているものは非課税となりますので、社宅の借上料は課税仕入れとはなりません。

課税仕入れとなるもの	課税仕入れとならないもの
●国内での慰安旅行費用（入湯税は課税仕入れとはなりません） ●生花、花輪などの慶弔費 （商品券、ビール券などの購入費は課税仕入れとはなりません） ●忘年会費、研修会費 ●スポーツクラブなどの会費、入会金（脱退時に返還される入会金は課税仕入れとはなりません） ●健康診断費用	●海外への慰安旅行費用 （国内旅費、空港施設利用料については課税仕入れとなります） ●祝金、見舞金、香典などの現金による慶弔費 ●社宅の借上料

旅費交通費

国内出張については課税仕入れとなりますが、海外出張については原則として税額控除はできないことになります。

出張に伴い社員に支給する日当は、現地で要する諸経費の概算払いとして扱われます。したがって、社内規程などに基づく適正な金額であれば、たとえ定額を渡し切りで支給する場合であっても、旅費、宿泊費とともに課税仕入れとして処理することができますが、海外出張に伴うものは、原則として課税仕入れとはなりません。

また、通勤手当は、従業員が交通機関などを利用し、職場に通うために支給するものです。したがって、給与とともに支給する、あるいは定期券などの現物を支給する場合のいずれであっても、適正な金額であれば課税仕入れに該当することになります。

◆出張支度金・転勤支度金

転勤支度金、転勤に伴う引越費用などについては、社内規程などに基づく適正金額であれば、たとえ定額を渡し切りで支給する場合であっても課税仕入れとして処理することができます。

◆回数券など

業務用のバスの回数券などは、原則として課税期間中に使用した金額だけが課税仕入れとなりますが、継続適用を条件として購入時に仕入税額控除の対象とすることが認められています。

課税仕入れとなるもの	課税仕入れとならないもの
●国内出張に伴う旅費、宿泊費、日当 ●通勤手当 ●出張支度金、転勤支度金、転勤に伴う引越費用 ●回数券などの購入費	●海外出張に伴う旅費、宿泊費、日当（国内旅費、空港施設利用料については課税仕入れとなります）

通信費

電話料金

国内電話料金は課税仕入れとなりますが、国際電話料金は輸出免税の対象となるものであり、課税仕入れとはなりません。したがって、KDDIに支払う電話料金であっても、その内容を国内電話と国際電話に区分する必要があります。

テレホンカード

業務用のテレホンカードは、原則として課税期間中に使用した度数分だけが課税仕入れとなりますが、継続適用を条件として購入時に仕入税額控除の対象とすることが認められています。

（注）贈答用のテレホンカードは非課税となり、仕入税額控除はできません。

郵便切手類

原則として課税期間中に使用した金額だけが課税仕入れとなりますが、継続適用を条件として購入時に仕入税額控除の対象とすることが認められています。法人税の世界では、期末の未使用分を通信費勘定から貯蔵品勘定に振り替えなければなりませんが、消費税の世界では、貯蔵品に振り替えた金額も含めて、購入時点での税額控除が認められています。

国際郵便料金は輸出免税の対象となるものであり、課税仕入れとはなりません。したがって、郵便切手を使用して国際郵便を利用した場合には、その金額は郵便切手の購入代金からマイナスして課税仕入れ等の金額を把握する必要があるわけです。

課税仕入れとなるもの	課税仕入れとならないもの
●国内電話料金 ●業務用テレホンカード代 ●国内郵便料金（切手の購入費）	●国際電話料金 ●国際郵便料金

交際費

交際費とは、取引先に対する接待、供応、慰安、贈答などのために支出する費用をいいます。したがって、福利厚生費や広告宣伝費などの勘定科目で処理している場合であっても、法人税法上交際費となる費用もあります。

なお、交際費に該当するかどうかということは、消費税の課否判定には関係がありません。ただし、税抜経理方式を採用した場合の交際費に係る控除対象外消費税額等については、支出交際費に加算することとされていますので注意が必要です。

接待費

接待飲食費や接待ゴルフ費用、ゴルフ場の年会費などは課税仕入れとなりますが、ゴルフ場利用税は課税仕入れとはなりません。なお、料亭などを接待で利用した場合の仲居さんに対するチップも交際費となりますが、チップは対価性のないものであり、課税仕入れとはなりません。

慶弔費

現金による祝金、見舞金、香典などは対価性のないものであり、課税仕入れとはなりません。生花や葬儀の際の花輪など、課税物品を購入して贈るような場合には、たとえ贈答目的であっても課税仕入れに該当することになります。ただし、商品券やビール券などは非課税とされているので課税仕入れとはなりません。

記念行事費用

得意先を招待し、新年会などを開催した際の費用は課税仕入れとなります。

なお、招待客から祝儀金を収受した場合には、その祝儀金は対価性のないものであり、課税対象外収入となりますが、この祝儀金を交際費と相殺することはできないので注意が必要です。新年会の開催費用の全額を交際費として処理し、祝儀金は雑収入として処理することになります。

使途不明金など

仕入税額控除の適用を受けるためには、法定事項が記載された帳簿及び請求書等を確定申告期限から7年間保存することが要件とされているので、使途不明金や渡切交際費など、その内容が明らかでないものは当然に仕入税額控除の対象とすることはできません（消基通11-2-23）。

控除対象外消費税額等

法人税法上、税抜経理方式を採用した場合に発生した控除対象外消費税額等のうち、交際費等に係るものは支出交際費等に加算したところで損金算入限度額を計算することとされています。

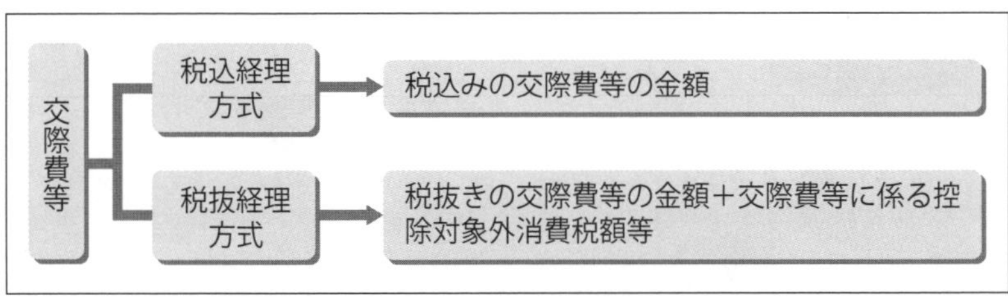

課税仕入れとなるもの	課税仕入れとならないもの
●接待飲食費 ●接待ゴルフ費用、ゴルフ場の年会費（ゴルフ場利用税は課税仕入れとはなりません） ●生花、花輪代などの慶弔費（商品券、ビール券などの購入費は課税仕入れとはなりません） ●記念行事費用	●祝金、見舞金、香典などの現金による慶弔費 ●使途不明金、渡切交際費など

荷造運送費

運送費

国内運送費は課税仕入れとなりますが、国際運送費は輸出免税の対象となるものであり、課税仕入れとはなりません。

通関業務料金など

貨物の通関手続を業者に委託する場合の通関業務料金は、外国貨物に係る役務の提供として輸出免税の対象となるものであり、課税仕入れとはなりません。また、保税地域内で要する貨物の荷役費や運送費、保管料なども輸出免税の対象となるものであり、課税仕入れには該当しないことになります。

■輸出に伴う諸費用の取扱い

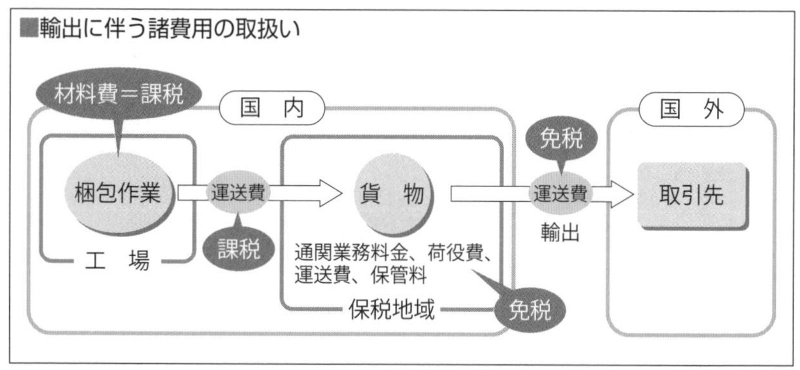

荷造材料費

運送のための梱包材料費については、たとえ輸出用の貨物に係るものであってもすべて課税仕入れとなります。

燃料費

自社で国内運送をする場合のガソリン代、軽油代などの燃料費は課税仕入れとなりますが、軽油代とともに支払う軽油引取税は課税仕入れとはなりません。

課税仕入れとなるもの	課税仕入れとならないもの
●荷造材料費 ●荷造業者に対する梱包費用 ●運送業者に対する国内運送費 ●ガソリン代、軽油代などの燃料費（軽油引取税は課税仕入れとはなりません）	●国際運送費 ●輸出入貨物に係る通関業務料金、保税地域内での荷役費、運送費、保管料など

◆ココが実務の落とし穴◆

貨物の輸入手続を通関代行業者に依頼していますが、この輸入代行業者に支払った輸入諸経費と海外の仕入先に支払った仕入代金をすべて国内課税仕入高として処理しています。

正しい処理とアドバイス●

仕入税額控除の対象となるのは、国内での課税仕入れと輸入貨物です。輸入仕入高は消費税計算には一切関係しませんので、国内仕入分とは当然に区分して処理をする必要があります。

また、輸入諸経費の中には、外国貨物の運送費や保管料、通関業務料金などが含まれていますが、これらの費用は輸出免税の対象となるものなので課税仕入れとはなりません。

通関手続を業者に依頼した場合には、通関手続に必要な諸経費は、通常代行業者が立替払いをしたうえで、手数料とともにまとめて請求をしてくるようです。立替金の内訳は、消費税、地方消費税、関税などの通関時に納めるべき税金の他に、保税地域内での外国貨物の荷役費、保管料、運送費などがあります。輸入に関する諸税のうち、仕入控除税額の計算に取り込まれるのは6.3%の消費税部分だけです。地方消費税や関税などは一切控除することはできませんのでご注意ください。

広告宣伝費

広告宣伝費

新聞、雑誌などへの広告掲載料やチラシの作成費用、新聞折込広告料、試供品の制作費用など、広告宣伝費は基本的に課税仕入れとなります。

一般消費者に対する懸賞金

広告宣伝の一環として、抽選などにより一般消費者に懸賞金を交付するような場合には、その懸賞金は対価性のないものであり、課税仕入れとはなりません。ただし、課税物品を景品として交付する場合には、その景品の購入費は課税仕入れとなります。

贈答用のプリペイドカード

プリペイドカードについては、従業員に業務用として配布する場合と取引先などに贈答する目的で購入する場合があります。贈答目的で購入したプリペイドカードについては、これを購入した事業者が自ら使用するものではないので物品切手等の仕入れとして非課税となり、仕入税額控除はできないことになります。

プリペイドカードの購入費については、業務用か贈答用かにより仕入税額控除の取扱いが異なってきますので注意が必要です。

なお、無地のプリペイドカードを購入し、これに社名を印刷して取引先などに贈与する場合には、プリペイドカードの購入費用は非課税仕入れであり、社名印刷代だけが課税仕入れとなります。

課税仕入れとなるもの	課税仕入れとならないもの
●新聞、雑誌などへの広告料 ●チラシの作成料、新聞折込料 ●試供品などの制作費用	●一般消費者に対する懸賞金 ●贈答用プリペイドカードの購入費用（社名印刷費用などは課税仕入れとなります）

賃借料

貸店舗、事務所などの家賃は課税仕入れとなります。家賃とともに定額で支払う共益費や契約時に支払う礼金、保証金の償却額も課税仕入れになりますが、退去時に返還される保証金などは単なる預け金であり、税額控除はできません。

住宅家賃は共益費や礼金も含めて非課税となります。

社宅として転貸することが契約により明らかにされている場合には、その社宅の借上料も課税仕入れとはなりません。

◆駐車場・土地の使用料

駐車場の使用料は施設の貸付けに係る対価であり、原則として課税仕入れとなります。ただし、駐車場としての地面の整備やフェンス、区画、建物の設置などをしていない、いわゆる青空駐車場についてだけは非課税となる土地の貸付けに含まれることとされています。よって、課税仕入れとはなりません（消基通6-1-5（注）1）。

更地の貸付けは非課税となります。ただし、1か月未満の短期貸付けの場合には非課税とはならないので、支払サイドでは土地の賃借料であっても課税仕入れとして処理することができます。

◆リース料

事務機器などのリース料については基本的に課税仕入れとなりますが、内訳表示されている金利、保険料は非課税であり、課税仕入れとはなりません。

課税仕入れとなるもの	課税仕入れとならないもの
●事務所、店舗などの家賃 ●駐車場の使用料 ●事務機器などのリース料（金利、保険料は課税仕入れとはなりません）	●地代（1か月未満の土地の賃借料は課税仕入れとなります） ●社宅の借上料

支払手数料

税理士・司法書士などの報酬

税理士や司法書士の報酬は課税仕入れとなりますが、司法書士の請求金額に含まれている印紙代などの立替金は課税仕入れとならないので注意が必要です。

なお、税理士や司法書士の報酬からは、10.21％の源泉税を天引きして支払うことになりますが、課税仕入れとなるのは源泉税を控除する前の金額です。

（支払手数料）	×××	（現預金）×××
	↑	（預り金）××
	課税仕入高	

送金手数料

国内間での送金手数料は課税仕入れとなりますが、海外への送金手数料は非課税であり、課税仕入れとはなりません。

外貨への両替手数料

いわゆる為替手数料は非課税とされているので、課税仕入れとはなりません。

行政手数料

住民票、印鑑証明書、固定資産課税台帳などの発行手数料は非課税とされているので、課税仕入れとはなりません。

クレジット手数料

カード加盟店が売掛債権を信販会社に譲渡する際に発生するクレジット手数料は債権売却損です。

たとえば、下図のように、100の売掛債権を10%の手数料を支払って換金する場合には、信販会社では儲けの10が非課税売上高となり、販売店の負担する手数料10は課税仕入れとはなりません。

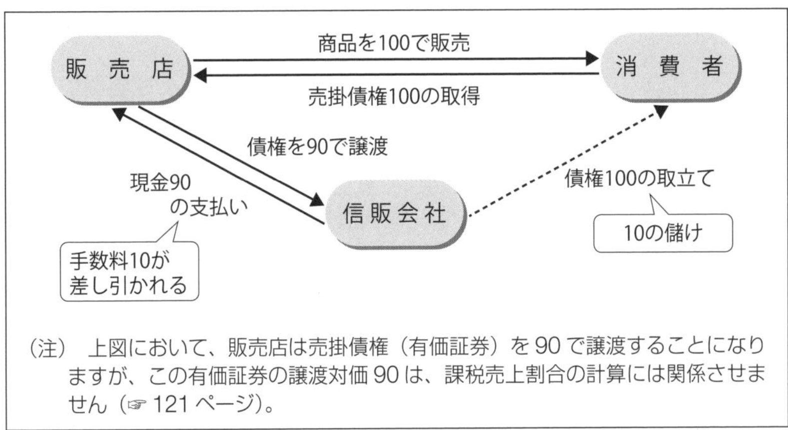

（注） 上図において、販売店は売掛債権（有価証券）を90で譲渡することになりますが、この有価証券の譲渡対価90は、課税売上割合の計算には関係させません（☞121ページ）。

◆販売奨励金

金銭により取引先に支払う販売奨励金は、課税仕入高ではなく、課税売上高のマイナスとして処理することになります（消基通14-1-2）。よって、税額控除の対象にするとともに、税抜金額を課税売上割合の計算で総売上高からマイナスします。

（注）金銭により取引先から収受する販売奨励金は、課税売上高ではなく、課税仕入高のマイナスとして処理することとされています（消基通12-1-2）。

課税仕入れとなるもの	課税仕入れとならないもの
●税理士・司法書士などの報酬（印紙税などの立替分は課税仕入れとはなりません） ●国内間の送金手数料 ●販売手数料、代理店手数料	●海外への送金手数料 ●外貨への両替手数料 ●住民票、印鑑証明書、固定資産課税台帳などの発行手数料（いわゆる行政手数料） ●クレジット手数料 ●金銭による販売奨励金

諸会費・その他の販管費

諸会費

同業者団体に支払う通常会費などについては、明確な対価関係がないことから原則として課税仕入れとはなりません。これに対し、名目が会費等とされている場合であっても、その内容が実質的に出版物の購読料、映画・演劇等の入場料、職員研修の受講料又は施設の利用料等と認められる場合には、その会費等は課税仕入れとなります。

なお、課税の対象とならない会費等の場合には、これを収受する同業者団体等は、その旨を会費等の支払者（構成員）に通知することが義務づけられているので、支払通知書などを確認したうえで課税区分を判断する必要があります（消基通5-5-3)。

その他の販管費

その他の販管費のうち、課税仕入れになるものとならないものについて大まかに確認してみましょう。

課税仕入れとなるもの	課税仕入れとならないもの
●修繕費、消耗品費、水道光熱費、新聞図書費、会議費、研修費など	●支払利息割引料、保険料、法定福利費、信用保証料、物上保証料 上記の費用は、非課税であることから課税仕入れとはなりません。 雇用主負担の健康保険料や厚生年金保険料、雇用保険や労災保険などの労働保険料を総称して「法定福利費」といいます。 信用保証料と物上保証料は、その実態が保険料であることからともに非課税とされています。 ●減価償却費、引当金繰入額、○○売却損、○○評価損、棚卸減耗損 上記の費用は、会計あるいは税務上の処理として計上されるものであり、課税仕入れとは本質的に異なるものです。 ●租税公課、罰金、反則金、損害賠償金など 税金や罰金などの支払いは、法令に基づいて行われるものであり、課税仕入れとは本質的に異なるものです。なお、損害賠償金については、その実態に基づき課税区分を判断することに注意してください（☞226ページ)。

課税資産の購入

課税仕入れとなるものは費用だけではありません。課税資産を購入した場合には、その資産の取得も課税仕入れとなります。

所得税、法人税においては、固定資産の取得価額はその耐用年数に応じ、減価償却費として毎期費用配分するわけですが、消費税には期間損益計算という概念がないので、どんなに高額な資産であろうと、また、耐用年数が何年であろうとも、購入時にその全額が仕入れとして認識されることになります。

また、車両の買換えなどをする際に、中古車両を下取りに出し、下取金額と新車の購入代金とを相殺して決済することがありますが、このような場合であっても下取金額を新車の取得価額と相殺して処理することはできません。

中古車両の下取金額は課税売上高として処理をし、新車の取得については下取金額を控除する前の価額で課税仕入高を認識することになります。

課税仕入れとなるもの	課税仕入れとならないもの
●建物、機械などの土地以外の固定資産 中古物件の購入に際し、固定資産税等の清算金を支払った場合には、その固定資産税等の清算金は建物の取得価額に含めることとされています。 ●特許権などの無形固定資産 ただし、国外で登録されたものなどについては国内取引に該当しないケースもありますので注意が必要です。 ●電話加入権 ●ゴルフ会員権、レジャークラブなどの入会金など ただし、脱退時に返還される入会金は課税仕入れとはなりません。	●土地、有価証券などの非課税資産 ●保険積立金、敷金、保証金、建設仮勘定、前払金、立替金など 単なる預け金あるいは前払金であり、課税仕入れとはなりません。

◆ココが実務の落とし穴◆

私は店舗兼用住宅の建築費について消費税の還付を受けるため、「課税事業者選択届出書」を提出しました。取得した建物は、1階を店舗、2階を居住用として使用する予定であることから、一括比例配分方式を適用し、建築費に課税売上割合を乗じた金額を仕入税額控除の対象としています。

正しい処理とアドバイス●

個人事業者が家事用の資産を購入した場合には、その購入代金を仕入税額控除の対象とすることはできません。店舗兼用住宅のような家事共用資産を購入した場合には、使用割合などを用いてあん分し、事業用の部分だけを仕入税額控除の対象とすることになります。

●計算例

> 個人事業者が2階建ての店舗兼住宅を4,400万円で取得し、1階を店舗、2階を居住用として使用する場合の課税仕入れに係る支払対価の額は次のように計算します。なお、各床面積は、店舗部分120m²、住居部分80m²、共用部分20m²、計220m²です。

① 事業用部分の床面積

$$120m^2+20m^2\times\frac{120m^2}{220m^2-20m^2}=132m^2$$

② 課税仕入れに係る支払対価の額

$$4{,}400\text{万円}\times\frac{132m^2}{220m^2}=2{,}640\text{万円}$$

また、店舗兼用住宅を譲渡した場合には、その譲渡対価を使用割合などによりあん分し、事業用の部分だけが課税の対象となります。

なお、個人事業者が行う次の行為については課税の対象とはならないので注意してください（消基通5-1-8）。

① 事業用資金の取得のための家事用資産の譲渡

② 買掛金や事業用借入金の代物弁済として行う家事用資産の譲渡

第12章

国境を越えた役務の提供に関する取扱い

「電気通信利用役務の提供」って何？

リバースチャージ方式とは？

外国のミュージシャンなどの納税はどうなる？

プラットフォーム課税って、知ってる？

国際電子商取引の取扱い

電子書籍・音楽・広告の配信等の電気通信回線を介して行われる「電気通信利用役務の提供」については、役務の提供を受ける者（受益者）の住所等により内外判定をすることとされています（消法4③三）。

これにより、国外事業者が国内に向けて行う「電気通信利用役務の提供」は国内取引に該当し、課税の対象となります。

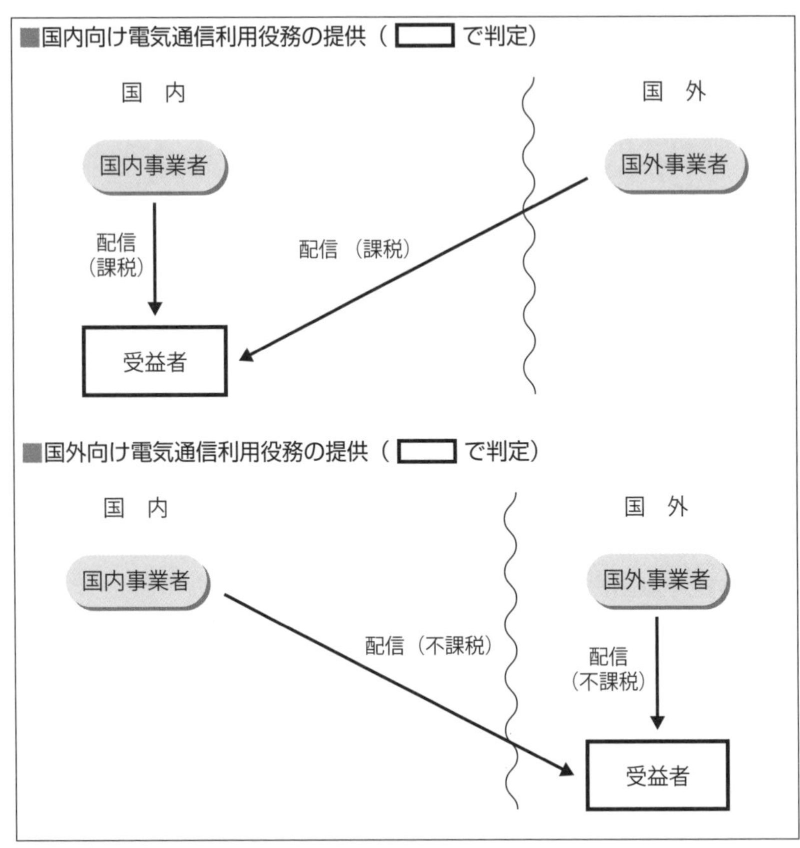

また、国外事業者が国内に向けて行う「電気通信利用役務の提供」を「事業者向け電気通信利用役務の提供」と「事業者向け電気通信利

用役務の提供以外の電気通信利用役務の提供」に区分し、「事業者向け電気通信利用役務の提供」については、国外事業者の納税義務を受益者に転換します（リバースチャージ方式）。

「事業者向け電気通信利用役務の提供以外の電気通信利用役務の提供」については、役務の提供を行う国外事業者が日本の消費税の申告と納税義務を負うことになります（国外事業者申告納税方式）。

この場合において、日本に事務所等を有しない国外の納税義務者は、国内に書類送達等の宛先となる居住者（納税管理人）を置くこととされています。

具体例

サービスの対価（税抜）が100、消費税が10％（10）の場合の課税関係は次のようになります。

■事業者向け電気通信利用役務の提供（リバースチャージ方式）

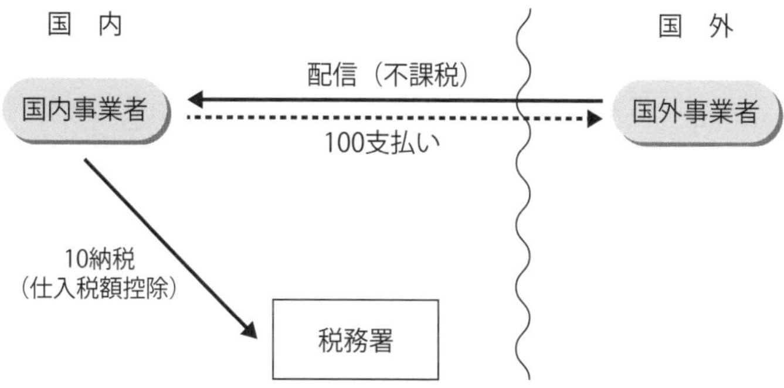

■上記以外の電気通信利用役務の提供（国外事業者申告納税方式）

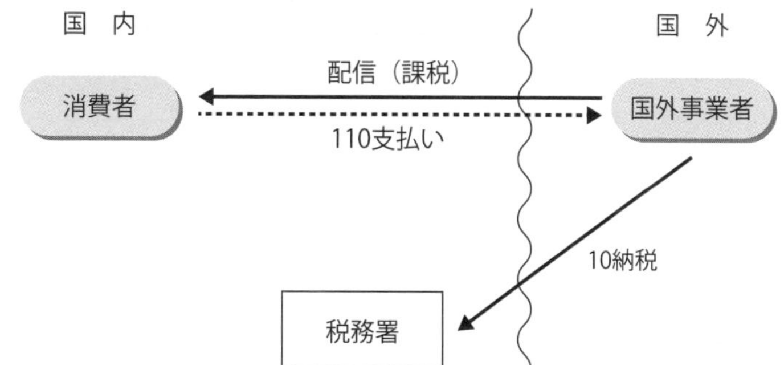

「電気通信利用役務の提供」の定義

「電気通信利用役務の提供」とは、電子書籍・音楽・広告の配信、クラウドサービス等の電気通信回線を介して行われる役務の提供をいいます。メールを利用したデータの送信のように、電気通信利用役務の提供以外の取引に付随して行われる役務の提供や、電話やメールのように、単に通信回線を利用させる役務の提供は含まれません。

また、著作物の利用の許諾に該当する取引は、「電気通信利用役務の提供」に含むこととされています（消法2①八の三）。

● 「事業者向け電気通信利用役務の提供」の意義

「事業者向け電気通信利用役務の提供」とは、国外事業者が行う電気通信利用役務の提供のうち、インターネット等を通じた広告の配信や掲載のように、その取引条件等から、受益者が事業者に限られるものをいいます（消法2①八の四）。

したがって、電子書籍や音楽の配信のように、受益者が事業者に限定されないような取引は「事業者向け電気通信利用役務の提供」には該当しないため、原則として「リバースチャージ方式」は適用されません。

国税庁のQ&A（国境を越えた役務の提供に係る消費税の課税に関するQ&A）によれば、インターネットのwebサイトから申込みを受け付けるようなクラウドサービス等において、「事業者向け」であることをwebサイトに掲載したとしても、消費者などからの申込みを事実上制限できないものは「事業者向け電気通信利用役務の提供」には該当しないこととされています。ただし、受益者（事業者）と利用範囲、利用人数、利用方法等について個別に交渉を行い、一般の取引条件とは別に事業者間で固有契約を締結しているような場合には、その取引は「事業者向け電気通信利用役務の提供」に該当することになるようです（リバースチャージQ&A問3-1・問4）。

納税義務者と仕入税額控除

◆事業者向け電気通信利用役務の提供に対する取扱い

「事業者向け電気通信利用役務の提供」については「リバースチャージ方式」が適用され、受益者である事業者が納税義務を負うとともに、そのサービス（特定課税仕入れ）につき、課されるべき消費税額を仕入控除税額の計算対象とすることができます（消法30①）。

ただし、特定課税仕入れがある課税期間の課税売上割合が95％以上の場合や簡易課税制度の適用を受ける場合には、当分の間、リバースチャージ制度の適用はありません（平成27年改正法附則42）。

●リバースチャージの表示義務

国内において「事業者向け電気通信利用役務の提供」を行う国外事業者は、あらかじめ、受益者である事業者が消費税の納税義務者となる旨を表示しなければなりません（消法62）。

結果、「特定課税仕入れ」を行う事業者は、「リバースチャージ方式」による申告納税の義務をここで確認することになるのです。

ただし、国外事業者からリバースチャージである旨の表示がなかった場合でも、受益者である国内事業者の納税義務は免除されませんのでご注意ください（消基通5-8-2（注）、リバースチャージQ&A問22）。

◆上記以外の電気通信利用役務の提供に対する取扱い

当分の間、国外事業者から提供を受けた「事業者向け電気通信利用役務の提供以外の電気通信利用役務の提供」については、その課税仕入れに係る消費税につき、仕入税額控除制度の適用を認めないこととされています。

ただし、登録国外事業者から受けた「事業者向け電気通信利用役務の提供以外の電気通信利用役務の提供」については、登録番号等が記載された請求書等の保存を要件として、仕入税額控除が認められます

（平成27年改正法附則38、39）。

●**登録国外事業者制度**

登録国外事業者とは、次の①と②の要件を満たすことにつき、所轄税務署を経由して国税庁長官に申請書を提出し、国税庁長官の登録を受けた国外事業者をいいます。

① 国内において行う「電気通信利用役務の提供」に係る事務所等が国内にあること又は消費税に関する税務代理人があること。
② 国税の滞納がないこと及び登録国外事業者の登録取消しから1年を経過していること。

国税庁長官は、登録国外事業者の名称や所在地、登録番号等をインターネットを通じて登録後速やかに公表しなければなりません。

なお、登録申請は課税事業者でなければできませんので、免税事業者は申請が認められません。また、登録国外事業者は、登録の取消しを求める届出書の提出を行わない限り、免税事業者となることはできません。

■国外事業者が国内向けに行う電気通信利用役務の提供

取引 事業者	事業者向け電気通信利用役務の提供	左以外の電気通信利用役務の提供
国外事業者 （提供者）	納税義務はない （注）特定課税仕入れを行う事業者が納税義務者となる旨を表示しなければならない。	納税義務者となる （注）日本に事務所等を有しない国外事業者は、国内に納税管理人を設置する。
国内事業者 （受益者） ※免税事業者を除く	特定課税仕入れが納税義務の対象となる （注）課税売上割合が95%以上の場合や簡易課税制度の適用を受ける場合にはリバースチャージ制度の適用はない。	原則：仕入税額控除はできない。 例外：登録国外事業者の登録番号等が記載された請求書等の保存を要件として仕入税額控除を認める。

（注） 国内事業者が国内向けに行う電気通信利用役務の提供は国内取引に該当し、課税売上（仕入）高となります。

計算例

下記の資料による納付税額の計算は次のようになります。なお、控除対象仕入税額の計算は一括比例配分方式を採用するものとします（標準税率・単位：省略）。

国内課税売上高（税込）	11,000
（うち、音楽の配信等による売上高　2,200）	
海外向けの音楽の配信等による売上高	700
土地の売却収入	6,000
国内課税仕入高（税込）	6,600
特定課税仕入高	3,000
（うち、値引高　1,000）	

(1) 課税標準額

$11,000 \times \frac{100}{110} = 10,000$　　$10,000 + 3,000 = 13,000$

(2) 課税標準額に対する消費税額

(1)×7.8%＝1.014

(3) 控除税額

① 課税売上割合

$\frac{10,000}{10,000 + 6,000} = 62.5\%$

② 控除対象仕入税額

$6,600 \times \frac{7.8}{110} + (3,000 - 1,000) \times 7.8\% = 624$

624×62.5%＝390

③ 返還等対価に係る税額

1,000×7.8%＝78

④ ②＋③＝ 468

(4) 差引税額

(2)－(3)＝ 546

国外事業者が行う芸能・スポーツ等の取扱い

外国人のミュージシャンが国内で行うコンサートの収入や、外国のプロスポーツ選手が国内で開催される試合に出場して収入を得るような場合には、その収入は消費税の課税の対象となり、国外事業者に対して納税義務が発生することになります。

そこで、国外事業者が国内において行う芸能やスポーツ等の役務の提供（特定役務の提供）について、消費税の納税義務を役務提供を行う国外事業者から役務提供を受ける事業者（イベントの主催者など）に転換することとしました（消法4①三、5①）。

ただし、不特定かつ多数の者に対して国外事業者が役務提供を行う場合には、この制度は適用されません（消令2の2、消基通5-8-6）。

また、納税義務者となるイベントの主催者などの課税売上割合が95%以上の場合や簡易課税制度の適用を受ける場合には、当分の間、この制度は適用しないこととしています（平成27年改正法附則42、44②）。

具体例

外国のサッカー選手が国内試合に出場する場合の報酬（税抜）が1,000の場合、選手から試合の主催者等に納税義務をリバース（転換）したうえで、試合の主催者等が税抜対価の1,000だけを選手に支払い、消費税相当額の100（10%）をチャージして税務署に代理納付することになります。

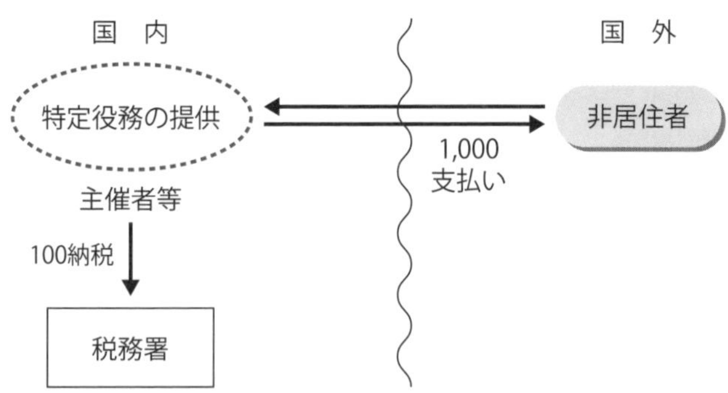

プラットフォーム課税

プラットフォーム課税とは、国外事業者が日本の消費者に向けて行うデジタルサービス（電気通信利用役務の提供）に対する課税漏れを防ぐため、納税義務者となる国外事業者に代わり、サービスの仲介者（プラットフォーマー）に申告納税義務を負わせる制度です（消法15の2）。この規定は、令和7年4月1日以後の取引について適用されます（令和6年改正法附則13⑥）。

※ Amazon、Google、Facebook、Uber などが世界的に有名なプラットフォーマーです。

◆課税方式

プラットフォーム課税とは、国外事業者がデジタルプラットホームを介して行うデジタルサービスによる取引金額が50億円を超える場合に、国外事業者が行うデジタルサービスを「特定プラットフォーム事業者」が行った取引とみなして届出書の提出や申告・納税義務を負わせるという制度です。

この制度は、リバースチャージ方式が適用される取引には適用されません。

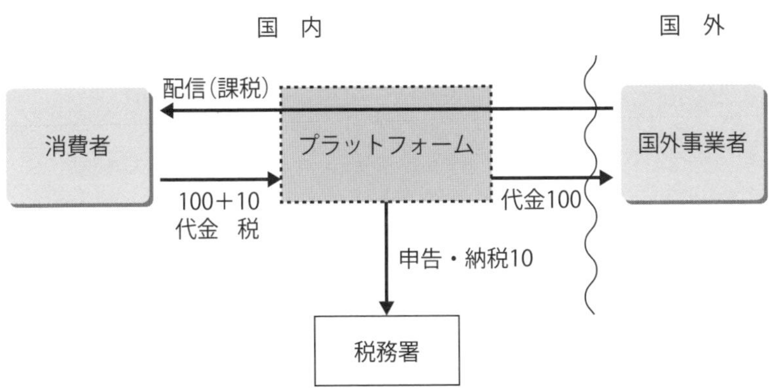

◆特定プラットフォーム事業者の指定

デジタルプラットフォームを介して行うデジタルサービスによる取引金額が50億円を超える場合には、国税庁長官は「特定プラットフォーム事業者」を指定することになっています（図の①）。

また、デジタルサービスによる取引金額が50億円を超えることとなる事業者は、確定申告期限までに届出書の提出が義務付けられています（図の②）。

国税庁長官は、特定プラットフォーム事業者を指定したときは、書面によりその旨を通知するとともに、デジタルプラットフォームの名称等についてインターネットを通じて速やかに公表します（図の③）。

指定を受けたプラットフォーム事業者は、プラットフォーム課税の対象となる国外事業者に対してその旨と適用年月日を通知します（図の④）。

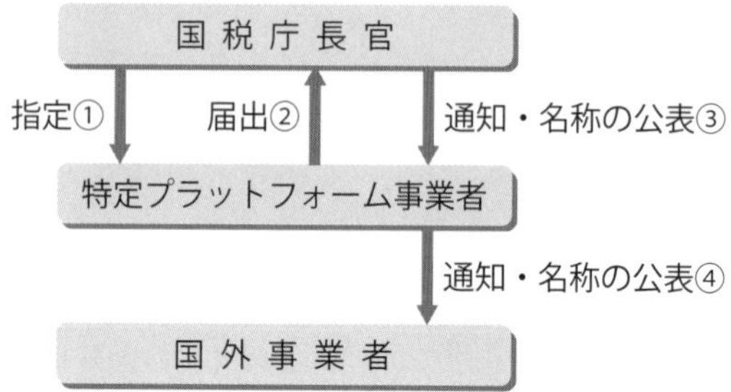

クイズで確認！
消費税の軽減税率制度

この取引は…

標準税率の 10% !?

軽減税率で 8% !?

次の取引に適用される消費税率を判定してください。

Q1 生きている牛や豚、魚の売買は？

A 軽減税率が適用される取引かどうかは、売買の時点で人の飲用又は食用に供されるかどうかにより判断します（軽減Q＆A（制）問11）。

生きている家畜は「食品」に該当しませんので**標準税率**の適用になりますが、解体して売買する**枝肉**は食品に該当しますので**軽減税率**が適用されます（軽減Q＆A（個）問2）。

また、**生きた魚（水産物）**の売買は、活き造り料理などもあることから**軽減税率**が適用できることになっています。ただし、熱帯魚などの**観賞用の魚**の売買は**標準税率**が適用されます（軽減Q＆A（個）問3）。

Q2 家畜の飼料・ペットフード・栽培用の苗木や種子の売買は？

A **家畜の飼料、ペットフード**は人が食用に供するものではありませんので**標準税率**の適用になります（軽減Q＆A（個）問4）。

苗木や種子などは栽培用として売買されますので**標準税率**の適用になります。

ただし、かぼちゃの種のように、**おやつや製菓の材料用**となるものは「食品」に該当し、**軽減税率**が適用されます（軽減Q＆A（個）問7）。

Q3 ミネラルウォーター・水道水・氷の売買は？

A 水や氷の売買は、人の飲用に供されるかどうかということだけでなく、その用途にも着目して判断することとされているようです。

ミネラルウォーターなどの飲料は、人の飲用に供されるものであることから「食品」に該当し、**軽減税率**が適用されます（軽減Q＆A（個）問8）。

水道水は飲用だけでなく、風呂や洗濯といったような生活用水としても利用されることから**標準税率**の適用になります（軽減Q＆A（個）問8）。

かき氷などの**飲食用として利用される氷**は**軽減税率**になりますが、**ドライアイスや保冷用の氷**は**標準税率**の適用になります（軽減Q＆A（個）問9）。

Q4 ウォーターサーバーをレンタルする場合の水の売買とレンタル料は？

A 水は「食品」に該当し、軽減税率が適用されますが、**サーバーの貸付料金**は**標準税率**の適用になります（軽減Q＆A（個）問10）。

Q5 料理用のみりんや料理酒・みりん風調味料の売買は？

A 酒税法に規定する**酒類**には**標準税率**が適用されます。よって、酒類に該当しない限りは飲食料品に該当し、軽減税率が適用されます。

みりんは酒類に該当しますので、たとえ料理用であっても**標準税率**となります。市販されている**料理酒**の多くは食塩や酢を添加して不可飲処置が施され、酒税法の適用除外となっています。また、**みりん風調味料**や甘酒もアルコール度数が1%未満のものが多く、酒税法に規定する酒類には該当しませんので**軽減税率**が適用されます（軽減Q＆A(個)問14)。

ノンアルコールビールや**甘酒**は、もともと酒類ではありません。よって、いずれも飲食料品に該当し、**軽減税率**が適用されます（軽減Q＆A(個)問15)。

Q6 菓子（食品）の原材料とするための酒類の売買や日本酒を製造するための米の売買は？

A たとえ**食品の原料とすることが明らかであっても、酒類の売買は標準税率**となります（軽減Q＆A(個)問13)。

ただし、**酒類を原料とした菓子**などの食料品の売買は、酒税法に規定する酒類に該当しない限りは**軽減税率**が適用されます（軽減Q＆A(個)問16)。

また、たとえ**酒類の原料とする場合であっても、「米」は食品であり、**人の食用に供されることから**軽減税率**を適用することができます（軽減Q＆A(個)問17)。

Q7 食品添加物としての表示をした「金箔」や「重曹」などの販売は？

A 食品衛生法に規定する**食品添加物**の売買は**軽減税率**の対象になりますので、食品添加物として販売するものであれば、「金箔」であっても軽減税率の対象となります。また、**購入者の用途に関係なく、軽減税率が適用されます**ので、食品添加物として販売されている「重曹」が清掃用に使用された場合や、食紅（食品添加物）を化粧品メーカーが購入し、化粧品の原材料とする場合であっても軽減税率を適用することができます（軽減Q＆A(個)問18〜22)。

Q8 栄養ドリンクの売買は？

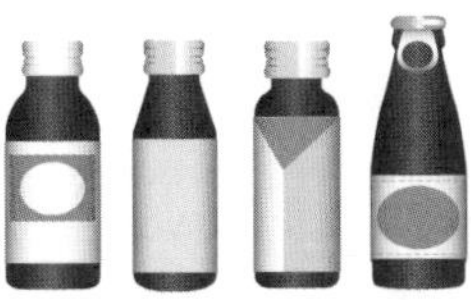

A **医薬品や医薬部外品など**は食品表示法に規定する「食品」には該当しないため、**標準税率**が適用されます

栄養ドリンクは、メーカーによって表示が異なっているようです。○○製薬が販売する製品は清涼飲料水として軽減税率が適用されるのに対し、○○製薬が販売する製品は医薬部外品として標準税率が適用されています（軽減Q＆A(個)問23)。

また、薬局などで販売されている**特定保健用食品、栄養機能食品、健康食品、美容食品などの食品は、医薬品等に該当しない限り、軽減税率**を適用することができます（軽減Q＆A(個)問24)。

Q9 自動販売機によるジュース、スナック菓子、パンなどの販売は？

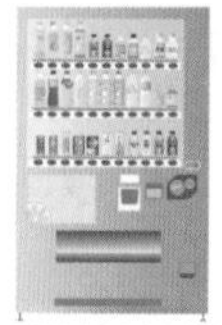

A テーブルや椅子などの飲食設備を利用させて食事を提供するサービス（外食）は軽減税率の対象とはなりません。ただし、**自動販売機**により飲食料品を販売する行為は「外食」とは異なるものです。よって、有人販売だけでなく、自動販売機を利用した無人販売であっても、販売する商品が「飲食料品」に該当する限り、**軽減税率**が適用されます（軽減Q＆A（個）問33）。

Q10 インターネットを利用した通信販売による飲食料品の販売は？

A インターネットなどを利用した**通信販売**については、販売する商品が「飲食料品」に該当する限りは**軽減税率**が適用されます（軽減Q＆A（個）問34）。

Q11 飲食料品を販売する際の送料は？

A 飲食料品の販売代金とは別に収受する**送料**は、飲食料品の販売代金ではありません。したがって、飲食料品の販売代金と送料を区分して受領する場合には、飲食料品の販売代金についてだけ軽減税率が適用され、送料については**標準税率**が適用されることになります。

ただし、飲食料品の販売代金とは別に送料を収受（請求）しない場合には、領収金額のすべてについて軽減税率を適用することができます（軽減Q＆A(個)問39)。

Q12 コーヒー豆の販売と焙煎加工賃は？

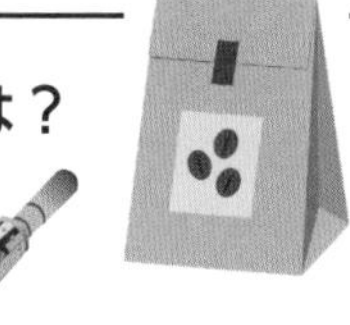

A **コーヒー豆**は飲用に供するために販売するものです。したがって、生豆で販売する場合、焙煎した状態で販売する場合、焙煎したコーヒー豆を挽き、粉末状にして販売する場合のいずれであっても**軽減税率**を適用することができます（軽減Q＆A(個)問5)。

ただし、コーヒー豆の支給を受けて行う焙煎などの加工行為は役務の提供であり、その**加工賃**には**標準税率**が適用されることになります（軽減Q＆A(個)問40)。

Q13 持ち帰りと店内利用のいずれにも使用することができるコーヒーチケットの販売は？

A コーヒーチケットの売上金は前受金であり、原則として課税の対象とはなりません。したがって、実際に顧客がチケットを利用した時に売上高を認識し、**店内飲食であれば標準税率、持ち帰りであれば軽減税率**として処理をすることになります。

ところで、コーヒーチケットを販売したときに売上高を認識している場合には、チケット販売時には店内飲食か持ち帰りかの判断ができません。そこで、国税庁の軽減税率Q＆A（個別事例編）問57では、このようなケースについてはチケットを区分するなどの方法で対処するよう指導しているのですが、現実問題としてそんなこと、やってられますか？

Q14 社員食堂や学生食堂における セルフサービスによる食事の提供は？

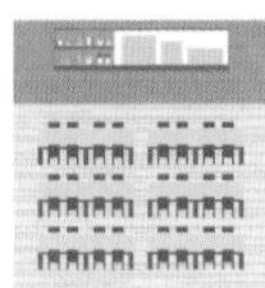

A **社員食堂**や**学生食堂**における食事の提供は「外食」に該当しますので、**標準税率**の適用となります（軽減Q＆A(個)問49・81)。

社員食堂や学生食堂では、券売機などを利用して料理を注文し、カウンターで定食などの提供を受けてから空いているテーブルで食事をし、食事が終わったら利用者自身で食器を片づけるシステム（セルフサービス）を採用しているところが多いと思いますが、たとえ**セルフサービス**による食事の提供であっても、テーブルや椅子などの飲食設備を利用させる限りは**標準税率**の適用になります（軽減Q＆A(個)問50)。

Q15 児童への給食の提供と給食センターへの調理の委託は？

A 義務教育である小学校や中学校の施設において、**児童や生徒に提供する給食**には**軽減税率**を適用することができます（軽減Q＆A(個)問75)。

ただし、**給食センターが学校から委託を受けて行う給食の提供**は児童に対するものではありませんので**標準税率**が適用されることになります（軽減Q＆A(個)問83)。

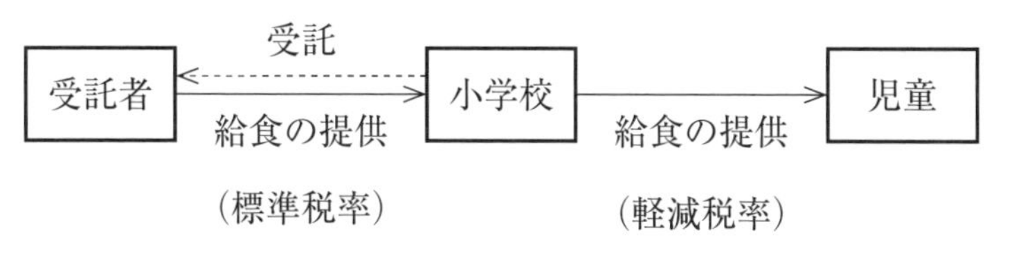

Q16 有料老人ホームにおける食事の提供は？

A　**有料老人ホームにおける飲食料品の提供**は、ケータリングの例外として**軽減税率**を適用することができます（軽減Q＆A（個）問75）。

ただし、飲食料品の対価（税抜）が1食あたり640円以下で、かつ、1日の累計額が1,920円までの飲食費に限り、軽減税率を適用することとしていますので、**金額要件を満たさない飲食費**については**標準税率**が適用されることになります。

入居者に提供する飲食料品をあらかじめ書面により明らかにしている場合には、その書面に基づいて軽減税率の金額要件を満たすかどうかを判断することになります（軽減Q＆A（個）問80）。

入居者に提供する飲食料品の対価の額を書面により明らかにしていない場合には、国税庁のQ＆A（個別事例編）問80を参考に、軽減税率の金額要件の判断をすることになります。

Q17 ピザのテイクアウトと宅配による販売は？

A 店内でのピザの提供は「外食」に該当して標準税率が適用されますが、**テイクアウト**や**宅配**による販売は**軽減税率**を適用することができます（軽減Q＆A(個)問58・77)。

なお、簡易課税制度を適用する場合には、テイクアウトによるピザの販売は第３種事業となるのに対し、宅配によるピザの販売は第４種事業となることに注意してください。

（注）飲食設備のない宅配専門業者の場合には、宅配による販売も第３種事業に区分することができます（消基通13-2-8の２（注）２)。

Q18 コーヒーの出前と給仕は？

A ポットにコーヒー（飲料）を詰め、顧客の指定した場所まで単に配達するサービスは「外食」には該当せず、軽減税率を適用することができます。

ただし、飲料の配達後、会議室内で**給仕等のサービス**が行われる場合には、いわゆる「**ケータリング、出張料理**」に該当し、**標準税率**の適用となります（軽減Q＆A(個)問78)。

Q19 味噌汁付き弁当の配達による販売は？

A 標準税率が適用されることとなる「ケータリング、出張料理」とは、食品の加熱、調理、給仕、盛り付けなどの行為をいいます。「持ち帰り用のコーヒーをカップに注ぐ」、「味噌汁を取り分け用の器に注ぐ」などの行為はコーヒーや味噌汁の販売に必要な「取り分け」行為であり、ケータリングや出張料理とは異なる行為として区別されているようです（軽減Q＆A（個）問79）。

したがって、**味噌汁付き弁当の配達**による売上高は、その全額を**軽減税率**の適用対象商品とすることができます。

Q20 飲食店における缶飲料やペットボトル飲料の提供は？

A **缶飲料やペットボトル飲料をそのまま顧客に提供**した場合であっても、店内において飲食設備を利用して飲食させるものであり、「外食」として**標準税率**が適用されることになります（軽減Q＆A（個）問63）。

ただし、**店内の自動販売機で販売した飲料**は、たとえ店内で飲む場合であっても自動販売機で購入するものである限り、**軽減税率**を適用することができます（Q9参照）。

Q21 屋台、立ち食いそばは？

A たとえ**屋台のおでん屋やラーメン屋**であっても、テーブル、椅子、カウンターなどの**飲食設備を設置している限りは標準税率**の適用となります（軽減Q＆A(個)問51)。

立ち食いそば屋のように、カウンターだけが設置してあるような飲食店でも、丼を置くためのカウンターという設備を設置している限りは**標準税率**の適用となります（軽減Q＆A(個)問64)。

Q22 夜店で販売する焼きそば・たこ焼きは？

A お祭りなどの**夜店で販売する飲食料品**は、販売者が顧客のために、**テーブル、椅子、カウンターなどの飲食設備を設置していない**限りは単なる飲食物の提供として**軽減税率**を適用することができます。

Q23 フードコートでの飲食は？

A ショッピングセンターや空港のターミナルなどに設置されている**フードコート**のテーブルや椅子は、設備の設置者と飲食店が合意の基に顧客に利用させているものと認められます。したがって、飲食設備を設置して顧客に飲食させるものであれば、

その設備の所有者に関係なく、「外食」として**標準税率**が適用されることになります（軽減Q＆A(個)問65）。

Q24 コンビニのイートインコーナーでの飲食は？

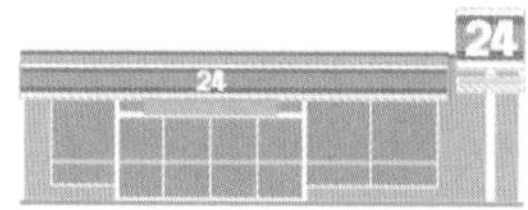

A コンビニエンスストアで販売する飲食料品は、持ち帰り用であることを前提に軽減税率を適用することができます。

一方で、**イートインコーナー**で顧客に飲食させるサービスは「外食」であり、**標準税率**の適用となります。

なお、ホットスナックや弁当などを顧客が購入した場合には、**「イートインコーナーを利用する場合はお申し出ください」などの掲示をして**顧客の意思を確認し、申し出があった場合には標準税率を適用する。申し出がなかった場合には軽減税率を適用するなどの簡易な方法により**適用税率を判断することができます**（軽減Q＆A(個)問52）。

Q25 ホテルの宿泊客が利用するルームサービスは？

A **ルームサービス**（客室からフロントに飲食料品を注文し、ホテルの直営店などから客室に飲食料品を届けるシステム）による飲食料品の提供は、客室が飲食設備のある場所に該当することから**標準税率**が適用されます（軽減Q＆A(個)問72）。

Q26 ホテルの客室内に設置された冷蔵庫内の飲料の販売は？

A **客室に設置された冷蔵庫内の飲食物の販売**は、単なる飲食料品の販売として**軽減税率**を適用することができます（軽減Q＆A（個）問73）。

なお、簡易課税制度を適用する場合には、冷蔵庫内の飲食物の販売は飲食店業として第4種事業となることに注意してください。

Q27 回転寿司店があらかじめ電話により顧客から注文を受け、指定された時間に受け取りにきたパック寿司の店頭での販売は？

A あらかじめ**持ち帰り用**としてパック詰めにして販売する飲食料品には**軽減税率**が適用されます（軽減Q＆A（個）問58）。

Q28 回転寿司店で顧客がレーンから降ろした寿司が食べきれずに残ったため、持ち帰り用としてタッパーに詰めた寿司の販売は？

A **店内で飲食するつもりで注文された飲食料品**はその時点で「食事の提供」に該当し、**標準税率**が適用されます。したがって、食べきれないなどの事情により後から持ち帰ることとした場合でも、軽減税率を適用することはできません（軽減Q＆A(個)問61)。

Q29 和菓子店に販売する柏餅用の柏の葉は？

A 柏餅を包んでいる柏の葉は、桜の葉などと比べてみても丈夫であり、保存容器がなかった時代にはお皿や保存道具として使用されていたそうです。柏の葉は食用ではなく、サランラップのように、飲食料品を包装するための包装材料として利用されているのです。無理すれば食べれないこともなくはありませんが、硬くて美味しいものではありません。特殊な人（？）でなければ食べません。こういった理由から、和菓子店に販売する**柏の葉**には**標準税率**が適用されるものと思われます。

Q30 和菓子店に販売する桜餅用の桜の葉は？

A 桜餅は、桜の葉で包むことで特有の香りをお餅に付けるとともに、餅を乾燥から防ぐ効果があるそうです。桜の葉は傷みやすいため塩漬けで加工されたものが使用されるのが一般的ですが、、塩漬けにすることで食べても違和感のない状態にはなっているので、桜餅は葉っぱごと食べる人が多いようです。こういった理由から、和菓子店に販売する**桜の葉**には**軽減税率**が適用されるものと思われます。

索　引

あ

か

さ

た

な

は

ま

や

ら・わ

【著者紹介】

熊王 征秀（くまおう まさひで）
　税理士

昭和37年　山梨県出身
昭和59年　学校法人大原学園に税理士科物品税法の講師として入社し、在職中に酒税法、消費税法の講座を創設
平成４年　同校を退職し、会計事務所勤務
平成６年　税理士登録
平成９年　独立開業
現　　在　東京税理士会会員相談室委員、東京地方税理士会税法研究所研究員、日本税務会計学会委員、大原大学院大学教授

＜著書＞
『実務から読み解く 消費税法基本通達』（清文社）
『不動産の取得・賃貸・譲渡・承継の消費税実務』（清文社）
『消費税インボイス対応要点ナビ』（日本法令）
『消費税法講義録』（中央経済社）
『クマオーの消費税インボイスの実務』（ぎょうせい）
『10％対応　消費税の軽減税率と日本型インボイス制度』（税務研究会）
『消費税軽減税率・インボイス対応マニュアル』（日本法令）
『消費税の還付請求手続完全ガイド』（税務研究会）
『すぐに役立つ　消費税の実務Ｑ＆Ａ』（税務研究会）
『消費税の納税義務者と仕入税額控除』（税務経理協会）
『日本全国おもしろ行脚　クマオーの講演紀 Part1・2』（ぎょうせい）
『消費税トラブルの傾向と対策』（ぎょうせい）
『クマオーの消費税トラブルバスターⅠ・Ⅱ』（ぎょうせい）
『タダではすまない！消費税ミス事例集』（大蔵財務協会）
『再確認！自分でチェックしておきたい消費税の実務』（大蔵財務協会）
『消費税の申告実務』（中央経済社）
『実践消費税法』（中央経済社）
『消費税法ゼミナール』（中央経済社）
他『消費税のインボイスＱ＆Ａ』（中央経済社）、『消費税率引上げ・軽減税率・インボイス業種別対応ハンドブック』（日本法令）など共著他数

クマオーの基礎からわかる消費税
令和６年度税制改正対応版

2024年5月27日　初版発行

著　者　熊王 征秀 ©

発行者　小泉 定裕

発行所　株式会社 清文社

東京都文京区小石川1丁目3-25（小石川大国ビル）
〒112-0002　電話 03(4332)1375　FAX 03(4332)1376
大阪市北区天神橋2丁目北2-6（大和南森町ビル）
〒530-0041　電話 06(6135)4050　FAX 06(6135)4059
URL https://www.skattsei.co.jp/

印刷：倉敷印刷㈱

■本書の内容に関するお問い合わせは編集部までFAX（03-4332-1378）またはe-mail（edit-e@skattsei.co.jp）でお願いします。

＊本書の追録情報等は，当社ホームページ（https://www.skattsei.co.jp）をご覧ください。

ISBN978-4-433-71714-8